A bancada da Bíblia

André Ítalo Rocha

A bancada da Bíblia

Uma história de
conversões políticas

todavia

À minha mãe, Salete, que me ensinou pelo exemplo a gostar de livros

1. O Brasil na UTI 9
2. O credo contrário 36
3. Um estranho no ninho 48
4. Política não é mais coisa do diabo 68
5. Os evangélicos vão à Constituinte 89
6. A Universal entra em campo 115
7. A dessatanização da esquerda 141
8. Uma volta à direita 158
9. O casamento quase perfeito 171
10. Testemunhos eleitorais 211
11. O justo e o ímpio 244
12. Abertos ao diálogo 258

Agradecimentos 279
Notas 281

1.
O Brasil na UTI

Fazia mais de uma hora que os fiéis aguardavam a chegada do pastor Marco Feliciano. Enquanto o convidado especial do culto não dava as caras, ouviam a pregação de outro visitante, um sujeito que não era pastor, mas tinha autoridade: Ronaldo Almeida, policial militar. Conhecido como sargento Almeida, ele na verdade mais cantava do que pregava, e chamava mais a atenção pela farda — com direito a quepe, botas e colete à prova de balas — do que pela afinação. Até a arma estava ali, coldre preso à cintura, pronta para ser sacada a qualquer sinal de necessidade.

Mas como não tinha a fama de Feliciano, precisou se apresentar aos crentes antes de começar e tentou refrescar a memória da plateia ao dizer que era ele o PM que aparecia em um vídeo que fizera sucesso entre os evangélicos, no qual cantava a canção gospel "Soldado ferido". A música, contou, foi a maneira como Deus o despertou para espalhar a palavra. "Quando eu adentro uma igreja, pode ter quinhentas, mil ou 10 mil pessoas, mas ninguém vê as 10 mil, vê o policial cantando", disse, sem falsa modéstia. Antes de continuar, trocou o microfone de mão, ajeitou a arma na cintura e afirmou, orgulhoso, que também era usado por Deus para ganhar almas durante ocorrências policiais. "É o jeito que eu trabalho na rua."

A música escolhida para dar início ao louvor, no entanto, não era a do vídeo que o consagrara. Tratava-se de uma canção que falava sobre um Brasil doente, que estava na UTI, e encontraria cura no sangue de Jesus. Tão logo a banda dedilhou os primeiros acordes, Almeida pediu a todos que batessem palmas para acompanhar o ritmo e, como um cantor pop, soltou um "Tira o pé do chão" antes do primeiro verso: "Brasil, você precisa de Deus".

O público, de pé, chegou a acompanhar com palmas, mas não demonstrou interesse em sair do chão, talvez porque ainda fosse domingo de manhã, e lá estivessem desde as nove horas, à espera de Feliciano.

O convidado principal do dia demorava porque havia varado a madrugada em uma vigília de oração e mal tivera tempo para descansar. Só foi chegar ao templo por volta das onze, com quase duas horas de atraso, quando seu carro estacionou na estreita rua Professor Demo Ghidelli, no bairro de Guaianases, Zona Leste de São Paulo. Ao descer do veículo e ser recepcionado pelo líder e fundador da igreja, pastor Fábio Salles, deparou-se, ainda do lado de fora, com um templo pequeno, de sete metros e meio de largura, dois andares, e uma única porta, alta, de madeira, com um arco no topo. Na parte de cima, duas janelas compridas, também com arcos, e duas esculturas de pombas, uma em cada ponta do teto, como que prontas para voar. Ainda faltava o nome da congregação na entrada, que seria colocado só no ano seguinte, junto com uma cruz dourada. Mas era uma igreja com cara de igreja, não com cara de ponto comercial improvisado, como é comum ver nos bairros suburbanos das metrópoles ou no centro de cidades pequenas.

Se a parte de fora exibia uma estética tradicional, a de dentro tinha uma estrutura que fugia do comum. Assim que passou pela porta, Feliciano não encontrou bancos enfileirados para os fiéis e um altar para a pregação, mas sim uma sala com um balcão que vendia lanches, algumas poucas cadeiras brancas de plástico e um telão. Era preciso subir uma escada estreita para chegar ao recinto do culto, com fileiras de bancos de madeira, púlpito, caixas de som, instrumentos musicais e tudo o que compõe o ambiente de uma igreja pentecostal. Em dias de igreja cheia, como era o caso daquele domingo, o hall era aproveitado e o telão transmitia o culto aos crentes retardatários, que se acomodavam nas cadeiras de plástico. Havia ainda um segundo andar, uma espécie de galeria, também com bancos de madeira, e de lá tinha-se uma visão privilegiada do altar. Naquela manhã, não havia mais de 250 pessoas no local, capacidade máxima do único templo da igreja Comunidade Resgate, que foi fundada em 2008 e carrega esse nome porque faz um trabalho de recuperação de dependentes químicos.

Já no púlpito, com o microfone na mão e a Bíblia aberta, Feliciano avistou o sargento Almeida na primeira fileira e o chamou de "autoridade dupla": prega a palavra divina e é policial militar. Brincou, em seguida, que os políticos no Brasil têm medo dos policiais, em referência às operações da Polícia Federal (PF) que batiam na porta de autoridades denunciadas, quase de madrugada, para levá-las à prisão. "Eu vejo essa farda e dá até medo de voltar pra cá. Político que vê a polícia de manhã cedo quer sair correndo. Ainda bem que você não é japonês, o japonês da Federal, eu iria sair correndo daqui", disse, arrancando risadas ao fazer o público se lembrar do agente da PF Newton Ishii, famoso pela condução de políticos detidos durante os anos mais ativos da Operação Lava Jato.[1]

A pregação mal começara e o pastor Feliciano já havia arrumado um jeito de ressaltar aos fiéis, ainda que em tom de brincadeira, o fato de ele também ser político. Era essa sua outra faceta, aliás, a razão por trás do atraso. Três semanas antes, o Brasil tinha dado início ao período oficial de campanha para as eleições de 2018. A partir de então, Feliciano, em seu segundo mandato como deputado federal por São Paulo, intensificara a agenda de cultos, marcando um compromisso atrás do outro.

Em anos "normais", sem um pleito à vista, o pastor teria uma agenda menos corrida. Em 2017, por exemplo, ele participara de

88 cultos ou eventos religiosos em um intervalo de 288 dias — uma média de três compromissos a cada dez dias. No ano da eleição o ritmo de aparições tinha mais do que dobrado. Até 15 de agosto, o último dia antes do início do período oficial de propaganda eleitoral, haviam sido 148 compromissos religiosos em 188 dias corridos — ou oito eventos a cada dez dias. Um novo aumento ainda iria ocorrer durante a própria campanha. De 16 de agosto até 5 de outubro, antevéspera da data da votação, ele marcou presença em 61 cultos ou eventos religiosos em um intervalo de 51 dias. A frequência chegou a doze compromissos a cada dez dias.[2]

Como um dos pastores mais famosos do Brasil, Feliciano é constantemente convidado para pregar em diferentes denominações evangélicas, em todos os estados do país, seja ano de eleição ou não. Durante os períodos de campanha, contudo, a peregrinação se concentra em municípios paulistas, por razões óbvias. E quando vai à capital do estado, ele busca visitar igrejas pentecostais de menor porte e da periferia, como a do pastor Fábio Salles, localizada em um dos bairros com menor renda per capita de São Paulo e com um tamanho ínfimo em relação aos edifícios majestosos das grandes igrejas, como o Templo de Salomão, da Igreja Universal do Reino de Deus, com capacidade para 10 mil pessoas — quarenta vezes mais que a pequena congregação de Guaianases.

A lei eleitoral vigente, de 1997, é clara ao determinar que não se pode fazer campanha em bens de uso público, como cinemas, clubes e igrejas.[3] Não importa se quem está pedindo voto é o próprio candidato ou um apoiador. Os políticos evangélicos sabem disso e procuram recorrer a subterfúgios para driblar a regra. A tática mais comum, usada sobretudo pelos candidatos que são pastores, é visitar o máximo possível de igrejas, sempre para pregar. Se não pode pedir voto, pelo menos é visto. Na saída da igreja, após o culto, provavelmente haverá alguém distribuindo santinhos para lembrar os fiéis de que aquele pastor também é, por acaso, candidato. Outra alternativa é realizar o culto fora da igreja. O candidato, ou o pastor que o apoia, pode promover a cerimônia em um salão de eventos ou em uma praça pública, por exemplo. Assim, o candidato tem mais liberdade para fazer campanha e pedir votos de maneira mais explícita.

O drible à lei se torna mais complexo quando envolve música, uma vez que o showmício também é proibido. Se o candidato evangélico é também um cantor gospel, ele pode até fazer apresentações musicais durante a campanha, dentro ou fora da igreja, mas jamais pedir votos. O que alguns fazem é chamar um apoiador para ficar junto no palco. Enquanto o candidato-cantor se limita a cantar, o outro faz campanha. Mas nenhum desses jeitinhos garante nada. Depende mais de como o caso será julgado. Um juiz pode muito bem interpretar que uma cerimônia realizada fora do templo é também um culto e, portanto, considerá-la propaganda irregular.

Se denunciados, os candidatos podem ser punidos com multas ou até com a cassação da candidatura. A fiscalização, porém, é frouxa. Não é difícil encontrar candidatos em igrejas pedindo votos sem nenhum pudor, inclusive em cultos que contam com música ao vivo. Mas é raro serem dedurados, basicamente por duas razões. Primeiro porque não é fácil produzir provas contra esses candidatos. Na Universal, por exemplo, os fiéis não podem fazer fotos ou vídeos nos cultos. E segundo porque os adversários políticos dos candidatos evangélicos, que poderiam se interessar em denunciá-los, não querem arrumar problema com políticos que contam com multidões de seguidores.

A estratégia de Feliciano é fazer longas pregações, com duração de duas horas a duas horas e meia, para só no final falar de política. Em Guaianases, por exemplo, procurou se apresentar como um profundo conhecedor da Bíblia, uma autoridade no assunto, e proporcionar momentos emocionantes de oração, enquanto outro pastor comandava o teclado e embalava a sua fala com uma melodia sutil, quase imperceptível — um combo que cativa o fiel antes do pedido de voto.

Pouco mais de uma hora depois, Feliciano pediu a todos que se levantassem e avisou que estava perto de encerrar a pregação, que acabou sendo mais curta que o habitual. O pastor tinha de sair dali correndo porque já era esperado em outro culto, a 370 quilômetros de distância, em sua cidade natal, Orlândia, no interior de São Paulo. Antes do fim, chamou para junto do altar aqueles que pecaram e queriam o perdão e aqueles que estavam doentes e queriam a cura. "Se houver alguém que precise de alívio, de força, de uma oração, que acredite que ainda existe misericórdia, eu queria te convidar a sair do seu lugar e vir aqui, porque eu quero orar com você." Enquanto alguns fiéis se aproximavam, o som do teclado ganhou força e virou uma melodia triunfante.

Àquela altura, o sargento Almeida já havia subido ao palco e assumido a guitarra. Naquele momento, havia três candidatos no altar. Além de Feliciano, o guitarrista Almeida e o pastor tecladista Roberto Marinho também estavam de olho no voto dos fiéis. Ambos, aliás, eram concorrentes, pois iriam disputar uma vaga de deputado estadual por São Paulo. Marinho já tinha experiência como político e estava em busca de uma reeleição, enquanto Almeida era novato em campanhas eleitorais.

Posicionado entre os dois no palco, Feliciano subiu o tom de voz na oração de cura para pedir a Deus que transformasse o altar em um centro cirúrgico. "Começa a operar esses homens e mulheres, começa a tirar o câncer, começa a tirar a lepra, alivia a alma, arranca as garras do diabo que atormenta a mente deles", clamava. O tecladista, em seguida, mudou o ritmo e começou a cantar baixinho a canção gospel "Pai nosso", enquanto o pastor terminava a oração. Feliciano se calou por um instante, enxugou as lágrimas e passou a acompanhar Marinho no vocal, que foi crescendo até chegar ao refrão, já com o apoio do baterista e da guitarra de Almeida. A música, então, foi perdendo força aos poucos. Os ânimos se acalmaram e a pregação chegou ao fim. Como último ato, Feliciano passou aos recados finais, despindo-se da roupa de pastor e vestindo, agora para valer, a de candidato. Começou com um agradecimento a todos que tinham votado nele para deputado federal na eleição anterior, em 2014, e escolhido para deputado estadual o pastor Roberto Marinho.

Apesar de ter sido o quarto deputado mais votado do Brasil, Feliciano confessou aos fiéis que o resultado o deixou triste, porque ficou atrás do palhaço Tiririca, que teve mais de 1 milhão de votos. O "fracasso", acreditava, o afastou do sonho de um dia ser presidente da República. "Já pensou se tivesse sido eu no lugar dele? Hoje eu seria candidato. Qualquer partido me daria a legenda, por causa da expressividade de votos e porque sou uma pessoa conhecida", afirmou, lembrando em seguida que o seu colega de Câmara Jair Bolsonaro, o terceiro mais votado do país em 2014, foi convidado pelo Partido Social Liberal (PSL) para disputar o Palácio do Planalto. "Eu fui o quarto, bati na trave."

Mas Feliciano não desistiu do sonho. Um dia, afirmou, os crentes vão ouvir, com um radinho de pilha na mão, o discurso de um presidente evangélico no programa *A Voz do Brasil*. "E o presidente vai começar o discurso dele assim: 'Eu cumprimento os compatriotas brasileiros, com a paz do Senhor Jesus'", disse, aplaudido pelos fiéis. "É possível, só depende da gente."

Feliciano era, em 2018, um dos 57 deputados federais evangélicos que tentavam a reeleição,[4] de um total de 75 que compunham a chamada bancada da Bíblia,[5] uma das frentes temáticas mais atuantes do Congresso, ao lado das bancadas da segurança pública, do agronegócio e dos servidores públicos. No total, havia 21 igrejas evangélicas representadas em Brasília. Das principais, a única que não tinha um parlamentar era a pentecostal Deus é Amor, que historicamente não se envolve com política. Tal como existe hoje, a bancada evangélica é uma singularidade brasileira. É verdade que outros países também contam com políticos protestantes engajados — como Estados Unidos, Guatemala, Peru, Uruguai e Reino Unido —, mas não há nada tão organizado e institucionalizado como no Brasil, a ponto de o bloco ser notícia na imprensa com frequência, ter uma agenda de atuação bem estabelecida e ser cortejado por presidentes atrás de apoio para governar. Isso não se deve apenas ao crescimento da população crente no país e à mobilização política das igrejas, mas também a características do sistema político brasileiro. O fato de o voto para o Poder Legislativo ser proporcional promove a eleição de parlamentares mais focados em defender determinadas classes da sociedade do que os lugares de onde vieram. E a alta fragmentação do sistema partidário também possibilita que grupos de interesses tenham mais força do que muitas das legendas. A própria bancada evangélica elegeu mais deputados do que qualquer partido em 2014.

O número exato de evangélicos no Congresso, porém, é algo difícil de contabilizar, porque não há uma fonte oficial que informe a religião de cada parlamentar, e nem todos os deputados se manifestam publicamente sobre sua fé. O que existe é um esforço por parte de cientistas políticos para levantar na unha o total de crentes na Câmara e no Senado, seja entrando em contato com o gabinete de cada parlamentar para perguntar se ele é evangélico ou não, seja investigando a biografia do político para encontrar alguma pista. A própria Câmara também faz um levantamento preliminar ao final de cada eleição, por meio do Departamento Intersindical de Assessoria Parlamentar (Diap). Mas é comum que os números levantados em todas essas pesquisas não batam. Por exemplo, há listas que abrangem apenas os titulares eleitos, enquanto outras, a depender da data em que foram feitas, incluem os suplentes que estão temporariamente no exercício do cargo ou aqueles que foram cassados ou renunciaram. Há casos até em que algum católico é adicionado por engano, como já aconteceu com o paulista Celso Russomanno. Para alguns deputados em especial, também é difícil saber se eles são de fato evangélicos ou não, ou porque não se engajam tanto nas pautas cristãs — como ocorre com parlamentares ligados a igrejas protestantes históricas, que têm uma atuação política mais discreta — ou simplesmente porque não fazem parte de nenhuma denominação. O gaúcho Marcel Van Hattem, por exemplo, é um deputado luterano mais conhecido pela defesa de bandeiras econômicas, de cunho neoliberal, do seu partido, o Novo. E existe também a possibilidade de um deputado ocasionalmente se declarar crente (ou o genérico "cristão"), apenas por conveniência política, pela convergência que há entre a agenda das igrejas e a pauta da direita em geral.

Outra fonte de confusão está relacionada à chamada Frente Parlamentar Evangélica (FPE), que também não representa o total de congressistas evangélicos. No Congresso, para que uma frente seja formalmente criada, precisa ter a adesão de pelo menos 171 parlamentares. Como os evangélicos nunca chegaram a ter esse tamanho, é necessário pedir para membros não crentes, normalmente outros deputados de direita ou do Centrão, assinarem também, como um favor. O número de signatários da FPE, portanto, não deve ser tratado como o tamanho real da bancada evangélica. Para este livro, foram considerados os levantamentos feitos por cientistas políticos ou pelo Diap para cada legislatura, em geral tomando como referência o mais recente ou com maior nível de detalhamento, com os deputados que são evangélicos de fato (sem incluir senadores), e não importando se eles são mais ou menos engajados na pauta cristã ou se fazem ou não parte de uma igreja específica. E foram ignorados os números que a própria assessoria da bancada divulga à imprensa, pois não se sabe o nome de cada parlamentar incluído, e costumam ser bem maiores que os de pesquisas independentes.

As duas eleições anteriores a 2018 representaram um salto expressivo da bancada evangélica, que mais do que dobrou de tamanho, chegando aos 75 deputados eleitos de 2014, segundo o Diap. Ainda assim, os deputados achavam que havia espaço para crescer mais em 2018. Acreditavam que, dessa vez, a expansão seria especialmente impulsionada pela onda conservadora que avançava sobre o país após o fim da primeira era petista, marcado pelo impeachment da presidente Dilma Rousseff, dois anos antes.

O efeito da onda já era perceptível, pelo menos no número de candidatos evangélicos em 2018. Nos registros de candidaturas do Tribunal Superior Eleitoral (TSE), é possível ter uma noção do nível de engajamento de crentes a partir dos nomes usados nas urnas. Em 2018, foram 524 os candidatos que se identificaram como pastor, irmão, apóstolo ou missionário, ou que preencheram com algum posto evangélico o campo da atividade profissional — um crescimento de 8% em relação a 2014.[6]

Para Feliciano, entretanto, isso é um problema. As igrejas, segundo ele, lançam candidatos demais. Essa seria a razão pela qual o Brasil ainda não elegeu um presidente evangélico. Se as igrejas se dividem entre muitos candidatos ao Congresso, nenhum deles consegue reunir força política suficiente para almejar o Palácio do Planalto. "Cada igreja quer lançar um candidato, como se número fizesse diferença em Brasília", lamentou no culto de Guaianases. "Tentem lembrar o nome de cinco [deputados evangélicos]. A mente trava, não trava? Por quê? Não adianta mandar volume para lá. Tem que mandar gente com coragem", disse.

> Por que o meu nome todo mundo lembra? Porque todo dia eu estou numa enrascada, no *Fantástico*, no *Jornal Nacional*, na Luciana Gimenez, no Ratinho, Facebook... Sabe por quê? Porque eu não me envergonho do Evangelho. Eu não aceito as coisas como são. Eu tenho que falar, e quando você fala vira vitrine e todo mundo te bate.

A solução, defendeu, seria uma aliança das igrejas em torno de apenas um candidato evangélico, para que o escolhido pudesse alcançar mais de 1 milhão de votos. Feliciano, é claro, julga que ele seria o homem certo. "Eu tenho inteligência, sou preparado e tenho o Espírito Santo", disse aos fiéis. "Imagina se Deus um dia entrega a nação nas mãos de um José [personagem bíblico que governou o Egito]?", provocou. "Pode acontecer. Então, me ajuda em oração e ajuda o pastor Roberto também." Quando chegou a hora de ir embora, deu o último recado: na saída da igreja, alguém da sua equipe estava entregando um panfleto com o seu número de candidato, o tal santinho — que o pastor prefere chamar de "profetinha", para evitar o termo católico. "Não joga fora, não, guarda, ora e profetiza junto."

O fiel que saiu da igreja de Guaianases com um "profetinha" do deputado Marco Feliciano faz parte de um segmento religioso que corresponde a cerca de 30% dos brasileiros com direito a voto, um público majoritariamente feminino e negro. É a proporção mais alta de evangélicos já registrada no país, o dobro do que havia no início do século.[7] Os católicos ainda são maioria da população, mas com uma folga menor. Caíram de 83,3% para 49,9% entre 1991 e 2022 e, se continuarem assim, devem ser superados pelos evangélicos ao longo da década de 2030.[8] O avanço de um lado e a queda do outro têm se refletido em um alto grau de convertidos: a cada dez evangélicos no Brasil, quatro são ex-católicos.⁹ Mas não se trata somente de um simples despertar dos brasileiros para outro tipo de cristianismo. No concorrido mercado da fé, as igrejas evangélicas se beneficiam por não precisarem passar pela burocracia de uma instituição central (como o Vaticano) para abrir uma unidade, e também por não exigirem, para a formação de um pastor, o mesmo tempo que se exige de um padre. Segundo levantamento feito a partir de dados da Receita Federal, o número de templos evangélicos foi multiplicado por quinze entre 1982 e 2022, chegando a 178,5 mil, sendo quase a metade (78,5 mil) formada por pequenas igrejas,¹⁰ como a do pastor Fábio Salles em Guaianases.

A congregação de Guaianases é ainda símbolo de outra característica desse processo: a expansão tem ocorrido principalmente entre os mais pobres, que recorrem às igrejas em busca de redes de apoio e acabam encontrando ambientes que os deixam mais protegidos das vulnerabilidades sociais. Não por acaso, o primeiro boom de crentes no país foi percebido nos anos 1980, período que os economistas brasileiros chamam de "década perdida", marcada por hiperinflação, alto desemprego e um fluxo intenso de migrantes que saíam do campo para as cidades à procura de oportunidades.

Seria impreciso, porém, falar desse fenômeno sem fazer uma distinção importante. O crescimento dos evangélicos é liderado basicamente pelos pentecostais, o que significa que os dois termos não são sinônimos, uma confusão feita com frequência. Os pentecostais, embora formem hoje a maioria dos evangélicos no Brasil e no mundo, são, na verdade, uma ramificação historicamente mais recente, datada do início do século XX. Já os primeiros evangélicos do mundo surgiram no século XVI, quando ocorreu a chamada Reforma Protestante, o movimento de cristãos liderado pelo monge alemão Martinho Lutero na Europa que se rebelou contra a Igreja católica. É por isso que as primeiras igrejas fundadas a partir da Reforma são conhecidas como protestantes históricas, como a batista, a luterana, a metodista, a presbiteriana e a calvinista. Parte da confusão com os termos deriva da classificação usada nos Estados Unidos. Entre os americanos, os protestantes históricos são tratados apenas como protestantes, enquanto os pentecostais costumam ser chamados de evangélicos. No Brasil, porém, se convencionou que protestantes e evangélicos são o mesmo grupo, que se divide em dois segmentos principais: os históricos e os pentecostais.

O pentecostalismo que se conhece no Brasil nasceu nos Estados Unidos e se diferencia do protestantismo histórico basicamente por acreditar que Deus continua, até os dias de hoje, a se manifestar por meio de atos como a cura de doentes e a expulsão de demônios. O termo é uma referência ao episódio bíblico de Pentecostes, evento que comemora a descida do Espírito Santo sobre os seguidores de Jesus Cristo. É nessa passagem da Bíblia que aparece também o dom de falar em línguas estranhas, uma prática bem comum em igrejas pentecostais.

Essa distinção de crença é capaz de explicar por que as igrejas pentecostais têm cultos mais fervorosos, com milagres e momentos emotivos, enquanto as protestantes históricas são mais tradicionais, com cerimônias mais comedidas. No Brasil, uma parcela dos protestantes históricos, aliás, se incomoda quando o protestantismo histórico é colocado no mesmo balaio dos pentecostais, como se todos fossem um grupo homogêneo — os "evangélicos". É um incômodo que vem de certo preconceito de classe, porque os protestantes históricos brasileiros, em geral, fazem parte de segmentos mais abastados da sociedade, com raízes na imigração europeia. Se os históricos se veem como figuras mais intelectualizadas, discretas e que de fato estudam a Bíblia, os pentecostais seriam apenas manipulados por pastores escandalosos. Nesse sentido, até o uso do termo "crente" pode fazer algum protestante histórico olhar torto, porque, em outros tempos, essa palavra costumava ser mais associada aos "alienados" das "seitas" pentecostais. Recentemente, contudo, a expressão tem sido mais aceita e seu uso já é comum como mais um sinônimo para protestante ou evangélico, como neste livro.

Esse distanciamento entre históricos e pentecostais, além disso, tem sido encurtado ao longo das últimas décadas, porque é o crescimento do pentecostalismo que vem dando mais poder para o segmento lutar em favor de pautas que os unem, e também porque igrejas pentecostais mais elitizadas têm surgido, atraindo as classes mais altas, em especial empresários, artistas e atletas. Tanto que, na disputa por fiéis, algumas igrejas protestantes históricas passaram até a adotar práticas pentecostais em seus cultos. E para políticos protestantes históricos, tornou-se conveniente se apresentar de maneira genérica ao povo como evangélico ou crente, de olho nos votos.

Seja como for, o candidato que quiser conquistar esse eleitorado em expansão terá mais chance de sucesso se assumir uma postura em defesa da chamada agenda de costumes, que inclui pautas como aborto, legalização de drogas e homossexualidade, três dos temas mais sensíveis para os eleitores crentes. Isso não significa que o voto evangélico é homogêneo. Ainda que seja uma minoria, uma parcela de crentes se coloca mais à esquerda, inclusive em pautas como reforma agrária, como os evangélicos do Movimento dos Trabalhadores Rurais Sem Terra (MST). Na classe política, a presença de nomes como Henrique Vieira, do Partido Socialismo e Liberdade (PSOL), também indica diversidade de pensamento. Mas é fato que os crentes costumam ser mais conservadores que a média dos brasileiros em questões morais. Em pesquisa feita um ano antes da eleição de 2018, 74% dos evangélicos se mostraram contra a liberação do uso de maconha, enquanto a média brasileira é de 66%.[11]

A distância é maior quando o assunto é homossexualidade. Entre os evangélicos, 68% são contra a legalização da união entre pessoas do mesmo sexo, bem acima da taxa registrada para a população como um todo, de 42%, segundo pesquisa de 2016.[12]

Políticos evangélicos, portanto, ganham pontos com seus eleitores quando se engajam no combate a iniciativas como a do chamado "kit gay", termo utilizado de maneira pejorativa por candidatos para se referir à cartilha do programa Escola sem Homofobia. Encomendada pela Comissão de Direitos Humanos da Câmara dos Deputados ao Ministério da Educação, a cartilha seria distribuída às escolas com o objetivo de orientar professores a lidar com questões LGBTQIAP+ e desestimular entre os estudantes a discriminação por orientação sexual. Cercado de polêmicas, o conteúdo nunca foi distribuído à rede de ensino público, mas o termo "kit gay" pegou e tem sido utilizado até hoje por políticos evangélicos, que afirmam, erroneamente, se tratar de conteúdo produzido para ensinar e incentivar a homossexualidade entre as crianças.

Foi uma proposta de lei relacionada aos direitos dos homossexuais, inclusive, que motivou a entrada de Marco Feliciano na política. Em 2006, a Câmara dos Deputados colocou em pauta um projeto que propunha a inclusão da homofobia na lista de crimes de discriminação e preconceito, o PL 122. A bancada evangélica, com 59 representantes,[13] se articulou para barrar a proposta, mas o esforço de nada adiantou. O texto foi aprovado em novembro e enviado ao Senado no mês seguinte. Feliciano, à época apenas um pastor, ficou indignado. Não entendia como uma bancada daquele tamanho havia falhado. "O texto que passou era uma loucura: dizia que toda forma de pensamento contrário à homossexualidade é preconceito", ele me disse, em entrevista concedida no fim de 2019, no seu gabinete em Brasília. "Se um casal homossexual entrasse na igreja e quisesse casar, e o pastor ou o padre não deixasse, seria cadeia para os dois."

A proposta, porém, não fazia nenhuma menção específica à presença de casais homossexuais em templos religiosos ou a casamentos. A situação hipotética levantada por Feliciano poderia se encaixar, na interpretação dele, em dois trechos do projeto, que definiam como crime impedir a entrada ou a permanência de homossexuais em ambientes públicos ou privados abertos ao público; ou impedir ou restringir a expressão e a manifestação de afetividade em locais públicos ou privados abertos ao público, como, por exemplo, uma igreja.

Feliciano se sentiu culpado pela aprovação do projeto na Câmara. À época da discussão, já era um pastor popular e formador de opinião no meio evangélico. Se estivesse em Brasília, pensou, a história poderia ter sido outra. O projeto, porém, não chegou a ser votado pelos senadores e foi arquivado oito anos depois, mas Feliciano já estava decidido a se tornar político. A decisão representou uma mudança drástica em sua vida. Não só porque daria início a uma nova carreira, mas também porque, antes disso, ele era um pastor que abominava a participação de crentes na política partidária. "Quem tem juízo não é para entrar em política", dizia aos quatro ventos.

Não se tratava de mera posição individual. Era ainda um resquício de uma aversão histórica dos evangélicos ao mundo político no Brasil. Até os anos 1980, as igrejas evangélicas evitavam se engajar em eleições e em debates públicos. Consideravam que o crente que se envolvia com política iria se desviar da fé. "Diziam que política era coisa do diabo, e o diabo agradeceu", me disse o deputado.

Antes dos anos 1980, os evangélicos tiveram experiências pontuais no Congresso, e a maioria deles não tinha sequer o título de pastor. Eram pessoas com uma vida profissional fora das igrejas e uma carreira política sem ligação com questões religiosas. Não dependiam, portanto, dos votos dos fiéis. Eram apenas políticos que, por acaso, também eram evangélicos. E mesmo que tentassem fazer campanha entre os crentes, encontrariam um eleitorado ainda pequeno. Na última eleição presidencial antes da ditadura militar, em 1960, os evangélicos eram apenas 4,2% da população.

A exceção foi o pastor Levy Tavares. Deputado federal em 1962 e em 1966 pelo estado de São Paulo, ele foi pioneiro ao se eleger graças ao apoio de sua igreja, a pentecostal O Brasil Para Cristo, liderada pelo pastor Manoel de Mello. À época, a denominação decidiu lançar candidato próprio porque havia se sentido desamparada em um episódio no qual a prefeitura de São Paulo cedera à pressão de católicos e mandara derrubar um templo que estava sendo construído de maneira irregular.[14]

Apesar dessa incursão inédita, os evangélicos só entrariam para valer na arena política na eleição de 1986, que escolheu os membros da Assembleia Nacional Constituinte, convocada após o fim da ditadura. A principal motivação era lutar para que a nova Constituição lhes garantisse liberdade de culto. Em um país de maioria católica, ainda havia o receio de perseguições. As igrejas evangélicas, além disso, queriam influenciar a elaboração de leis relacionadas a questões morais. Com o fim do regime militar, temiam o avanço de pautas em geral associadas à esquerda, como o aborto e a legalização do casamento entre pessoas do mesmo sexo. O engajamento coordenado resultou na eleição de 32 deputados (alguns levantamentos falam em 33 porque incluem um suplente) que formaram a primeira bancada evangélica da história da democracia brasileira, um grupo ainda informal — a FPE só iria surgir em 2003 —, sendo treze pertencentes à Assembleia de Deus.[15]

Foi naquela década, durante a adolescência, que Marco Feliciano, criado em família católica, se tornou evangélico.

Quando lhe perguntei como essa conversão aconteceu, fez questão de voltar alguns anos e contar, antes de tudo, como se deu a sua relação com o catolicismo, que, como ele próprio afirma, tem uma origem um tanto quanto mística. Com apenas seis anos, em um domingo de manhã, o pequeno Marco acordou após ouvir um barulho diferente daquele ao qual estava habituado. Normalmente, era despertado pelas badaladas do sino de uma igreja católica, da qual o seu avô era fervoroso seguidor. Naquele dia, porém, o sino, em vez de bater, chamou pelo seu nome. O menino levantou, trocou de roupa e saiu de casa em direção à igreja, onde ficou para assistir à missa. Ao final da cerimônia, percebeu que estava perdido e não sabia como voltar. Foi levado para a casa das freiras e lá ficou até que a notícia se espalhasse pela pequena cidade, e alguém descobrisse quem era a mãe do garoto, que a essa altura estava desesperada e já havia chamado a polícia, achando que ele havia sido sequestrado. Mas quando tudo se resolveu, o que ela ouviu das freiras foi que o garoto tinha vocação para a fé.[16]

O menino pegou gosto por Jesus, engajou-se na igreja e, aos oito anos, já estava dando aulas de catecismo. Aos doze, porém, largou a paróquia, conheceu os bailes e entrou para o mundo das drogas, tornando-se usuário de cocaína. "A minha família era muito pobre, e miséria atrai miséria", justifica. Só conseguiu vencer o vício um ano depois, quando um amigo lhe sugeriu ir a um culto da Assembleia de Deus. "O pastor estava pregando, e eu não entendia nada do que ele falava, porque na igreja tem muito fervor", lembra. "Mas quando terminou de pregar, tive uma crise de choro. Ele fez um apelo para saber quem queria se converter, e eu disse que queria. Me coloquei de joelhos, passei por uma transformação e no dia seguinte não podia mais nem sentir o cheiro de droga."

Mais uma vez, Feliciano entrou de cabeça em uma religião. Como já conhecia a Bíblia, dos tempos de catecismo, e era um jovem falante, não demorou para que percebessem que aquele garoto poderia se tornar pastor. "Em um culto de jovens, me deixaram falar e desembestei a falar da Bíblia. Disseram que eu tinha vocação. Comecei a estudar, estudar e cheguei até aqui."

Em 2008, quando tinha 36 anos e já era um pastor popular, Feliciano deixou o ministério no qual atuava na Assembleia de Deus para fundar a própria igreja, a Catedral do Avivamento, ligada a outro ministério assembleiano. A Assembleia de Deus, vale dizer, é uma denominação que tem uma organização descentralizada e dividida em uma série de ministérios espalhados pelo país, cada uma com sua característica e com sua liderança. O ministério onde Feliciano estava antes, em Orlândia, era mais rígido em questões de costumes, e isso o incomodava. "Eu morava em cidade pequena, e quanto menor a cidade, mais radicais são os costumes." Ele conta que as mulheres não podiam cortar o cabelo, usar brinco ou passar batom. Já os homens não podiam usar short ou deixar a barba crescer. "Conhecendo a Bíblia, eu sei que isso não influencia em nada na salvação."

Dois anos depois de fundar a própria igreja, Feliciano decidiu alçar um novo voo, candidatando-se a deputado federal, em 2010, na primeira eleição após a tramitação do projeto sobre homofobia na Câmara. Logo na estreia, não foi nada mal. Conseguiu 212 mil votos, a maior votação do Partido Social Cristão (PSC), e se elegeu junto com outros 69 deputados evangélicos,[17] em uma eleição que representou um marco para o segmento. Até então, o recorde de representação evangélica na Câmara ocorrera em 2002, com a vitória de 59 deputados.

Nos primeiros dois anos como deputado, Feliciano passou quase despercebido pela imprensa tradicional. Só chamou a atenção da mídia quando postou, no Twitter, que os africanos eram descendentes de um ancestral amaldiçoado por Noé. Acusado de racismo, virou notícia em portais na internet, mas, desconhecido que era do público não evangélico, nem sequer foi chamado pelo nome nos títulos das reportagens, apenas de "deputado federal".[18] Afinal de contas, Feliciano não passava de um parlamentar em primeiro mandato que estava criando polêmicas nas redes sociais.

Ele só ficaria famoso nacionalmente em 2013, já na segunda metade do mandato, quando se tornou presidente da Comissão de Direitos Humanos da Câmara, uma das menores da Casa em número de membros, mas que tem uma importância simbólica para a esquerda, por tratar de temas historicamente associados a esse espectro da política, como a defesa de minorias. Nos treze anos anteriores, o colegiado havia sido presidido apenas por parlamentares de partidos de esquerda, com uma dominância maior do Partido dos Trabalhadores (PT). Dos quinze que tinham comandado a comissão antes de Feliciano, dez eram petistas.[19] Era como se o pastor estivesse conquistando um feudo ao qual não tinha direito, entrando em território proibido.

Na Câmara, os presidentes das comissões são eleitos por uma votação protocolar entre os membros. Trata-se, na verdade, de um acordo feito previamente entre os partidos. Pelas regras da Casa, as comissões mais relevantes, como a de Constituição e Justiça, ficam com os partidos que têm as maiores bancadas, enquanto os colegiados menores são repartidos entre as legendas nanicas. Uma vez definido quem fica com o quê, cada partido indica o parlamentar que será o presidente da comissão, e uma sessão é realizada apenas para formalizar o nome do indicado.

Nesse jogo de distribuição de cargos, a Comissão de Direitos Humanos era uma exceção. Ainda que fosse uma das menores, costumava ser comandada pelo PT, que não só tinha a maior bancada da Casa como havia onze anos era o partido da Presidência da República. Naquele ano, porém, o PT decidiu abrir mão da comissão para conseguir algo maior na partilha, e o colegiado caiu no colo do pequeno PSC, integrante da base governista de Dilma.[20] O partido cristão viu ali a oportunidade de indicar o nome do pastor que tivera a maior votação da sigla na eleição anterior e que já incomodava, nas redes sociais, figuras como o deputado Jean Wyllys (PSOL-RJ), um dos mais atuantes na bandeira dos direitos humanos na Câmara.

Nos bastidores, o então presidente da Câmara, Henrique Eduardo Alves, do Partido do Movimento Democrático Brasileiro (PMDB) do Rio Grande do Norte, tentou impedir a nomeação do polêmico Feliciano, para evitar que a Casa fosse palco de confusões diárias. Mas não teve êxito. O martelo já havia sido batido pelo PSC. Alguns parlamentares de esquerda tentaram também barrar a indicação de Feliciano por meio da votação, mas de nada adiantaria. No processo de composição das comissões, a de Direitos Humanos havia ficado com uma maioria evangélica. Só o PSC, por exemplo, tinha seis representantes, de um total de dezoito titulares.[21] O receio do presidente da Câmara se tornou realidade. Nas semanas seguintes, as sessões da comissão comandadas por Feliciano foram marcadas por tumultos.

As polêmicas em torno do pastor e da comissão fizeram o rosto de Feliciano aparecer com frequência em reportagens do *Jornal Nacional* e do *Fantástico*, os dois programas jornalísticos de maior audiência da TV Globo, e ele se tornou ainda mais popular no meio evangélico. Afinal de contas, estava dando a cara a tapa em nome de pautas importantes para os crentes. O mandato como presidente do colegiado, porém, só tinha um ano de duração e, quando chegou o momento de decidir quem seria o sucessor, ele preferiu sair de cena e não tentar uma reeleição.

O pastor, contudo, não tinha por que se lamentar. Já havia extraído da comissão o que precisava e estava pronto para colher os frutos na eleição de 2014. Naquele ano, conseguiu quase dobrar a sua votação para deputado federal, ao receber a confiança de 398 mil eleitores.

Os atritos durante o período à frente da Comissão de Direitos Humanos, no entanto, o afastaram das igrejas evangélicas maiores, que preferiram se aproximar de outros políticos da bancada, afinal, o pastor passou a ser considerado polêmico demais. "Alguns parceiros que eu sempre tive, pastores, amigos, infelizmente fecharam as portas para a gente", disse ele, na véspera da eleição de 2018, em transmissão ao vivo feita nas suas redes sociais. Assim, ele passou a recorrer a denominações menores, comandadas por pastores pouco conhecidos, como a congregação de Fábio Salles. "Depois vamos comparar os votos que eu e o pastor Roberto [Marinho] tivemos com os votos daqueles de grandes igrejas, de grandes ministérios, que têm milhões de membros. [...] O pessoal que é de igrejas independentes [tem] um número [tão grande] ou maior que o das grandes igrejas", provocou.[22]

A atitude confiante de Feliciano se deve ao resultado espetacular de 2014, que lhe deu o status de pastor mais votado para deputado federal da história da democracia brasileira. Sua popularidade antes de se tornar político e a visibilidade que ganhou na Comissão de Direitos Humanos lhe garantiram uma força eleitoral que dispensa a ajuda de figurões do meio evangélico. Ele se basta. Chegou a tal ponto de descartar a possibilidade de ser presidente da bancada, pois sabe que não precisa dessa exposição para ganhar mais eleitores. Trata-se de um caso mais raro entre os políticos evangélicos. A maioria deles tem um perfil de candidatura institucional, dependente do apoio de uma igreja específica. Praticamente todos os candidatos da Universal, por exemplo, seguem esse modelo, no qual a igreja age como partido, e acabam tendo uma atuação mais corporativista em Brasília, menos voltada para pautas de costumes e mais para a defesa de leis e projetos que tragam algum benefício direto para sua denominação, como questões tributárias e concessões de rádio e TV.

O crescimento da bancada também deu ensejo ao surgimento de tipos mais específicos, como os candidatos que misturam elementos de religião e segurança pública, caso do próprio sargento Almeida, do culto em Guaianases — uma tendência que acabou favorecendo figuras como Bolsonaro. E há ainda aquele candidato institucional que reúne uma espécie de coligação de igrejas, porque a dele apenas não seria suficiente para fazê-lo vencer uma eleição. Foi assim em 2018 com o pastor Roberto de Lucena, que oficialmente representa a denominação O Brasil Para Cristo, mas naquela eleição também recebeu o apoio da Assembleia de Deus Ministério de Santos. "Vocês votam em mim votando no pastor Roberto de Lucena", disse o pastor Paulo Corrêa, o presidente assembleiano, em um ato de campanha que promoveu para fiéis em São Paulo.

O encontro foi realizado em um bufê, e não em uma igreja, para evitar implicações jurídicas. E para garantir a presença de fiéis, Corrêa arcou com o transporte e ainda forneceu lanche para todos. Assim, ninguém gastaria um centavo. Embora o evento não estivesse acontecendo em uma igreja, duas centenas de cadeiras brancas foram organizadas como se ali ocorresse um culto. Corrêa explicou aos fiéis que organizara tudo aquilo porque era grato a Lucena, que já havia usado sua influência política em Brasília para recuperar uma das rádios da igreja, confiscada pelo poder público. "Eu só posso agradecer a esse homem. Aqui não tem troca, não tem dinheiro, não tem nada disso", afirmou.[23]

Mais do que em qualquer eleição anterior, os candidatos evangélicos ao Congresso tiveram em 2018 um grande aliado na disputa presidencial: Jair Bolsonaro. Ele próprio, é claro, também se beneficiou. Enquanto os postulantes crentes a cargos legislativos buscavam se colar à imagem do capitão para atrair votos dos eleitores de direita, o candidato do PSL à presidência apostou em pautas de costumes para garantir o apoio da fatia evangélica do eleitorado. O episódio mais emblemático dessa união foi a entrevista concedida por Bolsonaro durante a campanha ao *Jornal Nacional*, na qual exibiu às câmeras um livro que dizia ser parte do chamado "kit gay". A obra, no entanto, intitulada *Aparelho sexual e cia.*, escrita pela francesa Hélène Bruller e ilustrada pelo cartunista suíço Zep, nunca fez parte da cartilha do programa Escola sem Homofobia, proposta em 2011, quando o candidato do PT à presidência, Fernando Haddad, era o ministro da Educação.

No início da campanha, Bolsonaro não tinha o apoio formal da bancada evangélica, pois a maioria desses deputados era ligada aos partidos do Centrão, que compunham a coligação do também candidato a presidente Geraldo Alckmin, do Partido da Social Democracia Brasileira (PSDB). Mas à medida que a campanha do tucano foi se revelando um fracasso, e Bolsonaro chegava à reta final como um nome praticamente certo no segundo turno, com chance até de levar a disputa no primeiro turno, candidatos evangélicos ao Legislativo foram declarando publicamente que estavam ao lado do capitão reformado do Exército. Até que, na quinta-feira que antecedeu o domingo do primeiro turno, a FPE divulgou nota na qual tornava oficial seu apoio, chegando a sugerir que Bolsonaro falava em nome da maioria cristã no Brasil, o que inclui a população católica. "Nosso intuito é evitar que candidatos filiados à extrema esquerda assumam, mais uma vez, a direção do país, causando ainda mais crises do que as que atravessamos nos últimos anos", dizia o texto assinado pelo então presidente da frente, o deputado Hidekazu Takayama (PSC-PR), também candidato à reeleição.

Feliciano foi um dos poucos candidatos evangélicos que explicitamente estiveram ao lado de Bolsonaro desde o início, mesmo que seu então partido, o Podemos, tivesse candidato próprio na disputa presidencial: o senador paranaense Álvaro Dias. Na véspera do primeiro turno, vestindo uma camiseta preta estampada com o rosto de Bolsonaro e ao lado do colega Roberto Marinho, o pastor explicou em uma *live* que a estratégia por trás da decisão de abandonar Dias significava simplesmente concentrar energias em alguém que tivesse chance de vencer. "Álvaro Dias é um grande homem, foi um dos melhores políticos do estado do Paraná, sempre muito querido. Mas sabemos que ele não ia conseguir decolar", afirmou. "Não dá para dividir o reino. Então, precisávamos de alguém com força e coragem, por isso declarei meu voto pessoal a Bolsonaro."

Um dos candidatos evangélicos que mais se beneficiaram do relacionamento com Bolsonaro foi Arolde de Oliveira, à época do Partido Social Democrático (PSD). Deputado federal por nove mandatos seguidos, sempre pelo estado do Rio de Janeiro, em 2018 ele resolveu subir mais um degrau na carreira e concorreu ao Senado, que tinha duas vagas. A ideia era fazer uma dobradinha com Flávio, filho mais velho do candidato à presidência. O problema era que Arolde tinha um eleitorado essencialmente evangélico. Para chegar ao Senado, precisaria atingir uma base mais ampla. E foi o que Bolsonaro lhe deu. Além de contar com seu apoio explícito, Arolde apostou em bandeiras que alcançavam o eleitor de direita como um todo, como o combate à corrupção e à criminalidade. Seu material de campanha realçava, por exemplo, que ele tinha votado a favor do impeachment de Dilma Rousseff e pela continuidade das investigações contra Michel Temer, e que defendia a redução da maioridade penal para dezesseis anos.[24]

Funcionou. Na reta final da campanha, Arolde conseguiu chegar à segunda colocação, tirando Cesar Maia da disputa e ficando atrás apenas de Flávio.

Bolsonaro, como se sabe, também colheu os frutos. No segundo turno contra Fernando Haddad, estima-se que ele tenha recebido cerca de 12 milhões de votos a mais que o rival no eleitorado evangélico, enquanto a diferença entre os dois candidatos, no total, foi de 10,7 milhões.[25] Os crentes, portanto, fizeram a diferença, e Bolsonaro, atento a isso, fez o seu aceno aos evangélicos logo após a confirmação da vitória, em dois atos. No primeiro, antes de fazer o discurso de vencedor aos canais de televisão, quebrou o protocolo e participou de uma oração ao vivo, conduzida pelo senador evangélico Magno Malta. E no segundo, quando de fato ia começar a falar às câmeras, escolheu para abrir o discurso uma citação bíblica repetida várias vezes durante a campanha e que também seria usada à exaustão no exercício do cargo, do livro do apóstolo João: "Conhecereis a verdade, e a verdade vos libertará".

Na Câmara, os evangélicos também não puderam reclamar da parceria. A bancada, no total, subiu de 75 para 84 representantes, o maior número da história até então, com 16% de todos os assentos.[26] Ainda assim, abaixo da proporção de evangélicos na população, de 22%, segundo o censo de 2010. O aumento foi acompanhado de uma renovação que varreu um terço dos que tentaram a reeleição. Dos 57 que buscaram mais quatro anos, 37 tiveram êxito, entre eles Feliciano e Lucena. Alguns novatos se destacaram e tiveram votação expressiva, como pastor sargento Isidório, candidato mais votado na Bahia, conhecido por prometer a "cura gay".

Feliciano, que em Guaianases falara em receber 1 milhão de votos, para um dia ser cotado à Presidência da República, teve uma votação menor do que em 2014. Foram 240 mil eleitores. Ele atribuiu a própria queda ao sucesso de outros candidatos de direita, como Joice Hasselmann e Eduardo Bolsonaro, que teriam se beneficiado mais da onda bolsonarista. Além disso, acreditava ter sido prejudicado por um vídeo publicado às vésperas da eleição pelo candidato a presidente Cabo Daciolo (Patriota), também evangélico, que afirmou em gravação que Feliciano fazia parte da maçonaria, uma organização vista com desconfiança pelos evangélicos.

O pastor, depois de uma campanha exaustiva, se permitiu descansar um pouco. Após ter participado de 61 eventos religiosos em 51 dias, passou um mês sem comparecer a nenhum culto. Mas não demorou para voltar ao noticiário, cercado de polêmicas. Pouco mais de um ano depois da eleição, foi expulso do Podemos por infidelidade partidária na eleição presidencial, em razão do apoio a Bolsonaro, e também por um escândalo envolvendo um tratamento odontológico custeado pela Câmara. Buscou refúgio no Republicanos, partido ligado à Igreja Universal do Reino de Deus, e continuou próximo do presidente. Já no primeiro ano do novo governo, surgiram especulações na imprensa de que ele seria um dos cotados para vice do capitão na chapa para um segundo mandato em 2022. O próprio Bolsonaro já havia dito, em 2015, que gostaria de ter Feliciano ao seu lado em uma eleição presidencial.[27] Em novembro de 2019, perguntei ao pastor se ele estava se articulando para isso. Ele negou, mas admitiu que aceitaria o desafio se fosse convidado: "Ficaria muito feliz". Com o sonho de um dia se tornar presidente, Feliciano estava disposto a incluir antes no seu currículo o posto de vice — demonstrando ambições elevadas para um segmento religioso que já chegou a ser proibido de se candidatar no Brasil.

2.
O credo contrário

Durante os três séculos de dominação portuguesa e nas primeiras décadas de independência, apenas católicos eram eleitos para posições políticas no Brasil. Nos tempos de colônia, as eleições se destinavam a preencher cargos de governança nas vilas, e uma das exigências para a candidatura era ser um fiel seguidor da Igreja católica. A situação praticamente não se alterou quando o Brasil se separou de Portugal e virou Império. A Constituição de 1824, a primeira após o grito da independência, determinava que os deputados eleitos tinham de "professar" a religião oficial do Estado.[1]

Já em relação ao Senado, nada estipulava que o candidato tinha de ser católico, mas o processo de eleição era tão restritivo que dificultava a entrada de membros de outras religiões. À época, os senadores eram escolhidos pelo imperador a partir de uma lista com os três mais votados para cada vaga, mas era improvável que houvesse alguma preferência por um candidato que não fizesse o sinal da cruz. Dom Pedro II, inclusive, o mais longevo imperador do Brasil, era crítico à ampliação dos direitos políticos a não católicos.[2] E se por acaso o improvável ocorresse, e um não católico chegasse ao Senado, ele ainda teria de engolir certa dose de orgulho na hora de assumir o cargo. Em 1826, quando os primeiros senadores do país tomaram posse, eles tiveram de jurar lealdade ao imperador e "manter a religião católica apostólica romana".[3]

Além disso, era necessário ser brasileiro nato para concorrer a qualquer cargo, e, pelo menos no caso da pequena comunidade protestante que havia no Brasil no século XIX, a maior parte era formada por imigrantes europeus.[4]

Não só os católicos eram os únicos eleitos na prática, mas também era comum que sacerdotes da Igreja romana, como padres e bispos, ocupassem posições de protagonismo. Dois anos antes da independência, em 1820, quando Portugal convocou um congresso extraordinário para elaborar uma nova Constituição, 30% da delegação brasileira era formada por padres.[5] Em *Dom Casmurro*, de Machado de Assis, quando a família de Bentinho discute o plano de fazer o garoto virar padre, o personagem José Dias, um agregado da casa, ressalta que são "altos" os destinos de quem entra para a Igreja: "Não esqueçamos que um bispo presidiu a Constituinte, e que o padre Feijó governou o Império", diz, referindo-se ao bispo José Caetano da Silva Coutinho, presidente da Constituinte de 1823, e ao padre Diogo Antônio Feijó, um dos regentes do governo no período em que d. Pedro II ainda não tinha idade para assumir o trono.

Os evangélicos só começaram a ter algum espaço em 1881, oito anos antes da Proclamação da República, com a aprovação da Lei Saraiva, que derrubou qualquer restrição religiosa para a participação no processo eleitoral e passou a permitir a candidatura de estrangeiros com cidadania brasileira. A liberação não gerou uma enxurrada de candidatos crentes pelo país, até porque os protestantes representavam apenas 0,1% da população,[6] mas serviu pelo menos para abrir uma porta.

Já no primeiro ano da nova lei, dois protestantes alemães naturalizados brasileiros foram eleitos para a assembleia provincial do Rio Grande do Sul: o empresário Frederico Bartholomay e o comerciante Frederico Haensel, ambos do Partido Liberal. Eles não chegaram a ser apoiados oficialmente por suas igrejas, mas foram os primeiros evangélicos, de que se tem registro, a vencer uma disputa eleitoral no Brasil, não por acaso na província que recebeu a primeira onda de imigrantes protestantes no país.[7]

Os evangélicos demoraram quase uma década para chegar ao parlamento nacional, o que só aconteceu depois que o Brasil deixou de ser monarquia. Os desbravadores foram Alfredo Ellis, de São Paulo, e Érico Coelho, do Rio de Janeiro, ambos médicos e eleitos deputados federais em 1890 (mesmo ano em que o catolicismo deixou de ser a religião oficial do país), com a missão de participar da elaboração da primeira carta constitucional do período republicano. Cada um pertencia a uma vertente diferente do protestantismo. Enquanto Ellis era luterano, Coelho era membro da Igreja Evangélica Brasileira, fundada em 1879, a partir de uma cisão da Igreja Presbiteriana.[8]

Até então, os evangélicos que se aventuravam na política eram meros membros de igrejas, nunca pastores. Se os padres se valiam do catolicismo hegemônico para entrar de cabeça nos espaços de poder, os pastores continuavam mais avessos, mesmo após a liberação da Lei Saraiva. Isso ocorria não só porque a política era vista como uma atividade mundana demais para ser exercida por uma liderança espiritual, mas também porque era uma época ainda hostil aos protestantes, que se sentiam oprimidos pelos católicos e às vezes eram tratados pela imprensa como membros de seitas fanáticas ou hereges. Um simples fiel poderia passar despercebido, porque sua atividade política em geral não tinha relação com a igreja, mas um pastor dificilmente conseguiria se desvincular do rótulo de evangélico. E se a disputa de poder era reservada a uma elite, os pastores não se sentiam parte dela.

Foi apenas em 1929 — no apagar das luzes da República Velha e quase cinco décadas depois do fim das restrições religiosas em eleições — que um sacerdote protestante se elegeu para um cargo de parlamentar, e em um estado improvável, o

Ceará, um dos mais católicos do país. O presbiteriano Natanael Cortez tinha quarenta anos quando resolveu se candidatar a deputado estadual. Comandava a Igreja Presbiteriana de Fortaleza, a primeira denominação protestante do estado, e não deixava de comprar brigas a favor dos evangélicos. Certa vez, chegou a publicar um folheto de quarenta páginas só para responder a uma nota publicada no jornal *Correio do Ceará* segundo a qual havia um "embusteiro protestante" que andava vendendo "Bíblias falsas" por aí, "iludindo a boa-fé alheia e impingindo como verdadeiras as letras sagradas deturpadas ao sabor da heresia protestante".[9]

Mas o que conduziu Cortez à política não foi a religião, e sim o prestígio conquistado como professor de história do Colégio Militar do Ceará[10] e sua atividade como pecuarista, que fez dele o candidato oficial do Centro de Agricultura e Pecuária, apesar da campanha contrária feita por padres da região.[11]

Como parlamentar, Cortez gozava de uma boa relação com o governador Matos Peixoto e viajava com ele em comitivas pelo interior cearense. Em uma delas, ao Cariri, em 1930, viu-se diante de uma situação embaraçosa com o mítico padre Cícero Romão Batista, ou Padim Ciço, como é conhecido. Cícero — que exercia uma forte influência política no estado — hospedava a turma de Matos Peixoto em sua casa naquela viagem, quando, no último dia, resolveu benzer rosários, um dos símbolos da fé católica, para presentear as esposas dos membros da comitiva.

O coronel Edgar Facó, que fazia parte do grupo, decidiu zombar de Cortez e o "entregou" ao sacerdote, afirmando que o pastor não gostava de rosários. O anfitrião até tentou driblar a saia justa, mas acabou piorando a situação. "É, ele não reza, entretanto, tem um irmão que é padre, não é? O monsenhor Pegado não é seu irmão?", perguntou ele a Cortez, que não se furtou de fazer as devidas correções. "Não, padre Cícero.

Monsenhor Pegado não é meu irmão, é meu primo. Peço permissão também, reverendíssimo padre, para dizer que eu rezo, somente não uso o rosário."[12]

Superada a situação embaraçosa, o governador deu início a um discurso de despedida, mas logo foi interrompido por um mensageiro que chegava de Fortaleza com uma notícia urgente. Acabara de ser assassinado no Recife o governador da Paraíba, João Pessoa, vice na chapa de Getúlio Vargas para a disputa presidencial de 1930, que terminou com a vitória do paulista Júlio Prestes. O assassinato de Pessoa, embora cometido por um adversário local e não relacionado à eleição, acabou tumultuando ainda mais a cena nacional e foi o estopim para que Vargas desse início ao movimento que impediria a posse de Prestes.

Com o golpe em curso, os políticos da velha ordem ficaram sob ameaça e, no dia 6 de outubro, tropas leais a Vargas já cercavam Fortaleza. Matos Peixoto, que ouvira notícias sobre deposições em outros estados, decidiu renunciar ao governo do Ceará dois dias depois e partiu em um navio rumo ao Rio de Janeiro, acompanhado de um grupo de aliados, entre eles Cortez. O pastor, porém, não seguiu até o destino final e desembarcou no meio do caminho, no Recife, onde ficou por duas semanas. Só saiu de lá quando recebeu um telegrama da esposa. Ela informava que, por intermédio dos colegas do Colégio Militar, o governo provisório de Vargas havia autorizado o seu retorno a Fortaleza, mas sem retomar o posto de deputado.[13] Vítima de um golpe de Estado, a carreira política do primeiro pastor parlamentar do Brasil teve vida curta. Da eleição à fuga, foram exatos 471 dias, pouco menos de um ano e meio.

Uma vez no poder, Vargas baixou um decreto que, na prática, fez a Constituição de 1891 deixar de valer. Todos os parlamentos do país foram dissolvidos, das câmaras municipais ao Congresso Nacional, e o novo comandante podia governar como bem entendesse. A promessa era que a situação seria temporária e logo o país voltaria a ter uma Carta. O governo provisório entrava em vigor. Mas o tempo foi passando e Vargas não mexia as peças. Os paulistas, irritados com a demora, intensificaram a pressão, e o governo cedeu. No dia 14 de maio de 1932, Vargas convocou eleições para dali a um ano, com o intuito de eleger os deputados que iriam formar a nova Assembleia Nacional Constituinte.

O gesto, porém, não foi suficiente para acalmar os ânimos. São Paulo tinha dificuldade para confiar na promessa do presidente e nutria também um sentimento de insurreição que não seria possível domar.[14] Menos de dois meses depois, estourava no estado uma rebelião armada contra o governo, a chamada Revolução Constitucionalista. Embora tenha sido abafada pelas tropas de Vargas alguns meses depois, serviu para aumentar a pressão sobre o governo para que as eleições de fato ocorressem.

Enquanto o Brasil fervilhava em disputas de poder, os evangélicos seguiam olhando com desconfiança para o mundo político. Mas havia um pastor socialista que estava disposto a ir na contramão: o paulista Guaracy Silveira, reverendo da Igreja Metodista. Filiado ao antigo Partido Socialista Brasileiro (PSB), lançou-se candidato a deputado federal na prometida eleição de Vargas e, com apenas quinze dias de campanha, conquistou uma das 22 vagas do estado de São Paulo.[15]

Primeiro pastor a ter um assento no parlamento nacional e único evangélico naquela Constituinte, Silveira foi eleito sobretudo com o voto dos protestantes.[16] Mas o reverendo não estava ali para interceder necessariamente em favor da sua igreja, que não o apoiou de forma oficial. As pautas que defendia, inclusive, poderiam soar como "comunistas" aos ouvidos de um cristão médio e eram consideradas progressistas para a época, como o direito ao divórcio em caso de adultério ou abandono, a liberação do voto às mulheres, a livre sindicalização dos trabalhadores e a criação do salário mínimo — indicação de que havia uma parcela do eleitorado evangélico que era sensível a pautas de cunho social.[17]

Silveira, porém, fazia parte de uma ala mais moderada do seu partido, que encarava o comunismo como uma linha ideológica radical demais e intragável. Ele próprio contava que não conhecia ninguém do PSB antes de se filiar e que fora convidado por integrantes pela sua condição de pastor, que, segundo eles, ajudaria a conter a corrente comunista que crescia na sigla.[18] Essas disputas entre vertentes de esquerda, contudo, não estavam tão claras para as lideranças da igreja de Silveira, que olhavam com desconfiança para o partido como um todo. Ainda que ele buscasse frisar que o socialismo se diferenciava do comunismo, os periódicos evangélicos ignoravam o que Silveira dizia na Constituinte e, quando um redator do veículo oficial da Igreja Metodista teve a ousadia de publicar na primeira página um retrato do pastor com um de seus discursos na íntegra, o pastor recebeu uma dura repreensão.[19]

Isso não significava, todavia, que o reverendo não comprasse nenhuma briga a favor dos crentes. Na Constituinte, foi um ferrenho defensor da separação entre Estado e religião, por uma razão muito simples: em um país de forte tradição católica, onde até outro dia o catolicismo era considerado a religião oficial, e os evangélicos nem sequer podiam ser eleitos, era preferível que Estado e religião não se misturassem, para evitar perseguições aos que seguiam outra fé.

Certa vez, em uma sessão, Silveira protagonizou um embate com dois deputados católicos sobre o ensino religioso nas escolas. Seguindo a mesma linha de raciocínio da separação entre Estado e Igreja, ele foi contra a obrigatoriedade de aulas de religião para os estudantes. Sabia que, se isso ocorresse, o conteúdo seria principal, ou exclusivamente, católico.

Uma das alternativas era tornar o ensino religioso facultativo e vinculado a um pedido dos pais. Ainda assim, o pastor não se dobrou. A experiência de uma lei semelhante em São Paulo, argumentou, havia mostrado que, embora fosse facultativo no papel, ele ocorria de qualquer forma, sem a consulta às famílias. Mais uma vez, era melhor que não houvesse ensino nenhum do que correr o risco de que os alunos tivessem aulas de catolicismo. "Não condenaria o ensino facultativo se fosse, realmente, facultativo, como quis estabelecer o governo quando o instituiu; mas foi apenas instrumento de opressão para os que tinham credo contrário."

Para o pastor, o ideal seria fugir das religiões e apostar em outro tipo de conteúdo para a formação de caráter, uma espécie de educação moral e cívica. A proposta, porém, foi tida como contraditória por um dos constituintes católicos, Costa Fernandes. "Moral sem religião não existe", disse o parlamentar, apoiado pelo colega Plínio Corrêa de Oliveira: "O país é católico. A maioria dos brasileiros é católica, e a expressão genuína do cristianismo é o catolicismo", afirmou o constituinte, que logo recebeu o troco do pastor, carregado de ironia: "Essa maioria, vamos ver, daqui a poucos dias, no Carnaval".[20]

Se o lado socialista lhe rendia olhares desconfiados na igreja, o lado cristão também lhe causava problemas no partido, onde o parlamentar era tachado de reacionário. A falta de sintonia chegou a tal ponto que ele não conseguiu se manter na sigla até o final do mandato. A gota d'água foi um manifesto marxista que ele se recusou a assinar. Para Silveira, os socialistas erravam em aderir às ideias de Karl Marx durante o processo de elaboração da nova Constituição, por não serem condizentes com o que havia sido defendido na campanha. Mesmo sem partido, ele podia seguir na Constituinte e assim procedeu, pois não admitia a possibilidade de renunciar ao mandato.[21]

Encerrada essa experiência, com a promulgação da nova carta constitucional em julho de 1934, o pastor tinha uma decisão importante a tomar. Uma nova eleição iria ocorrer em outubro e ele tinha a chance de renovar o mandato no Congresso Nacional. Embora não estivesse tão disposto a encarar outro processo eleitoral, acabou convencido por um pequeno grupo de crentes politicamente engajados da recém-criada União Cívica Evangélica Paulista, que argumentou ser ele o único protestante com condições de vencer. Mesmo cedendo ao apelo, Silveira sentiu necessidade de se justificar para a maioria evangélica que ainda rejeitava a política. Em artigo publicado no jornal *O Estado de S. Paulo*, escreveu:

> Procurei evitar, quanto possível, a minha candidatura, e disto Deus é testemunha. Somente pela necessidade de termos uma voz na Câmara Federal, e pela necessidade de combater o comunismo sem Deus e sem pátria, e ao mesmo tempo defender os direitos dos oprimidos, e mediante a convicção [...] de que outro não tinha as minhas probabilidades, decidi-me a aceitar minha candidatura.[22]

Candidato por uma coligação de independentes, Silveira depois recorreria ao mesmo veículo para fazer uma propaganda eleitoral na qual buscou deixar clara a importância da religião para sua campanha ao pedir o voto dos evangélicos e prometer que iria trabalhar para defender a liberdade de culto. No texto, ainda reclamava a confiança da "família brasileira", por quem disse ter trabalhado na Constituinte de modo a garantir o direito ao registro de casamento religioso, qualquer que fosse o credo.[23]

A tentativa de engajar os evangélicos, porém, se mostrou inútil, e o pastor perdeu a eleição. Mas não foi o fim de sua carreira política. Ele voltou a se candidatar uma década depois, em 1945, novamente para participar de uma Constituinte, convocada após o fim da ditadura varguista. Dessa vez filiado ao Partido Trabalhista Brasileiro (PTB), a legenda do popular Vargas, Silveira tinha como ativo uma base de eleitores operários formada quando trabalhara no Ministério do Trabalho, durante o Estado Novo, até o ano da eleição. Tal qual em 1933, foi o único evangélico eleito, mas agora sem depender de um eleitorado religioso.[24]

Embora tenha surgido para a política como um pastor progressista, eleito pela primeira vez por um partido socialista e na segunda por um trabalhista, Silveira foi indicando, ao longo da carreira, que caminhava para ser um político focado na pauta cristã. O gesto decisivo se deu quando resolveu deixar o PTB no meio do mandato para se filiar ao primeiro partido protestante da história do Brasil, o Partido Republicano Democrático (PRD). A sigla não se apresentava formalmente como protestante, mas suas principais lideranças eram ligadas a igrejas evangélicas. Fundada em 1945 por José de Sousa Marques, um pastor batista negro do Rio de Janeiro, a legenda tinha entre suas principais pautas a defesa da liberdade de expressão e de culto e o direito de associação e de reunião. Tratava-se, porém, de um partido inexpressivo na República, que só havia elegido um deputado estadual no pleito anterior e, por causa da sua fragilidade eleitoral, corria o risco de ser extinto.

No parlamento, Silveira fez questão de deixar claro que a saída do PTB não era consequência de nenhuma desavença que pudesse ter tido com Vargas, mas sim uma espécie de protesto à expulsão de outro deputado da sigla. Sem mencionar o nome do colega, alegou que ele não havia tido oportunidade de defesa. Em outro discurso, quando quis explicar a escolha pelo PRD, Silveira afirmou, com certa dose de drama, que tinha a intenção de dar fim à própria carreira política, e por isso havia optado por uma sigla pequena, que estava prestes a sumir do mapa. "Inscrevi-me nessa agremiação para com ela desaparecer."[25]

O pastor, no entanto, contou que mudou de ideia quando vestiu de fato a camisa do PRD. Havia se deparado com um "grande movimento idealista", que o fizera determinar "outro procedimento" para sua carreira política. Único representante do partido no Congresso, Silveira já era o presidente da legenda àquela altura. Mas sabia, por experiência própria, que dar atenção exagerada ao voto cristão traria poucos frutos — os evangélicos ainda eram uma parcela pequena da população (2,6%), segundo o censo de 1940.[26] Com ele no comando, a sigla trocou de nome e, em 1948, se tornou o Partido Republicano Trabalhista (PRT), aumentando o espaço para não protestantes em uma tentativa de impulsionar os resultados nas urnas e se manter viva.[27]

Essas mudanças pouco adiantaram, e o partido continuou inexpressivo do ponto de vista eleitoral. Silveira, porém, "desapareceu" primeiro. Após concluir o mandato no Congresso em 1951, não voltou a se candidatar e saiu de vez da vida política. Já o PRT ainda iria sobreviver por mais alguns anos, até o início da ditatura miliar, quando foi extinto após o regime instituir o bipartidarismo.

Apesar da aposentadoria política de Silveira e do fracasso eleitoral do partido protestante, os evangélicos experimentaram uma expansão gradual e ininterrupta do número de eleitos para o Congresso durante a janela democrática que o país viveu entre 1945 e 1964. Depois da vitória solitária do reverendo em 1946, foram cinco evangélicos eleitos em 1950, seis em 1954, sete em 1958, dez em 1962 e doze em 1966 — já depois do início do primeiro governo militar. Quase todos pertenciam às chamadas igrejas históricas e não chegaram a ensaiar a criação de uma bancada. Eram presbiterianos, batistas, luteranos e metodistas, nenhum deles pastor — não passavam de membros de suas congregações, políticos de carreira. A exceção se deu em 1962. Foi nesse ano que, pela primeira vez, um pentecostal chegou ao Congresso. Um pastor. É também a primeira vez que um evangélico, de qualquer vertente, vence um pleito tendo o apoio oficial da sua igreja.[28]

3.
Um estranho no ninho

Na sala de casa, na Zona Leste de São Paulo, o pastor Levy Tavares acompanhava pela televisão a apuração dos votos. Estava apreensivo, pois sabia que milhares de fiéis contavam com a vitória. Durante a campanha para deputado federal, recebera deles uma série de pequenos bilhetes com pedidos de emprego, bolsas de estudo para filhos e vagas em hospitais para parentes enfermos. Se perdesse, pensava, seria um vexame para a comunidade, e tudo não teria passado de uma aventura malsucedida.

Animou-se, porém, quando as primeiras parciais foram anunciadas. Seu nome aparecia na tela entre os mais votados do partido, o PSD, perto de figuras tradicionais da política paulista como Ulysses Guimarães e Cunha Bueno. Embora os números não fossem definitivos, aquilo já era um feito e tanto para um estreante, um desconhecido fora do meio evangélico, que havia feito uma campanha com poucos recursos, baseada em pregações nos cultos e participações no programa de rádio da igreja. Percebeu que estava vivíssimo na disputa e se sentiu aliviado.

A apuração, contudo, levaria dias para ser concluída. Ainda era cedo para comemorar. Os votos que chegavam do interior poderiam mudar todo o cenário e deixar o pastor de fora. Com pressa, ele desligou a TV e se reuniu com o maior interessado em sua eleição, o pastor Manoel de Mello, líder e fundador da igreja O Brasil Para Cristo, da qual o candidato fazia parte, para que juntos buscassem informações atualizadas. Mello passou de carro na casa de Tavares, no Tatuapé, e lhe deu carona até o Parque Ibirapuera, onde havia painéis com uma contagem mais próxima do resultado final. Procuraram pelo nome do candidato nas folhas e confirmaram a suspeita: a vitória era praticamente certa. Lágrimas tomaram conta de Tavares e os dois se abraçaram.[1]

A aventura da campanha, no fim das contas, rendeu 19,7 mil votos, praticamente todos de membros da igreja O Brasil Para Cristo e de outras denominações evangélicas, pentecostais ou não — um resultado expressivo para o ano de 1962. Ele foi o 12º mais votado da coligação PSD-Partido Social Progressista (PSP) e ficou em 32º lugar na classificação geral, o suficiente para garantir uma das 59 vagas a que São Paulo tinha direito na Câmara.[2] Tavares, que nunca havia pensado em virar político, se tornava o primeiro pastor do Brasil a se eleger deputado federal graças à mobilização de uma igreja. Já Mello, acostumado a se relacionar com poderosos, passava a ser o primeiro líder de uma denominação evangélica a ter o próprio representante na recém-construída Brasília.

A vitória nas urnas encheu os fiéis de orgulho. Três meses depois da votação, no evento de diplomação dos deputados eleitos por São Paulo, uma "caravana" da igreja O Brasil Para Cristo tomou conta dos corredores do Palácio da Justiça, no centro da capital paulista, para testemunhar o momento em que um dos seus membros seria formalmente alçado à condição de deputado federal. Os integrantes do grupo passaram pelo saguão e pelas escadas do edifício com Bíblias na mão e gritos de "Aleluia! Aleluia!", até chegarem ao auditório, que logo lotou.[3] Tavares não havia convidado ninguém e ficou surpreso. Aquilo era obra de Mello.

Único a contar com uma espécie de torcida organizada, o pastor-deputado foi o mais aplaudido ao ser diplomado. Ao lado de políticos de renome, sentiu-se envergonhado com o alvoroço. "Tive vontade de dizer 'menos, por favor', mas seria um pecado conter toda aquela espontaneidade", me contou Tavares, em 2017, aos 85 anos. Limitou-se a lhes dar um aceno, com um sorriso amarelo, antes de discursar.

O barulho era tanto que os deputados chamados depois dele tinham de ser cutucados para saberem que era a sua vez de subir ao palco. Os parlamentares mais experientes riam da situação, enquanto o pastor contava os segundos para que o constrangimento tivesse fim.[4] Os fiéis não se deram por satisfeitos e, ao final da cerimônia, regidos por Mello, entoaram cânticos da igreja.[5] O que era para ser somente um evento protocolar de entrega de certificados se transformou numa festa em homenagem ao pastor.

A ideia de lançar Tavares como candidato nasceu de uma decepção da igreja com políticos.[6] Três anos antes, em 1959, Mello se sentira desprotegido quando a prefeitura de São Paulo mandou demolir, por pressão de católicos, um templo que estava sendo construído na Zona Leste. A igreja, que até então alugava locais como cinemas e teatros para promover os cultos, finalmente realizava o "sonho da casa própria", em um terreno do município que havia sido cedido pelo prefeito Adhemar de Barros. O problema era que a cessão do espaço ocorrera sem autorização da Câmara dos Vereadores, e isso tornava a obra irregular. O imbróglio gerou um desgaste para o prefeito, que chegou a ser ameaçado com o impeachment.[7]

Adhemar ainda precisava lidar com a imagem negativa que a imprensa desenhava de Mello. Reportagens mostravam o pastor como charlatão, um curandeiro que se aproveitava da ignorância dos fiéis e prometia a cura de doenças graves. Em alguns textos, os jornais usavam aspas para se referir aos títulos religiosos de Mello, "pastor" ou "missionário". *O Estado de S. Paulo* chegou a chamá-lo de "chefe da seita"[8] e "falso missionário".[9] Não pegava bem, portanto, a prefeitura ceder um terreno público a um homem que iria usá-lo para enganar o povo.

Na Câmara, apenas um vereador se posicionou a favor da denominação: Jarbas Tupinambá, também do PSD. O aliado tentou resolver o impasse apresentando um projeto de lei que concedia o terreno à igreja por sessenta anos, desde que o templo também funcionasse como orfanato para crianças carentes.[10] A proposta chegou a ser incluída na pauta da Câmara para votação em duas sessões de abril de 1959, mas em ambas foi adiada e não mais retomada. A situação parecia pouco auspiciosa para a igreja.

No dia 14 de maio, carros da prefeitura já cercavam o terreno, prontos para a demolição. Em um último ato de desespero, Mello foi até o gabinete do prefeito, acompanhado do vereador aliado, para tentar reverter a situação. Estavam indignados com a presença dos veículos no local e falaram em tom de ameaça: "No caso de não ser suspensa a ordem de demolição, resistiremos no local, pois só por ordem do Poder Judiciário os homens e veículos da prefeitura poderiam entrar em ação", avisou Tupinambá. O prefeito, porém, mais interessado em abafar a crise, já estava decidido e deu à dupla um prazo de 24 horas para desocupar o local da construção.[11]

À uma da manhã do dia seguinte, uma sexta-feira, oficiais armados da Guarda Civil começaram a chegar à esquina da avenida Álvaro Ramos com a rua Padre Adelino, endereço do terreno, para garantir que o trabalho fosse feito sem contratempos. Investigadores do Departamento de Ordem Política e Social (Dops) e viaturas de radiopatrulha cercaram todo o quarteirão para impedir que fiéis mais exaltados se aproximassem. O dono de um bar vizinho chegou a telefonar a Mello para avisar sobre a movimentação,[12] mas nem ele nem o vereador aliado apareceram. Tampouco os membros da igreja tentaram resistir. Alguns se limitaram a assistir passivamente à demolição. Lamentavam, mas também se conformavam. "Cristo sofreu muito mais e perdoou os seus inimigos", disse um deles.[13]

O trabalho de demolição foi concluído em três horas. Quando o sol despontou, crianças que chegavam para as aulas na escola destinada aos filhos dos fiéis foram pegas de surpresa, enquanto funcionários da prefeitura trabalhavam para recolher destroços. Algumas começaram a chorar, embora não entendessem exatamente o que havia ocorrido, enquanto os pais e outros fiéis oravam ao redor do terreno. A um jornalista, o diretor da escola disse que continuaria dando as aulas, mesmo que fosse em praça pública ou "em frente à residência do sr. Adhemar de Barros".[14]

Não bastasse a perda do terreno, em menos de uma semana Mello ainda foi alvo de um inquérito policial, aberto por um delegado que pretendia se debruçar sobre a atuação do pastor. Segundo denúncias formuladas na Assembleia Legislativa do estado e na Câmara Municipal, Mello explorava os crentes e agia impunemente em um "consultório" na rua da Consolação, onde prometia "curar até câncer".[15]

Nesse endereço funcionava o escritório da igreja, que recebia cerca de 1500 crentes por dia, entre jovens e velhos, crianças e mães com filhos no colo, em geral pessoas pobres em busca de algum auxílio. O pastor juntava grupos de trinta a quarenta pessoas em uma sala pequena e fazia orações rápidas, em sessões de poucos minutos. Pedia aos fiéis que baixassem a cabeça, comandava uma prece em voz alta e tocava o rosto de cada um. Alguns dos crentes reagiam com crises nervosas, tidas pelo pastor como manifestações de demônios. No local, havia apenas uma mesa simples e duas caixas de papelão, uma para as cartas com pedidos de oração e outra para as contribuições dos crentes, que variavam entre sessenta centavos e seis reais, nos valores de hoje — dinheiro que ajudava na manutenção do programa de rádio da igreja.[16] Por esse trabalho, o pastor não chegaria a enfrentar um processo na Justiça, mas o cerco que se montara contra ele derrubou qualquer possibilidade de retomar as obras de imediato.

Sem o templo e sem o apoio do prefeito, Manoel de Mello correu para arrumar um novo local para os cultos e conseguiu alugar o Cine Universo, no Brás, para pregar aos domingos de manhã. Percebeu, no entanto, que o cinema não comportava o público que crescia e saiu em busca de um lugar maior, até encontrar um armazém na rua Tuiuti, no Tatuapé. Reuniu dinheiro entre os fiéis e fez um mutirão para limpar e transformar o local, que precisava de uma reforma. Menos de quatro meses depois da demolição do templo pela prefeitura, a nova sede estava pronta, com um primeiro culto marcado para o feriado de Sete de Setembro. Um jingle na rádio anunciava "a grande inauguração" e afirmava: "Deus está prometendo cura e libertação, querendo salvar almas. Você não pode perder".[17]

Mello tinha enfim um novo espaço para suas pregações, porém a demolição repentina não saía da sua cabeça. Era grato ao vereador Jarbas Tupinambá pela ajuda na Câmara dos Vereadores, mas sabia que somente um político que também fosse membro da igreja teria sido capaz de lutar o suficiente. Se quisesse, ele próprio poderia se candidatar. Embora habilidoso no trato com os poderosos, o fato era que não podia largar a função de líder da denominação. O ideal seria contar com uma segunda liderança, munida de algum grau de escolaridade e boa oratória. No entanto, encontrar alguém com esse perfil era uma tarefa difícil. A igreja era formada principalmente por pessoas pobres e pouco escolarizadas, tanto fiéis quanto pastores e obreiros, como era o caso do próprio pastor Mello.[18]

Levy Tavares é de uma época em que era mais comum encontrar evangélicos filhos de evangélicos. Nascido em 1932, ainda iria demorar para ver o Brasil experimentar um boom de ex-católicos convertidos, fenômeno que se concentrou nas últimas décadas do século XX. Criado por uma família metodista, saiu aos nove anos da sua cidade natal, Juiz de Fora, em Minas Gerais, para estudar em um colégio interno de Piracicaba, no interior de São Paulo, que tinha o metodismo como religião oficial. Mas não escapou de outro caminho considerado mais raro no país: o do protestante histórico que virou pentecostal.

Embora o pai fosse pastor metodista, o metodismo não o entusiasmava e nunca lhe proporcionou uma experiência significativa com Deus. A história começou a mudar quando ele tinha vinte anos e já morava em São Paulo, onde fazia faculdade de teologia. Foi nesse período que suas irmãs o convidaram para assistir à pregação de missionários norte-americanos que passavam pela cidade. Eles eram da Cruzada Nacional de Evangelização e atuavam em uma tenda de lona que se assemelhava a um circo. Ali, ouviu dos estrangeiros palavras ditas com fervor, algo bem diferente do tradicionalismo com o qual se acostumara na Igreja Metodista. Se o metodismo — com fiéis sentados, cerimônias monótonas e mais silenciosas — ainda precisava fazer um trabalho para alcançar o povo, aquela tenda, superlotada, com a multidão de pé, pregava um Evangelho que fez com que ele se sentisse vivo.[19] Tavares estava, na verdade, conhecendo o que era ser pentecostal.

Sentiu-se mais livre para abraçar o pentecostalismo, junto com as irmãs, depois da morte do pai, que os obrigava a frequentar a Igreja Metodista. Entregou-se tanto que até largou o emprego no departamento administrativo da Esso e os treinos de atletismo para se dedicar à evangelização, passando a integrar uma das denominações criadas em São Paulo a partir do trabalho dos missionários dos Estados Unidos, a Igreja Apostólica, onde estreou como pastor. Depois de alguns anos, contudo, começou a discordar de algumas práticas da denominação e preferiu abandoná-la. Não demorou, porém, até que um convite aparecesse. Um amigo que conhecera na Apostólica, um músico que fora maestro do coral e também não estava mais lá, achava que um pregador como Tavares não poderia ficar parado e procurou convencê-lo a conhecer a igreja que ele frequentava no momento, O Brasil Para Cristo, do pastor Manoel de Mello, com uma nova sede recém-inaugurada no Tatuapé. Tavares hesitou. Alegou precisar de um período afastado, para meditar e refletir. Mas acabou cedendo e apareceu no culto de segunda-feira.[20]

A igreja que encontrou parecia ter sido uma fábrica no passado, não tinha nenhum luxo e se resumia a um galpão semicircular, preenchido com fileiras de bancos, um púlpito e um mezanino para o coral. O que o impressionou foi a multidão. Milhares de pessoas se apertavam no local, à espera da palavra de Mello. Sem querer chamar a atenção, sentou-se nos fundos e, como os demais, aguardou o início do culto.

Mello, que já havia sido avisado pelo músico que Tavares apareceria, anunciou a todos que a igreja recebia naquela noite "um ilustre visitante" e ordenou que fossem buscá-lo. Tavares tomou um susto. Não esperava ser chamado e não havia preparado nada para falar. Não sabia sequer o nome de Mello ou como deveria tratá-lo. Mas também não se escondeu. Levantou o braço para que o achassem no meio da multidão e foi levado até o púlpito, sem saber o que dizer.

> Eu, compridão, fiquei ao lado do Manoel de Mello, baixinho, e tive que improvisar. É bonito quando você fala sem buscar a razão no intelecto. Nunca tinha falado para um público tão grande, mas a igreja era vibrante e o povo me empurrou. Nas igrejas protestantes tradicionais, mesmo quando o pregador está entusiasmado, o silêncio impera. Mas, nas pentecostais, o povo empurra o pregador.

O improviso de Tavares impressionou o líder da igreja, que naquele mesmo dia o convidou para ser pastor. Mais do que isso: para ser seu braço direito, o número dois da O Brasil Para Cristo.[21]

Natural de Água Preta, no interior de Pernambuco, Manoel de Mello é um caso que simboliza bem o avanço dos pentecostais no Sudeste a partir dos anos 1950. Depois que a Assembleia de Deus se expandiu do Norte, onde iniciou suas atividades no Brasil, para o Nordeste, a segunda fase do crescimento da maior igreja pentecostal do país foi marcada pela chegada em massa de retirantes nordestinos a metrópoles como São Paulo e Rio de Janeiro. Criado desde cedo na Assembleia de Deus, por influência da mãe evangélica, o jovem Manoel começou a pregar o Evangelho aos doze anos, ainda no sertão, e levou a fé consigo quando resolveu tentar a vida como pedreiro na capital paulista, aos dezoito, junto com a namorada, Ruth.

Em busca de um porto seguro na acelerada metrópole, o casal passou a frequentar a Assembleia de Deus que havia no bairro onde moravam, a Vila Carrão, na Zona Leste. Com a chegada de milhares de nordestinos todos os anos, e também de pessoas do interior de São Paulo, as congregações pentecostais foram se consolidando como redes de apoio a migrantes que se sentiam em um lugar hostil e estranho. Uma vez na igreja, acabavam se blindando do alcoolismo e do consumo de drogas ilícitas. Com isso, eram menos vítimas das mortes causadas pelo narcotráfico e tinham mais chances de conseguir um emprego, aumentando as possibilidades de ascensão social, o que mostra a visão reducionista de que o avanço dos pentecostais é apenas consequência da ingenuidade de fiéis que se deixam levar pela lábia de pastores espertalhões. É como explica o antropólogo Juliano Spyer: "O apelo do pentecostalismo vem da sua capacidade de reduzir o impacto da desigualdade em contextos de instabilidade econômica, violência urbana e ausência de serviços governamentais básicos".[22]

Envolvido nas atividades da igreja, Mello começou como obreiro e, depois de mostrar talento como pregador, foi promovido a diácono em menos de seis meses. De dia, trabalhava em obras da construção civil. À noite, saía às ruas para evangelizar. Carismático, o jovem diácono não demorou a ter o próprio grupo de seguidores. Oferecia curas divinas e pregava para multidões nas praças e calçadas. Seu estilo, no entanto, incomodou lideranças da Assembleia de Deus, que passaram a vê-lo como agitador e decidiram afastá-lo das atividades. Sem espaço na igreja, juntou-se aos missionários dos Estados Unidos que vieram ao Brasil no início da década de 1950, os mesmos que cativaram Levy Tavares. Mais à vontade entre os norte-americanos, Mello recebeu deles a consagração para se tornar pastor, mas deixou o grupo em 1955, após desentendimentos com a liderança. Naquele mesmo ano, reuniu quarenta pessoas, entre amigos e seguidores dos tempos de Assembleia de Deus e das missões, para lhes contar sobre o desejo de criar um movimento de evangelização. Em 1956, nascia a Igreja Evangélica Pentecostal, a primeira denominação pentecostal fundada por um brasileiro, que tinha como lema "Ganhar o Brasil para Cristo".[23]

Uma versão mais simples do lema, anos depois, acabaria se tornando o nome da igreja.[24] Com foco na cura divina e encarnando o papel de igreja dos desprotegidos, O Brasil Para Cristo cresceu atraindo principalmente os mais pobres, em especial aqueles que deixavam a vida no campo para tentar a sorte na cidade grande, como fizera o próprio pastor Manoel de Mello.[25]

Antes mesmo de lançar um candidato a deputado federal, Mello demonstrava certa afinidade com temas de interesse público. Em seus cultos, diferentemente do que ocorria em outras igrejas evangélicas, abordava questões sociais[26] e falava de combate à corrupção. Acreditava que os bons evangélicos tinham o dever de conhecer a situação econômica e social do país, contribuindo para a "reforma moral" em todas as esferas da vida nacional. A um jornalista da *Folha da Manhã* (hoje *Folha de S.Paulo*) que o entrevistou após um culto, em outubro de 1956, Mello disse que queria pôr uma Bíblia na mão de cada brasileiro, para "transformar a moral do nosso povo e cooperar com as autoridades combatendo a corrupção". A denominação também tinha um traço nacionalista, que justificava a existência do termo "Brasil" no seu lema. A esse mesmo jornalista da *Folha*, um auxiliar de Mello explicou que ele e o pastor haviam saído do grupo de missionários dos Estados Unidos porque "Deus não é americano", e os americanos eram "muito exclusivistas".[27] No escritório da igreja na rua da Consolação, os fiéis eram presenteados com pequenas bandeiras do Brasil e faixas com slogans como "Devemos ganhar o Brasil para Cristo" e "Cristo é a única esperança do Brasil".[28]

Já fazia doze anos que Manoel de Mello estava em São Paulo, perto de completar trinta anos de idade, quando enfrentou o episódio da demolição, em 1959. A mágoa com a destruição de sua igreja pela prefeitura o fez esperar pacientemente pela eleição seguinte para a Câmara dos Deputados, prevista para 1962. A ferida ainda estava aberta. Agora, tinha ao seu lado Levy Tavares, um homem que ele julgava ter as características necessárias para representar a igreja em Brasília. Tavares, porém, tomou um susto quando foi convidado — ou melhor, convocado — a se candidatar. "Eu, missionário? Mas eu não tenho experiência nenhuma na área política. Uma coisa é ser um ótimo pastor, excelente orador. Mas lá é outra história", disse o número dois. "Levy, eu não vejo outra pessoa que possa ser nosso defensor, que nos entenda, que conheça as entranhas da igreja. Só alguém aqui de dentro", respondeu o chefe.[29]

Com a missão dada ao pastor, o segundo passo era escolher um partido. Sem um viés ideológico muito claro por parte de Mello ou de Tavares, a preferência se deu pelo PSD, que se apresentava como o mais neutro, enquanto o PTB estava mais à esquerda, e a União Democrática Nacional (UDN), à direita. A legenda, de olho no potencial para atrair votos na igreja, aprovou o nome do pastor sem empecilhos.[30]

Quando a campanha começou, Tavares não tinha dinheiro para comprar espaço publicitário nos jornais, uma prática comum entre os candidatos mais fortes, e não possuía sequer um carro para se locomover pela cidade. Seu trunfo era frequentar os cultos da O Brasil Para Cristo e de outras denominações evangélicas. Ao viajar para o interior, pagava as despesas do próprio bolso. Em geral, não pedia votos. Limitava-se a pregar. Porém, contava com a boa vontade dos pastores dos templos que visitava, que costumavam lembrar aos presentes que Tavares estava disputando a eleição e precisava da ajuda dos fiéis para ser eleito.[31] Mello, é claro, era o mais enfático dos apoiadores. Afirmava no púlpito que não votar no candidato da igreja era "desobediência às ordens divinas", recebidas "por revelação".[32] Por outro lado, algumas denominações que costumavam convidar Tavares para pregar antes de ele ser candidato discordavam da campanha e chegaram a deixar de chamá-lo para os cultos.[33]

Além das visitas às igrejas, o candidato tinha outra rotina de campanha que o obrigava a se levantar da cama às cinco horas. De terno e gravata, saía de casa às pressas, sem café da manhã, e tomava dois ônibus do Tatuapé ao Sumaré,[34] na Zona Oeste, onde ficavam os estúdios da Rádio Tupi, a emissora que transmitia o programa diário da O Brasil Para Cristo, chamado *A Voz do Brasil para Cristo*, o primeiro espaço radiofônico de uma igreja evangélica no país.[35] O apresentador era o próprio Manoel de Mello. Ao vivo, ele proferia sermões, lia trechos da Bíblia e convidava os ouvintes para os cultos,[36] tornando-se o primeiro líder evangélico a perceber que o rádio poderia ser uma poderosa ferramenta de atração de novos fiéis e massificação da igreja. O programa era curto: começava às 6h30 e durava apenas quinze minutos.[37] Mas era tempo suficiente para Mello pedir votos e reservar alguns minutos para que o candidato fizesse uma saudação. Com nome de Levy Tavares cravado na memória, o fiel da igreja não se arriscou a desobedecer às ordens divinas e, no dia 7 de outubro, foi às urnas para confirmar a revelação tida por Mello.

Nos primeiros dias em Brasília, Tavares se sentiu um estranho no ninho. Acostumado aos púlpitos das igrejas, assustou-se com a tribuna do Congresso. Nutria uma certa vaidade por ser pastor, mas isso não significava nada para os demais deputados. Pelo contrário, era alvo de piadas. Ele próprio contribuía para que os colegas o vissem mais como pastor do que como deputado. No primeiro discurso, levou a Bíblia consigo e citou um trecho do livro de Isaías que falava de injustiça social. Em outro episódio, quando participou de um programa de televisão dedicado ao público feminino e apresentado por Hebe Camargo, na extinta TV Paulista, perguntaram-lhe se ele concordava que o mundo pertencia às mulheres — o nome da atração era *O Mundo É das Mulheres* — e Tavares, religioso que era, respondeu que não, que, na verdade, o mundo era de Deus.[38]

Outro congressista assistiu ao programa e resolveu chamar Tavares para lhe dar um conselho. Era o padre Benedito Calazans, que já tinha sido deputado estadual e, naquele momento, estava em seu primeiro mandato como senador, também por São Paulo. Calazans, que usava batina em suas idas ao Congresso, disse a Tavares que, em Brasília, a única coisa que ele tinha de padre era a roupa. "Se eu quiser ser padre aqui dentro, não vou realizar a minha missão de legislador", explicou. "Abandone o púlpito e assuma a tribuna."[39]

O pastor que se tornara deputado, então, começou a tentar ser mais deputado que pastor. O primeiro passo foi estudar o regimento interno da Câmara. Se um deputado desconhecia os trâmites da Casa, notou, acabava marginalizado, não produzia, não aprovava nada. E logo aprendeu que a política era a arte do possível. "Essa adaptação foi dolorosa, porque eu, como pastor, impunha ensinamentos, que para mim eram verdadeiros e divinos. Lá eu tinha que entender a cabeça do outro."

O esforço de Tavares para se adaptar ao universo político deu os primeiros frutos já no início do mandato. Em julho de 1963, somente cinco meses depois de tomar posse, recebeu do presidente João Goulart a missão de ser um porta-voz da presidência junto à comunidade evangélica. Goulart pediu ao único pastor do Congresso que transmitisse aos evangélicos os apelos do governo para que lutassem em favor das chamadas reformas de base, um conjunto de propostas para reestruturar a economia brasileira, que incluía uma reforma agrária.[40]

Convertido ao mundo do poder, Tavares já nutria, àquela altura, um certo prestígio junto à comunidade evangélica, que ultrapassava os limites da sua igreja e indicava que os fiéis estavam menos avessos à política. Sempre que desembarcava em São Paulo, após passar a semana em Brasília, era aguardado no aeroporto por fiéis que o recebiam com hinos e saudações. Cercado de crentes, nem sequer conseguia dar entrevistas aos jornalistas que costumavam trabalhar no terminal para abordar políticos que chegavam e partiam.[41]

Valendo-se desse status, o pastor tratou de reunir um grupo de lideranças evangélicas de São Paulo, de diversas denominações, para levá-los a um encontro com Goulart. O grupo formulou um documento com alguns compromissos, entre os quais estavam a definição de Tavares como o "elo" entre o governo e a comunidade evangélica, a demonstração de "solidariedade" às reformas de base e o apoio a iniciativas "patrióticas" e "construtivas". Ao presidente, fez apenas um modesto pedido: que ele apoiasse uma reestruturação da Universidade Presbiteriana Mackenzie, de São Paulo.[42]

Mas quando Goulart passou a balançar no cargo, pressionado pelo movimento cívico-militar que pretendia derrubá-lo, Tavares mostrou que não era de nadar contra a maré e começou a se afastar. Em setembro, quase dois meses depois do encontro de evangélicos com o presidente, foi questionado por lideranças cristãs sobre o que achava do cenário e, como já havia aprendido a ser político, foi vago na resposta. Evitou se posicionar e disse que restavam dois caminhos ao Brasil:

> O primeiro, que sincera e evidentemente não desejamos, é o da revolução, não da direita ou da esquerda, mas da fome e da miséria. O outro, que nos convém, é o da união de todos os brasileiros em torno de um programa de ação comum, buscando, objetivamente, as soluções mais práticas e simples para os problemas do país.[43]

Em outubro, o pastor apareceu em uma lista de deputados paulistas que defendiam a renúncia do mandatário.[44]

Uma semana após a deposição de Goulart, foi publicado o Ato Institucional nº 1 (AI-1), que permitia a cassação de mandatos legislativos, a suspensão dos direitos políticos de qualquer cidadão e a punição de integrantes da administração pública. Um dos cassados, o deputado paulista Plínio de Arruda Sampaio, então do Partido Democrata Cristão (PDC), revelou a Tavares que temia ser preso. Contou de sua decisão de buscar proteção na embaixada de algum país e o chamou para ir com ele. O pastor negou: "Eu não sou oposição assim."[45] Tavares, que não se metia em polêmicas, saiu ileso e teve o mandato preservado.

Passado um ano e meio do golpe, o pastor-deputado se viu obrigado a escolher um novo partido. O Ato Institucional nº 2, publicado em 27 de outubro de 1965 pelo regime militar, determinava a extinção de todos os partidos e a criação de apenas dois, a Aliança Renovadora Nacional (Arena), governista, e o Movimento Democrático Brasileiro (MDB), de oposição. A maior parte dos membros do PSD, como Mário Covas e Ulysses Guimarães, seguiu para o MDB e foi esse também o caminho tomado por Tavares, influenciado por Juscelino Kubitschek.

Com Humberto de Alencar Castello Branco na presidência, Tavares se sentiu mais distante do poder. Por ter decidido migrar para o MDB, era oficialmente da oposição. Mas isso não o impediu de conseguir uma audiência com o presidente para tentar barrar o fechamento da TV Excelsior, que estava sendo perseguida pela ditadura. Em razão de um rumor de que ela seria impedida de funcionar pelo regime, um dos donos do canal, Alberto Saad, pediu ao deputado, que já havia participado de alguns de seus programas, que intercedesse a favor da emissora e arrumasse uma audiência com o presidente. Tavares entrou em contato com o gabinete presidencial e ouviu que Castello Branco estava disposto a conversar, desde que o encontro contasse com a presença da atriz Bibi Ferreira, uma das principais estrelas da Excelsior e de quem o marechal era fã.

No dia da reunião, o pastor ficou incumbido de ir até o aeroporto da capital federal para buscar a comitiva da Excelsior — formada pela atriz, por Saad e outro dono do canal, Edson Leite. Colocou os três em uma Kombi e os levou até o Palácio do Planalto, onde o presidente os aguardava, junto do chefe da Casa Civil e de outros auxiliares que também queriam conhecer a atriz. Bibi, o grande trunfo da emissora, recebeu a missão de fazer uma apresentação com os argumentos para manter a TV em funcionamento. Citou dados da empresa, estimou empregos que seriam perdidos e até chegou a chorar. O presidente, porém, mais interessado em tietar a atriz, desviou do assunto. Falou de teatro, lembrou peças com Bibi às quais havia assistido no Rio e ressaltou que era um grande fã. Deixou para tratar da emissora somente no final da conversa, mas sem dar a resposta que a comitiva queria ouvir. Limitou-se a dizer que iria ver o que poderia ser feito.[46]

Não se sabe se a articulação do pastor e o apelo da atriz foram determinantes para impedir o fechamento da emissora, mas ela continuou em operação enquanto Castello Branco esteve no poder e também na gestão do seu sucessor, o general Artur da Costa e Silva. A concessão da Excelsior só seria cassada no governo de Emílio Garrastazu Médici, em 1970, em um momento em que a empresa se encontrava à beira da falência, em parte por causa de pressões econômicas exercidas pelo regime.

Castello Branco, porém, não foi capaz de cumprir outra promessa. Quando assumiu o Palácio do Planalto, comprometera-se a devolver o governo aos civis em 1966, com a realização de novas eleições presidenciais. Os militares, contudo, decidiram continuar no poder e, naquele ano, os brasileiros só puderam escolher os seus representantes no Congresso, em pleito que marcou a primeira tentativa de reeleição de Tavares. Dessa vez, seria mais fácil. Com o apoio da igreja e a exposição recebida no primeiro mandato, ele conseguiu um resultado ainda mais expressivo nas urnas, 32,8 mil votos, e seguiu como o único pastor do Congresso.

Dois anos depois, contudo, Tavares foi surpreendido com a decisão do governo militar de suspender por tempo indeterminado as atividades do Congresso, por meio do Ato Institucional nº 5, publicado no dia 13 de dezembro de 1968. Ele estava no seu apartamento em Brasília quando recebeu um telefonema de Ivete Vargas, sua colega no parlamento e sobrinha-neta de Getúlio Vargas: "A Câmara está fechada, os militares rodearam tudo, os tanques estão na rua, é bom você nem vir para cá".[47] O ato também significou mais uma rodada de cassações. Só em 1969,

333 políticos tiveram os direitos políticos suspensos, dos quais 78 deputados federais, cinco senadores, 151 deputados estaduais, 22 prefeitos e 23 vereadores. Mais uma vez Tavares saiu ileso.

Embora continuasse com o mandato, o pastor entendeu que, com o Congresso fechado, teria de repensar toda a sua vida. Como não havia perspectivas de retorno à atividade parlamentar, voltou a São Paulo para procurar trabalho e arrumou um emprego na Racz Construtora, com a missão de ser uma espécie de relações-públicas da empresa. A ideia era aproveitar a experiência como político e sua rede de contatos para conseguir que o poder público aprovasse obras. Além disso, Tavares corria atrás de empréstimos, resolvia questões com papeladas e estreitava laços com figuras importantes. "Eu era um office boy de luxo", me disse. Mas a experiência foi breve. O Congresso reabriu dez meses depois, em outubro de 1969, para realizar a votação que escolheria o próximo presidente da ditadura. Tavares, então, retornou a Brasília para votar protocolarmente em outro militar, agora no general Emílio Garrastazu Médici.

Em seus discursos na Câmara, Tavares foi um deputado discreto. Sem atuar como um grande defensor do fim da ditadura e ou da volta da democracia, tinha pautas que não chegavam a incomodar os militares. Quando subia à tribuna, falava de Deus, citava trechos da Bíblia e denunciava ataques à liberdade religiosa ao redor do mundo.

Em alguns momentos, fez valer a formação religiosa e se dedicou a falar de questões morais. Em 1966, por exemplo, manifestou apoio ao projeto aprovado pela Câmara Municipal de São Paulo que proibia a concessão de alvarás de funcionamento para casas noturnas em lugares próximos a escolas e hospitais. Para Tavares, a medida ajudaria a evitar a "proliferação de inferninhos". A menção ao projeto em Brasília, porém, não se deu por acaso. Era também um gesto de camaradagem com um irmão em fé, pois a lei havia sido elaborada por um fiel da denominação de Tavares, o vereador Geraldino dos Santos, o segundo pastor da igreja O Brasil Para Cristo a se lançar na política.

Assim como Manoel de Mello fazia nos cultos, Tavares também usava a tribuna para discorrer sobre problemas sociais e econômicos do Brasil, na maioria das vezes com um viés nacionalista e em defesa dos mais pobres. Certa vez, em 1965, já depois do golpe, criticou os brasileiros que depositavam dinheiro no exterior e defendeu que o regime militar proibisse a prática.[48] Por vezes, também ligava os problemas sociais à religião. Em 1968, semanas antes de um encontro em São Paulo do Grupo Parlamentar de Oração, formado por ele e outros 21 deputados de diferentes credos, chegou a afirmar que todos os problemas sociais, políticos ou econômicos "têm suas raízes no desajuste do coração humano em suas relações com o Criador".[49]

Enquanto esteve em Brasília, o pastor não conseguiu aprovar nenhum projeto de lei. Foram 58 tentativas, apenas três com algum cunho religioso, como isentar de imposto materiais importados por uma fundação evangélica — sem que nenhuma tenha repercutido.

Em 1970, quando disputaria a terceira eleição, Tavares resolveu trocar de partido, deixando a oposição do MDB para fazer parte da governista Arena. A troca se deu por uma razão pragmática. O outro pastor político da sua igreja, Geraldino dos Santos, havia se tornado deputado estadual e, filiado à Arena, iria buscar a reeleição. O problema era que os dois pertenciam a partidos diferentes e a legislação da época obrigava os eleitores a votar em candidatos do mesmo partido para todos os cargos. Assim, os membros da igreja não poderiam votar em Santos para deputado estadual e em Tavares para deputado federal. Para não dividir os votos, alguém teria de trocar de legenda, e Tavares acabou cedendo.[50]

A estratégia, porém, se revelou inútil. Tavares, aos 38 anos, recebeu 27 mil votos, menos do que na eleição anterior, e ficou de fora. Na sua opinião, a derrota ocorreu porque os eleitores não gostaram da troca de partido. Era como se aquela mudança não satisfizesse o ideal deles de um deputado de oposição. Mas o que mais pesou, na verdade, foi a postura de Mello. O líder da igreja, que lhe dera um apoio enfático nas duas primeiras eleições, se ausentara na terceira. Acreditava que a missão do seu braço direito no Congresso já havia se encerrado. Além disso, estava doente e precisava de Tavares para substituí-lo na liderança da denominação.[51] Sem o apoio de Mello no rádio e no púlpito, o pastor fracassou na tentativa de ficar mais quatro anos em Brasília e deixou a política.

Já Mello seguiu ativo politicamente. No púlpito, fazia críticas ao regime militar, o que acabou atraindo a atenção da polícia. Alvo de acusações que iam de charlatanismo a curandeirismo, ele chegou a contabilizar 27 prisões.[52] Em uma delas, Tavares tentou usar sua influência política para libertá-lo. Não era mais deputado, mas ainda morava em Brasília e tinha seus contatos. Correu para São Paulo e procurou o secretário de Segurança Pública, Cantídio Sampaio, que havia sido seu colega na Câmara dos Deputados. Mello, porém, disse a Tavares que ele não precisava "mexer os seus pauzinhos". Estar preso era bom para a igreja, dizia o pastor, que queria ser visto pelos fiéis como um mártir, tal qual Edir Macedo, que seria detido nos anos 1990. Em uma cela isolada, contou que estava sendo bem tratado pela polícia e passava o tempo lendo a Bíblia. Lembrou que, segundo o Evangelho, os cristãos seriam presos e perseguidos por amor a Jesus. "Quanto mais preso eu for, melhor. Vai ser uma revolução quando eu sair", afirmou. Alguns dias depois, foi liberado pela polícia. Não houve nenhuma revolução, mas, no culto seguinte, a igreja estava lotada.[53]

4.
Política não é mais coisa do diabo

Milhares de pessoas se aglomeravam em frente ao Congresso Nacional para saber quem seria o próximo presidente do Brasil. Chovia em Brasília e cada um buscava se proteger como podia. A multidão, acomodada sobre um gramado encharcado, torcia em peso pelo mineiro Tancredo Neves, do PMDB, que tinha como adversário o paulista Paulo Maluf, do Partido Democrático Social (PDS). Os dois mediam forças para ver quem seria o primeiro civil a governar o país depois de duas décadas de ditadura militar. O destino de ambos, porém, não estava nas mãos daquelas pessoas. Só um seleto grupo de 686 brasileiros iria votar, em eleição indireta, e todos estavam bem protegidos da chuva, dentro do Congresso. Ao povo, restava torcer.

Era 15 de janeiro de 1985 e a votação havia começado às 9h56. O voto era aberto e, um por um, os parlamentares foram chamados para anunciar o preferido. O candidato vencedor seria aquele que primeiro somasse 344 eleitores, o mínimo para ter maioria. Do lado de fora, as pessoas ouviam os resultados por meio de dois alto-falantes instalados nas extremidades do Congresso. Em quarenta minutos, pouco mais de duzentos parlamentares haviam se pronunciado. Às 10h30, o candidato favorito da multidão já abrira uma larga vantagem: Tancredo somava 138 votos, quase o dobro dos 74 de Maluf. "O povo, unido, jamais será vencido", gritavam.

O clima no gramado do Congresso era de Carnaval. Começaram a cantar o Hino Nacional brasileiro em ritmo de samba quando Tancredo atingiu 342 votos, a apenas dois da vitória. Às 11h34, o deputado João Cunha, do PMDB de São Paulo, foi chamado para votar. "Tenho a honra de dizer que o meu voto enterra a ditadura funesta que infelicitou a minha pátria." O locutor anunciou: Tancredo, 344. O plenário do Congresso entrou em festa. Os partidários do eleito se abraçaram e até os jornalistas comemoraram. Nas ruas, carros e ônibus deram início a um buzinaço. Molhadas de chuva, as pessoas romperam os cordões de isolamento e subiram a rampa do Congresso, enquanto uma enorme bandeira do Brasil, de 250 metros quadrados, lhes serviu de guarda-chuva. "Acabou, acabou a ditadura", gritavam. "A liberdade chegou", desabafou um homem.[1]

O eleito, então, se dirigiu à tribuna para fazer o discurso da vitória e disse o que o povo queria ouvir: prometeu que as próximas eleições para presidente seriam definidas pelo voto da população, não mais pelos parlamentares, e reiterou o compromisso assumido em campanha de convocar uma Assembleia Nacional Constituinte, com participação ativa dos cidadãos. "A Constituição não é assunto restrito aos juristas, aos sábios ou aos políticos. Não pode ser ato de algumas elites. É responsabilidade de todo o povo."[2]

Naquele mesmo dia, a 150 quilômetros dali, ocorria em Anápolis (GO) o culto de abertura de mais uma convenção nacional da Assembleia de Deus, a maior igreja evangélica do Brasil.[3] A possibilidade de o país ter uma nova Constituição deixava em alerta as lideranças da denominação.[4] O discurso de Tancredo era um chamado para que todos os setores da sociedade participassem. Os evangélicos, portanto, não poderiam ficar de fora. Ao término da convenção, resolveram que dali a três meses, em abril, um novo encontro seria realizado para que a igreja decidisse como se comportar diante desse momento histórico.[5]

Política não era coisa do diabo? Dessa vez seria diferente. Se o país ia discutir uma nova Constituição, corria-se o risco de o catolicismo voltar a ser a religião oficial do Estado. Pior: corria-se o risco de a esquerda aproveitar o fim da ditadura militar para emplacar pautas como o aborto e o casamento entre pessoas do mesmo sexo. Corria-se até o risco de o fantasma do comunismo voltar com tudo.[6] E, sabiam bem, na Cuba comunista de Fidel Castro, a Constituição determinava o caráter ateu do Estado.

As lideranças da Assembleia de Deus não estavam dormindo no ponto. Antes mesmo da vitória de Tancredo, já haviam realizado uma reunião com o candidato que era considerado o favorito em dezembro do ano anterior para tentar uma aproximação. Na conversa, sugeriram três ações para resolver a grave situação social e econômica na qual o país se encontrava: estreitar as relações do Brasil com Israel; retirar das moedas os símbolos utilizados em cultos afro-brasileiros; e criar o Dia Nacional de Jejum e Oração. Na visão dos pastores, os problemas do Brasil se deviam mais à falta de aproximação com Deus do que a "circunstâncias naturais".[7]

Não bastava, porém, fazer amizade com os políticos. A igreja precisava convencer os fiéis de que todo aquele papo de política como coisa do diabo ficara no passado. Era um esforço que exigia cuidado e até certa dose de ambiguidade. De um lado, deixar claro que a igreja não estava se entregando a uma sede por poder. Do outro, também não se podia viver alheio às discussões que definiam o futuro do país e dos próprios crentes. Em artigo no *Mensageiro da Paz*, o jornal oficial da denominação, no qual falava do encontro com Tancredo, a Assembleia de Deus negou estar entrando para a política, rejeitou pretensões político-partidárias e falou em não comprometer "a pureza do Evangelho com nuanças efêmeras decorrentes dos interesses de grupos que buscam o poder". Não significava, ponderavam, que a Assembleia de Deus era alienada da realidade. Se fosse para defender os interesses da denominação, ela estaria disposta a frequentar os corredores do poder. "O compromisso da igreja no contexto da sociedade é de tal monta que sua influência precisa ampliar os horizontes e alcançar, inclusive, os altos escalões do governo."[8]

A Assembleia de Deus que existe no Brasil é, na verdade, uma igreja "importada" dos Estados Unidos.[9] Foi lá que surgiu, nos primeiros anos do século XX, a maior rede pentecostal do mundo, não por obra de um grupo seleto que se reuniu em uma sala fechada e determinou quais seriam os princípios daquela nova doutrina religiosa, mas sim por meio de iniciativas descentralizadas, espalhadas pelo país, que atraíam sobretudo negros e pobres, tocados por orações fervorosas, "avivadas", como se Deus tivesse descido dos céus para estar junto e manifestar sua presença em fiéis que falavam em línguas estranhas.

Há um culto, no entanto, que costuma ser apontado, simbolicamente, como o começo de tudo. No dia 14 de abril de 1906, o pastor William Seymour, um filho de ex-escravizados, reuniu seguidores em um prédio velho e abandonado de Los Angeles, na Califórnia, onde havia funcionado a Igreja Metodista Africana, e lá promoveu o que depois ficou conhecido como o "reavivamento da rua Azusa". O evento é tratado como o embrião tanto da Assembleia de Deus no mundo quanto da doutrina pentecostal como um todo. O pentecostalismo, inclusive, é considerado a única vertente do protestantismo fundada por um homem negro. O movimento de Seymour, porém, não se chamava Assembleia de Deus. Seu nome era Missão de Fé Apostólica. Aliás, nenhuma igreja se chamava Assembleia de Deus. Essa denominação só iria surgir quase uma década depois, em 1914, quando diferentes movimentos pentecostais se juntaram para compor o Conselho Geral das Assembleias de Deus.

Mas antes mesmo do esforço para criar uma instituição central, os líderes pentecostais norte-americanos que formariam a Assembleia de Deus já mandavam missionários a outras partes do mundo para espalhar a palavra. Entre os destinos estavam Índia, Suécia, Chile e Brasil.[10] Os primeiros enviados para cá foram os suecos Daniel Berg e Gunnar Vingren, que deixaram os Estados Unidos em 1910 e foram bater em Belém, no Pará. A justificativa para começar a missão por um dos estados do Norte brasileiro não poderia ser mais pentecostal. Segundo o relato de um missionário norte-americano, quando os suecos estavam hospedados na casa de um irmão de fé em Indiana, ouviram o anfitrião proferir uma mensagem em línguas estranhas. Ele repetia várias vezes a palavra "pará". Foram ao mapa e viram que aquelas duas sílabas formavam o nome de um estado brasileiro.[11] Entenderam que se tratava de um chamado de Deus, arrumaram as malas e se mandaram para a região amazônica.

No início, a dupla frequentava em Belém os cultos da Igreja Batista — que de pentecostal não tinha nada. Começaram, então, a recrutar crentes que estivessem dispostos a participar de reuniões na casa onde moravam. Ali, podiam dar vazão ao estilo de pregação que haviam conhecido nos Estados Unidos. Os encontros foram reunindo um número cada vez maior de curiosos e passaram a incomodar as lideranças batistas, que acabaram expulsando os suecos da congregação. Mas o trabalho de evangelização já havia sido plantado. A dupla conseguiu reunir dezenove pessoas, todas excluídas da igreja, e deu os primeiros passos para a criação de um novo movimento religioso.[12] Era o início da Assembleia de Deus no Brasil, que por pouco não foi a primeira igreja pentecostal do país — um ano antes, havia surgido no Paraná a Congregação Cristã, fundada por imigrantes italianos.

Nos primeiros quinze anos, a expansão da Assembleia de Deus se concentrou no Norte e depois no Nordeste — levada por nordestinos que retornavam para suas terras após a decadência do ciclo da borracha na região amazônica.[13] O avanço pelas áreas mais pobres fez a igreja ser composta, nas primeiras décadas, de brasileiros marginalizados, que moravam em localidades afastadas dos centros urbanos, nos confins do país. Os convertidos eram basicamente católicos acostumados ao catolicismo popular, marcado pela espontaneidade na oração, por promessas e pedidos de proteção, mas que estavam distantes do catolicismo oficial, sem acesso a templos e sacerdotes. Acolhidos pela Assembleia de Deus, tinham a chance de praticar uma fé com uma sensação maior de pertencimento. Sem a hierarquia típica e rígida da Igreja católica, e sem o excludente latim, que ainda não havia sido abolido das missas, os novos crentes tinham mais liberdade para dar depoimentos nos cultos e orar com suas palavras e seus gestos. Se antes se apegavam a santos de barro ou medalhinhas, agora passavam a ter a Bíblia como principal referência de fé.[14]

Uma das principais características da Assembleia de Deus é que os fiéis levam com mais afinco a missão de evangelizar, de ganhar novos adeptos para a sua fé, inclusive em razão da crença de que o fim do mundo está próximo, o que resulta na urgência para salvar o maior número de almas antes que tudo acabe. É o que o sociólogo Francisco Cartaxo Rolim, especialista em religiões, chamou de nucleação, um processo de multiplicação da igreja em pequenos grupos, que fez a denominação crescer rapidamente para outras regiões e se nacionalizar, de maneira informal, sem planejamento:

> Cada crente que se desloca carrega consigo sua igreja para plantá-la no lugar onde vai morar. Não espera a construção de um templo, nem mesmo pela chegada de algum pastor. Estabelece o culto em sua própria casa, nas periferias das cidades ou vilas, ou mesmo na área rural. Simples crente, improvisa-se pastor.[15]

Dirigida pelos suecos, a Assembleia de Deus do Brasil chegou a 1930 com presença em vinte estados e em quatro regiões.[16] A igreja se espalhava pelo país, mas, como crescia de forma desordenada, faltava uma estrutura que centralizasse a organização. Foi quando os pastores brasileiros tomaram a iniciativa de criar a Convenção Geral das Assembleias de Deus no Brasil (CGADB), para promover encontros periódicos entre as lideranças, discutir questões doutrinárias e definir quais rumos seguir. Era como se os pastores locais estivessem pedindo passagem aos estrangeiros. E surtiu efeito. Na primeira reunião da convenção, ocorrida entre 5 e 10 de setembro de 1930, os suecos entenderam que os brasileiros estavam prontos para assumir o comando da denominação e lhes passaram o bastão.[17]

A igreja, à época, ainda estava longe de ser a maior denominação evangélica entre nós. Estima-se que, em 1930, a Assembleia de Deus contava com 13,5 mil membros, ou 8% de todos os evangélicos do Brasil.[18] Os assembleianos formavam a quinta maior corrente protestante do país, atrás de presbiterianos, batistas, metodistas e dos pentecostais da Congregação Cristã. As décadas seguintes, porém, sob o comando dos pastores brasileiros, foram de expansão exponencial para a igreja, que cresceu em ritmo mais acelerado do que qualquer outra. Em 1960, a Assembleia de Deus tinha 407,6 mil membros, ou 29,8% da comunidade evangélica, números que já à época lhe davam o status de maior denominação do Brasil, com quase o dobro do tamanho da segunda colocada, a Congregação Cristã, com 211,1 mil fiéis.[19] No censo de 2010, a distância se mostrou ainda maior. Os assembleianos eram 12,3 milhões de brasileiros, mais de três vezes o tamanho dos batistas, que passaram a ocupar a segunda posição, com 3,7 milhões.

Apesar do rebanho em constante crescimento, a Assembleia de Deus buscava se manter distante do mundo político. De acordo com o pastor José Wellington Bezerra da Costa, que assumiu a presidência da CGADB em 1990 e ficou no cargo durante três décadas, a rejeição à política estava relacionada aos fundadores suecos. Segundo Costa, por não serem brasileiros, Berg e Vingren não podiam se envolver com eleições e, portanto, tinham feito entrar na cabeça dos fiéis que política era coisa do diabo.[20] Os dois, além disso, vinham de um país onde sua religião era marginalizada, por isso rejeitavam a ligação entre Igreja e Estado.[21] Missionários assembleianos que viajavam pelo interior do país também pregavam o distanciamento da política para evitar problemas com oligopólios locais que tinham a Igreja católica como aliada.[22] Pesava ainda a visão binária dos pentecostais, com seu costume de opor "Igreja" e "mundo", um governado por Deus e o outro pelo demônio[23] — o que ajuda a explicar por que os protestantes históricos, mais elitizados, já frequentavam o poder com mais naturalidade.

Os primeiros sinais de mudança na Assembleia de Deus aparecem antes mesmo do início de qualquer discussão sobre uma nova Constituição. Em julho de 1980, ainda durante a ditadura militar, o jornal *Mensageiro da Paz* passou a publicar notícias sobre o contexto político do país. Não que a denominação estivesse despertando para a necessidade da volta da democracia. Era muito mais uma tentativa de defender o regime de pressões da esquerda. Desde que a liberdade religiosa esteja garantida, as igrejas em geral costumam conviver bem com ditaduras de direita, como observa Paul Freston em *Religião e política, sim; Igreja e Estado, não*. No Brasil, era comum recorrer à Bíblia, ao texto de Romanos, para justificar a passividade: "[...] aquele que se revolta contra a autoridade, opõe-se à ordem estabelecida por Deus".

Naquela edição do *Mensageiro da Paz*, a Assembleia de Deus demonstrou preocupação com o crescente movimento de contestação ao regime, que contava com o engajamento de alguns grupos religiosos. "O Estado existe dentro da vontade de Deus, e ao Estado todos nós devemos obediência, enquanto ele não se opuser à nossa fé", afirmava o jornal.

Em setembro de 1985, já depois do fim do regime militar e com a nova Constituição em debate, a Assembleia de Deus mostrou que havia avançado desde aquele primeiro encontro com Tancredo Neves. No *Mensageiro da Paz*, deixou de lado o discurso de que rejeitava "pretensões político-partidárias" e passou a defender, de forma enfática, a candidatura de evangélicos para a eleição do ano seguinte, que definiria a composição da Assembleia Nacional Constituinte: "Ou será que os descrentes são melhores do que os salvos para administrar a coisa pública?".

Em julho de 1986, a quatro meses da eleição para a Constituinte, a igreja falava em formar uma "expressiva bancada evangélica" e convocava os fiéis a comparecerem em peso nas urnas, "evitando que a fragmentação dos votos nos roube a singular oportunidade de termos pessoas preparadas e comprometidas com a fé cristã nos altos escalões na República".[24]

Estava concluído com sucesso o processo de conversão da igreja, do apolítico para o ativismo político. O engajamento, entretanto, era, antes de mais nada, um esforço para manter tudo como estava, e não para gerar transformações profundas no país. Não se tratava apenas de defender questões ligadas a costumes, mas também de manter privilégios, como isenções de impostos, e evitar a tão temida perda da liberdade religiosa. Antes da eleição para a Constituinte, surgiu um boato entre os evangélicos de que a Igreja católica se articulava para que a nova Constituição retomasse o catolicismo como religião oficial do Brasil. Traumatizados por um histórico de perseguições e ainda nutrindo um complexo de inferioridade, eles julgaram, então, que aquele era o momento de se mobilizar. Embora depois descoberto como mentira, o rumor serviu para engajar os crentes a votar em candidaturas evangélicas.

A participação da Assembleia de Deus na eleição de 1986 representou a segunda vez que uma igreja se mobilizou para ter representação no Congresso Nacional, depois da experiência de O Brasil Para Cristo com Levy Tavares. Nesse intervalo, alguns poucos evangélicos chegaram a ocupar assentos na Câmara dos Deputados e no Senado, mas sem contar com o apoio oficial de uma denominação nem precisar do voto dos fiéis.[25] Os que se arriscavam a fazer campanha no meio evangélico tinham como principal barreira o preconceito ainda vigente contra a atividade política. Na Assembleia de Deus, por exemplo, se um fiel tivesse planos de conciliar as atividades de pastor e político, tinha de escolher entre uma e outra. Foi o que aconteceu, por exemplo, com o maranhense Antônio Conceição da Costa Ferreira, que em 1976, aos 37 anos, desistiu de se tornar pastor para se lançar candidato a vereador de São Luís, pela Arena.[26] Até há um caso de pastor assembleiano que conseguiu se candidatar nos anos 1970, o paulista Alfredo Reikdal, que se lançou a deputado estadual em mais de uma oportunidade, na esperança de receber os votos dos fiéis, mas nunca teve sucesso.

Se um membro da Assembleia de Deus quisesse vencer uma eleição, tinha de caçar votos em outros segmentos. O primeiro e único a ter êxito antes da Constituinte foi o amazonense José Fernandes, em 1978, em um caso clássico de político que ganhou projeção por meio de obras públicas. Formado em economia, Fernandes não era pastor e entrou para a política quando assumiu a Secretaria de Transportes e Obras do Amazonas, em 1975, aos 32 anos, convidado pelo governador Henoch Reis, um batista nomeado pela ditadura militar. No cargo, rodou o estado para entregar obras em 36 dos 42 municípios, o que o tornou conhecido pela população e gerou um novo convite do governador: ser candidato a deputado federal em 1978. Com uma boa votação no interior e sem o apoio da igreja, levou uma das vagas, mas não chegou a exercer o mandato, porque foi indicado pelo regime para ser prefeito de Manaus.

No comando de uma cidade de maioria católica, buscou ser pragmático. Certa vez, viu-se em maus lençóis com os evangélicos quando agiu para convencer o papa João Paulo II a visitar a capital amazonense. Em 1980, o pontífice tinha viagem marcada ao Brasil e havia incluído Belém, do estado vizinho, em seu roteiro. Os católicos de Manaus, no entanto, não queriam perder a oportunidade de ver o papa, e coube a Fernandes a missão de escrever uma carta para convidá-lo. O prefeito, porém, com medo de cometer alguma gafe no texto, como usar erroneamente algum termo católico, terceirizou a tarefa a um secretário que havia estudado para ser padre. O apelo funcionou, e João Paulo II acabou se despedindo do Brasil em Manaus.

Na hora de cumprimentar as autoridades da região, o pontífice saiu distribuindo um terço a cada uma delas. Mas hesitou ao parar diante do prefeito evangélico e da esposa, que não se sentiram constrangidos e estenderam a mão para aceitar o agrado. Quando o casal voltou para casa, soube que pelo menos quarenta pessoas haviam telefonado oferecendo dinheiro pelos terços, mas preferiu dá-los de presente a duas amigas católicas.

Ao fim da visita papal, o prefeito ficou bem com a comunidade católica, mas não passou incólume entre os evangélicos, que não engoliram um dos trechos da carta enviada ao pontífice, assinada por Fernandes, que o saudava com um beijo na "mão de sua santidade". Quando da eleição seguinte, os crentes não o pouparam. "Só faltaram me bater na igreja, dizendo que eu tinha beijado a mão do papa", me contou Fernandes.[27]

Embora as igrejas seguissem sem se mobilizar nas campanhas, era possível perceber que a participação de evangélicos nas eleições aumentava em todo o país. Em 1982, o Congresso elegeu dois pentecostais pela primeira vez, Fernandes e o pastor Mário de Oliveira, da Igreja do Evangelho Quadrangular, de Minas Gerais. Em Goiás, Iris Rezende foi o primeiro crente a se eleger governador pelo voto popular. No Rio de Janeiro, Benedita da Silva, membro da Assembleia de Deus e filiada ao recém-criado PT, estreou em eleições e se tornou vereadora da capital. Em Pernambuco, o PDS conseguiu filiar cerca de duzentos pastores pentecostais. Em São Paulo, um candidato petista a deputado estadual tomou a liberdade de usar o slogan "Trabalhador pentecostal vota em trabalhador pentecostal".[28]

Fora do mundo de eleições e partidos políticos, os fiéis também se mexiam de forma independente. Em 1982, o economista Euler Lázaro de Morais, da Igreja Metodista, havia acabado de voltar de um período de três anos de estudos na Inglaterra e estava disposto a criar um grupo de evangélicos que se mobilizasse politicamente. Em Brasília, onde morava, conseguiu reunir 22 amigos para uma primeira noite de conversas em sua casa. Surgia, a partir daquele encontro, o Grupo Evangélico de Ação Política (Geap). O objetivo não era, necessariamente, formar um movimento que lançasse candidatos, mas sim discutir questões de interesse público e, quem sabe, até constituir um centro de formação de lideranças políticas. "A política não podia mais continuar sendo vista como algo temerário, promíscuo", me disse o economista, que, em 1986, quatro anos depois do primeiro encontro do Geap, se tornou o coordenador das campanhas de candidatos evangélicos para a Assembleia Nacional Constituinte.[29]

Quando Tancredo Neves morreu e o vice, José Sarney, assumiu o seu lugar, o novo presidente procurou tranquilizar a população ao dizer em pronunciamento pela TV que daria sequência às promessas feitas, como convocar a Constituinte. Uma das propostas de Tancredo tinha sido criar uma comissão formada por membros da sociedade civil para antecipar o debate sobre a nova Constituição. O grupo teria a missão de preparar uma versão preliminar da Carta Magna, que serviria como ponto de partida para os constituintes a serem eleitos no ano seguinte. Sarney seguiu com o prometido e decretou, no dia 18 de julho de 1985, o nascimento da Comissão Provisória de Estudos Constitucionais. Ainda não se sabia, porém, quem faria parte da iniciativa. Só se sabia que a comissão teria cinquenta membros e que seriam pessoas tidas como "notáveis", nomes consagrados de áreas do conhecimento e representantes de segmentos da população. A escolha de cada um ficaria a cargo do próprio presidente, que ouviria indicações de entidades representativas.

A tal comissão seria uma primeira oportunidade para que os evangélicos começassem a influir, de preferência com a presença de um pastor entre os "notáveis" escolhidos. O segmento, porém, teria de correr dobrado em Brasília para conseguir emplacar um dos seus. Faltava-lhe o prestígio de uma Igreja católica, que sem esforço foi a primeira instituição religiosa a ser convidada pelo governo, com a indicação do padre jesuíta Fernando Bastos de Ávila, nome sugerido pela Conferência Nacional dos Bispos do Brasil (CNBB).

O fato de os católicos terem largado na frente irritou o deputado pentecostal Mário de Oliveira, para quem os evangélicos, ainda não procurados pelo governo, estavam sendo discriminados. Na tribuna, disse que os evangélicos tinham os mesmos direitos dos católicos e garantiu que estava disposto a usar sua prerrogativa de parlamentar para solicitar uma audiência com o auxiliar de Sarney encarregado de montar a comissão, o ministro da Justiça, Fernando Lyra. Pretendia exigir que pelo menos um crente fizesse parte do seleto grupo, de preferência da sua igreja, a Quadrangular. Lembrou também que ele não era o único evangélico do Congresso e afirmou que a turma toda, se bem organizada, tinha condições de se articular para escolher alguém: "Podemos nos unir para impedir que seja incluída na Constituição uma lei discriminatória e contrária aos nossos interesses".[30]

O problema dos evangélicos não era só a falta de prestígio. Eles também não tinham a unidade necessária para facilitar a indicação de um nome. A Igreja católica era uma só. Já os crentes se dividiam em diversas ramificações, e cada denominação queria puxar para si o direito de indicar o representante da comunidade evangélica.[31] Prevaleceu, no fim, não a igreja com mais adeptos ou a que estava mais engajada com a Constituinte — em ambos os casos, a Assembleia de Deus —, mas sim aquela que tinha maior aproximação com o presidente José Sarney: a Igreja Presbiteriana do Brasil (IPB).

A IPB já era, no regime militar, a igreja evangélica mais próxima do poder. Não por acaso, dos três governadores evangélicos nomeados pela ditadura, dois eram presbiterianos: Geremias Fontes, no Rio de Janeiro (1967-71), e Eraldo Gueiros Leite, em Pernambuco (1971-5).[32] O indicado da igreja para a comissão, o reverendo Guilhermino Cunha, também tinha uma boa relação com os militares. Durante a ditadura, fora um dos líderes evangélicos convidados pelo governo para cursar a Escola Superior de Guerra (um esforço do regime para ganhar aliados religiosos, já que os católicos estavam mais próximos da oposição) e, em 1984, quando o Brasil recebeu o ex-presidente norte-americano Jimmy Carter, também protestante, Cunha teve o privilégio de ministrar o culto que contou com a presença do visitante, um dia antes de seu encontro com o presidente brasileiro, João Figueiredo.[33]

Para sensibilizar Sarney, que também era próximo dos militares, Cunha contou com a ajuda do general Antônio Ferreira de Bragança Filho, presbiteriano e pastor jubilado. E também teve a seu favor o lobby da Ordem dos Ministros Evangélicos do Brasil, que acabou servindo de pretexto para que Sarney não ficasse mal com as outras igrejas evangélicas. Afinal de contas, era melhor escolher um reverendo que havia sido indicado por uma ordem de pastores do que por uma denominação específica.[34]

Um fato curioso é que chegou a haver uma confusão em relação ao nome de Cunha quando foi divulgada a lista de membros da comissão, em agosto de 1985. Estava escrito ali que o representante dos evangélicos seria um tal de José Ferreira da Cunha. Desconfiado, o deputado José Fernandes foi à tribuna para dizer que nunca ouvira falar daquele sujeito. Chegou a consultar líderes evangélicos de diferentes igrejas para saber se alguém poderia lhe dar alguma pista, mas ninguém foi capaz. Os outros deputados evangélicos estavam tão perdidos quanto ele. "Talvez seja um caso de falsidade ideológica", especulou. "Neste caso, diria que o presidente José Sarney foi enganado e, a menos que sua excelência altere a situação, estará também a enganar o povo."[35] Dias depois, a confusão foi desfeita, e o nome do reverendo foi divulgado corretamente. Agora era oficial. Cunha — o Guilhermino, não o misterioso José Ferreira — faria parte da tão cobiçada comissão de notáveis e sentaria ao lado de nomes inconfundíveis como o antropólogo Gilberto Freyre, o economista Celso Furtado e o escritor Jorge Amado.

Durante os trabalhos, o reverendo Cunha viajou pelo país para participar de debates sobre a Constituinte com evangélicos, ajudando a formar comitês de ação política em cada estado. Na própria comissão, conseguiu emplacar no texto final as suas prioridades: a liberdade religiosa, o direito à prática do culto e a isenção de impostos aos templos, todos direitos que já existiam no Brasil, indicando que os evangélicos estavam indo ao embate para jogar na defesa, segurar o zero a zero e manter tudo como estava. O documento elaborado pela comissão, porém, não foi mandado para o Congresso, pois Sarney decidiu que não queria passar a impressão de que a Presidência da República estava se intrometendo em um trabalho que cabia aos parlamentares.[36] Mas não importava. As sementes plantadas nos comitês de ação política espalhados pelo Brasil começavam a florescer, e havia pelo menos sessenta crentes, em dezoito estados, com candidaturas lançadas para a Constituinte.[37]

Os evangélicos estavam levando a sério a missão de fazer o fiel tirar da cabeça que política era coisa do diabo. Até livro foi lançado, com um título que mais parecia um slogan de campanha: *Irmão vota em irmão*, escrito pelo jornalista Josué Sylvestre, membro da Assembleia de Deus. O material, na verdade, era uma espécie de cartilha política, um esforço para convencer o eleitor evangélico a fugir do voto nos mesmos nomes de sempre, os "descrentes", e privilegiar os candidatos que seguiam o Evangelho.

A obra de Josué Sylvestre contou com duas tiragens, cada uma de 5 mil exemplares, e tinha como principal alvo os pastores, que, devidamente orientados, espalhariam a palavra a seus rebanhos. Para sensibilizar o leitor, o autor recorre com frequência a argumentos religiosos. Cita trechos da Bíblia, fala de Deus e questiona a fé dos que resistem a entender. Dividido em dez capítulos, o livro assume, do início ao fim, um tom de convocação, como se chamasse os evangélicos para uma batalha, para uma luta por mais influência nos bastidores do poder, como prega a teologia do domínio, que defende que o cristão seja ativo na vida pública e leve a mensagem de Deus para os espaços não religiosos.

Nas primeiras páginas, *Irmão vota em irmão* é basicamente uma tentativa de mostrar aos evangélicos que não se pode perder tempo. A Constituinte era um cavalo selado que estava passando, e tal oportunidade não poderia ser desperdiçada.

A Igreja católica, alertava o autor, já estava mobilizando seus fiéis, assim como os sindicatos de trabalhadores, empresários, negros, indígenas e homossexuais. "Será que somente nós, os servos de Deus, uma comunidade de 22 milhões de pessoas, haveremos de ficar indiferentes? Desunidos? Alienados da realidade nacional?"[38] A estimativa de que aquele era o número de brasileiros evangélicos naquele momento, apresentada em vários trechos da obra, é um exagero, e o autor não cita a fonte. O dado é quase três vezes o que mostrou o censo de 1980, feito pelo Instituto Brasileiro de Geografia e Estatística (IBGE), que aponta que os crentes contabilizavam 8 milhões de pessoas, ou 6,6% da população total, calculada em 119 milhões. Ainda que as pesquisas não sejam totalmente exatas, pois às vezes os entrevistados dão respostas imprecisas sobre suas crenças, é comum que lideranças de igrejas evangélicas divulguem números bem superiores ao que é levantado pelo IBGE. O censo de 2010, por exemplo, afirma que a Universal tem 1,8 milhão de membros, enquanto a denominação de Edir Macedo diz ter 7 milhões de fiéis só no Brasil. Mas apesar do exagero de Sylvestre no livro, ele tinha razão em um ponto: os crentes estavam sub-representados no Congresso. Dos 686 parlamentares de então, apenas doze, ou 1,7%, eram membros de igrejas evangélicas. Essa era a prova viva, na visão dele, de que os evangélicos não passavam de figurantes do mundo político. Eram "cauda" e não "cabeça" no processo de definição dos rumos do país.

Ao tentar desmistificar a visão de que política é pecado, o autor direciona sua mira aos pastores que gostam de dizer que o crente que se candidata está a um passo do desvio da fé. Para ele, os pastores que pensam assim não têm base cultural ou uma boa formação teológica. "Quem se desvia da fé por causa de um mandato eleitoral se desviará por qualquer outro motivo", escreve.[39]

Sylvestre, inclusive, recorre a personagens da Bíblia que ocuparam posições de poder, como José do Egito, Davi e Isaías, para insistir que os evangélicos não podem ficar de fora da política. Se Deus usou José do Egito para matar a fome no mundo e preservar o povo de Israel, também poderia usar um senador ou um deputado federal para realizar tarefas importantes, argumenta. "Agora, para um político evangélico ser usado por Deus, é necessário primeiro que os crentes votem nele."[40]

Sylvestre faz até um certo terrorismo psicológico ao sustentar que apoiar candidatos não evangélicos é o mesmo que fortalecer outras religiões. Se um senador católico ou um deputado umbandista chega ao parlamento, ele esquece o voto do crente e coloca todo o seu poder de pressão em favor de entidades ligadas à sua religião, ressalta o autor, que chega ao ponto de dizer que crente que não vota em crente não pode sequer afirmar que é crente.[41]

Irmão vota em irmão nunca mais foi republicado, e todos os que se valeram de seus textos para entrar na Constituinte já não atuam mais na política. As teses ali apresentadas, no entanto, se tornaram a base da campanha de qualquer candidato evangélico que esteja de olho no eleitorado crente. Em geral são candidaturas que carregam a ideia de que colocar evangélicos no poder pode salvar o país, por serem políticos de moral elevada, imunes à corrupção e contrários a tudo o que representa depravação. Em uma derivação da cartilha de Sylvestre, também se tornou comum que um candidato recorra à religião como argumento para convencer o eleitor a não votar em determinado adversário, a partir da rejeição. Em 2022, por exemplo, Marco Feliciano chegou a dizer que o evangélico que vota em Lula está fazendo um "pacto com o maligno".[42]

Com a ajuda do livro de Sylvestre e o esforço coordenado das igrejas, os evangélicos conseguiram quase triplicar a presença no Congresso ao eleger 32 parlamentares para a Constituinte.[43] Pela primeira vez, o pentecostalismo era maioria entre os congressistas protestantes, como consequência do engajamento da Assembleia de Deus em nível nacional, o que também refletiu o avanço da população pentecostal no país, que já constituía metade dos evangélicos na década de 1980. Dos dezessete pentecostais eleitos, quinze a mais que em 1982, treze eram assembleianos.[44] A denominação, que havia mais de vinte anos era a maior igreja evangélica do Brasil em número de adeptos, agora se tornava também a que tinha a maior quantidade de representantes em Brasília.

Já os protestantes históricos, sem a mesma mobilização, tiveram um aumento tímido, de dez deputados eleitos em 1982 para quinze na Constituinte. A maioria deles já tinha experiência política e contava com base eleitoral fora das igrejas. Os batistas, que já lideravam a representação de históricos, com quatro deputados, seguiram na frente, dessa vez com sete. A IPB, do reverendo Guilhermino Cunha, elegeu dois constituintes.

Entre os pastores eleitos, a maioria — seis de oito — era composta de lideranças pentecostais, que começavam a se mostrar mais eficientes do que os protestantes históricos em influenciar os votos dos fiéis. Ainda que os evangélicos em geral não devam obediência automática a seus líderes em eleições, os pentecostais foram se revelando mais sensíveis às orientações do pastor, porque frequentam mais a igreja e costumam ter fontes de informação política mais restritas.[45]

Entre os candidatos da Assembleia de Deus, o apoio da igreja ajudou a conseguir votações bem espalhadas pelos estados, pelo fato de a denominação ter uma penetração significativa em cidades do interior do país. No Maranhão, o assembleiano Costa Ferreira foi o único, além de José Sarney Filho, a conseguir pelo menos um voto em todos os municípios. "Rodei todo o estado em uma van, parando de templo em templo", conta Ferreira.[46]

O Rio de Janeiro, um dos estados com maior concentração de crentes em termos proporcionais, foi o que elegeu o maior número de evangélicos, com sete constituintes. Foi também o único estado onde a Assembleia de Deus conseguiu emplacar mais de um representante: a petista Benedita da Silva, que já havia sido vereadora na capital e não dependia do apoio da igreja, e Sotero Cunha, novato na política filiado ao recém-fundado PDC, a única legenda assumidamente cristã. Além deles, só havia mais um pentecostal, o pastor Roberto Augusto Lopes, da Universal, que estava estreando em eleições e ainda concentrava sua atuação no Rio de Janeiro, onde a igreja foi fundada.⁴⁷ Os resultados no Rio já eram os primeiros sinais de que o estado se tornaria território relevante para a política evangélica. Não por acaso, os fluminenses iriam eleger para o governo, em 1998, uma chapa formada pelos presbiterianos Anthony Garotinho e Benedita da Silva, que à época já havia saído da Assembleia de Deus; e, em 2016, o bispo da Universal Marcelo Crivella, sobrinho de Macedo, faria história ao se tornar prefeito de uma das capitais mais importantes do país.

Abrigados em seis diferentes partidos, os evangélicos eleitos para a Constituinte encontraram no PMDB o lar mais vitorioso. Sozinha, a legenda com a maior bancada no Congresso reuniu metade dos crentes eleitos. O segundo maior partido do parlamento, o Partido da Frente Liberal (PFL), de centro-direita, também foi o segundo que mais elegeu protestantes, com nove. A preferência por legendas de centro ou de direita — contrastando com o que fez o pioneiro Guaracy Silveira em outras constituintes — era reflexo da aversão que se consolidou, durante a ditadura, à esquerda, muito associada nesse período ao catolicismo (em razão das Comunidades Eclesiais de Base) ou ao ateísmo. Todas as siglas de esquerda ou centro-esquerda, somadas, contavam com apenas sete deputados:

o Partido Democrático Trabalhista (PDT) tinha quatro; o PTB, dois; e o PT, uma, Benedita.

A formação da primeira bancada evangélica da história do Brasil mostrava que os crentes finalmente haviam entendido que não bastava só orar pelo país. Mas todo o esforço não fora suficiente para que a comunidade chegasse a ter uma representação proporcional no Congresso. Os 32 evangélicos eleitos eram 5,7% dos 559 constituintes, ainda abaixo dos 6,6% que o segmento representava na população. Não quer dizer, contudo, que não podiam ser notados ou ouvidos. Se fossem um partido, seriam a quarta maior bancada da Constituinte, atrás de PMDB, PFL e PDS. Uma bancada pronta para ser "usada por Deus".

5.
Os evangélicos vão à Constituinte

O pastor Antônio de Jesus chegou à reunião daquela manhã disposto a falar sobre o que o incomodava. Dirigiu-se à mesa da comissão e pediu que seu nome fosse incluído na lista de oradores. Até então, só havia outro deputado inscrito. Jesus se sentou, ouviu pacientemente o discurso do colega sobre a reforma agrária e em seguida tomou a palavra.

Antes de revelar o que o preocupava, achou por bem gastar o início da sua fala com algumas referências à Bíblia, "o livro dos livros, o código mais antigo da humanidade". Se algum desavisado estivesse passando pelos corredores do Congresso Nacional e parasse para ouvir o que se falava naquela sala, poderia pensar que ali ocorria uma pregação.

Então, somente depois de mencionar longas passagens bíblicas, o pastor Jesus passou a falar de fato sobre o que estava sendo proposto para a Constituição, razão de seu incômodo, e deixou claro que não havia gostado nada do trecho que dizia que os brasileiros não poderiam ser discriminados pela orientação sexual. "Isso precisa ser eliminado." Tratava-se, para ele, de uma proposta que abria um precedente nocivo para a sociedade. As próximas gerações poderiam pagar um preço alto caso "determinados exageros" fossem constitucionalizados. "Vamos ser, realmente, homens de verdade, neste momento em que a nação exige e espera algo de nós."[1]

Aquela era a primeira experiência de Jesus em Brasília, mas não a primeira como político. O pastor já havia sido deputado estadual por Goiás, em 1980-1, e, cinco anos depois, se colocara à disposição da igreja, a Assembleia de Deus, para ser um dos crentes que encarariam a missão de elaborar a nova Constituição. Quando os trabalhos começaram, no ano seguinte, foi incluído como membro suplente no grupo de constituintes que iria discutir questões ligadas a soberania, direitos e garantias do homem e da mulher. Uma das comissões de maior sucesso entre os evangélicos, tinha entre seus titulares oito deputados crentes, de um total de 59 parlamentares — incluindo também senadores.

Mal Jesus terminara de falar, o parlamentar maranhense Costa Ferreira, também fiel da Assembleia de Deus, fez coro com ele, dizendo temer que um cidadão pudesse ser preso apenas por achar feio que duas pessoas do mesmo sexo trocassem carícias em público. O assunto ganhou corpo e um terceiro deputado evangélico acrescentou a sua opinião. De postura mais moderada que os colegas, o amazonense e também assembleiano José Fernandes — que saíra do PDS, a antiga Arena, e fora para o PDT, de Brizola — chegou a dizer que não se podia discriminar ninguém e defendeu que a Constituição desse liberdade aos que "quiserem praticar o homossexualismo".[2] Contudo, afirmou que "orientação sexual" poderia gerar inconvenientes, sem detalhar quais seriam, e sugeriu substituir a expressão por termos como "comportamento sexual" ou "desvio sexual".[3]

As reações dos três deputados evangélicos tinham como "culpado" o senador gaúcho José Paulo Bisol, do PMDB. Como relator da comissão, cabia a ele a missão de redigir a primeira versão das propostas de lei. Bisol era simpático à causa e tentou defender a permanência da expressão "orientação sexual". Na sua opinião, não fazia sentido retirar o termo sob a justificativa de que mantê-lo iria estimular atos sexuais em público por pessoas do mesmo sexo, como insinuava Costa Ferreira.

Seria tão insensato quanto achar que tornar crime a discriminação por gênero também iria legitimar relações heterossexuais em locais inapropriados.[4]

Era 9 de junho de 1987 e os trabalhos da ANC já estavam no quinto mês. A resistência que Bisol encontrava nos evangélicos era um fenômeno inédito no Congresso. O grupo de parlamentares crentes, além de ter chegado a um número nunca antes observado, pela primeira vez atuava de forma minimamente coordenada. Antes da Constituinte, não se via deputados evangélicos unidos em defesa de uma pauta relacionada à doutrina das igrejas. Se o país vivia um momento de abertura política, os evangélicos estavam decididos a ter voz, para fazer valer a palavra deles — ou a palavra de Deus. Foi no contexto da Constituinte, aliás, que os veículos de comunicação começaram a usar a expressão "bancada evangélica". A primeira citação em um jornal se deu na *Tribuna da Imprensa*, do Rio de Janeiro, que informou, ainda em 1986, após a eleição, que sete deputados fluminenses fariam parte da bancada evangélica.[5] Mas a primeira menção ao grupo como um todo só ocorreu no dia 1º de fevereiro de 1987, quando os trabalhos da Constituinte estavam começando, e o *Correio Braziliense* noticiou a primeira reunião em Brasília dos parlamentares crentes, realizada na casa do deputado batista Daso Coimbra, do PMDB do Rio de Janeiro.

Parlamentar protestante que estava em Brasília fazia mais tempo, Daso Coimbra acabou se tornando uma liderança informal do grupo, mas sem usar o título de "presidente da bancada", porque ainda não existia a formal Frente Parlamentar Evangélica, que só iria aparecer em 2003. Coimbra estava na política fazia mais de trinta anos e já acumulava sete mandatos consecutivos. Chegara ao Congresso junto com Levy Tavares, em 1962, mas não tinha nenhuma relação política com a igreja à qual pertencia. Sempre fora, na perspectiva religiosa, um parlamentar discreto, assim como todos os protestantes de confissão histórica que já haviam passado pela Câmara dos Deputados ou pelo Senado. Era visto mais como uma liderança do Centrão do que como um deputado evangélico. Só passou a se engajar em uma agenda cristã quando viu o seu habitat natural — o Congresso Nacional — ser ocupado por parlamentares que falavam da Bíblia aos quatro ventos e não tinham medo de parecer fanáticos. Acolheu aqueles sujeitos que ainda estavam aprendendo o funcionamento do mundo político e se tornou uma referência. Até porque ninguém da bancada conhecia os corredores do Congresso como ele, ninguém sabia melhor quais eram os caminhos para aprovar ou barrar um projeto, e ninguém tinha contatos para marcar uma audiência com o presidente.

A primeira reunião em sua casa pode ser considerada o marco zero para a atuação da bancada no Congresso. Ali, a ideia era definir uma pauta em comum, identificando em quais pontos o grupo tinha convergência, e em quais não. O encontro, porém, serviu mais como uma primeira aproximação do que para cravar a criação de um bloco. Ao final dele, Coimbra disse à imprensa, de forma vaga, que os evangélicos se reuniriam sempre que um assunto pudesse ser analisado "sob a ótica protestante". A atuação, em resumo, seria reativa, para barrar as pautas que iam contra o que pregavam as igrejas: contra o aborto, contra as drogas, contra os jogos de azar e contra a pornografia na TV. Em questões econômicas, cada deputado agiria de acordo com sua linha ideológica. Ainda assim, não estava claro como cada um pensava e qual seria o real poder do grupo em uma votação polêmica. Daí surgiu a ideia, anunciada por Coimbra, de enviar, em quinze dias, um questionário aos deputados evangélicos, com quarenta perguntas que iriam mapear a visão de todos.[6]

O questionário nunca foi enviado, mas as divergências não demoraram a aparecer. O primeiro conflito dizia respeito ao foco da bancada no Congresso. Embora Coimbra tivesse dito à imprensa que a prioridade seria a agenda de costumes, parte dos parlamentares, principalmente os de esquerda, defendia que os esforços deveriam se concentrar em questões sociais, como o combate à pobreza e à desigualdade de renda, que incluíam a adoção de uma reforma agrária para dar terra aos mais necessitados. E mesmo em questões éticas e morais também não havia consenso. Aborto e divórcio, por exemplo, foram temas que separaram os evangélicos, além dos direitos dos homossexuais. Só duas questões eram tratadas como unanimidade: a posição contrária à pena de morte e a luta para garantir a liberdade religiosa no país.[7]

As diferenças ideológicas e teológicas, contudo, não impediram que os evangélicos tivessem uma atuação minimamente organizada. No fim de março, graças aos bons relacionamentos de Daso Coimbra, conseguiram marcar uma primeira conversa com José Sarney. Na véspera, houve um encontro da bancada para definir a pauta. A ideia era mostrar alguma coesão ao presidente, mas, como não havia tanta coesão assim, a lista de demandas acabou ficando enxuta. No fim, os parlamentares combinaram de manifestar a posição unânime do grupo contra a pena de morte, pedir que o Estado não interviesse nos assuntos das igrejas e cobrar de Sarney uma política para crianças e adolescentes marginalizados. Nas demais questões, para as quais não houve consenso, como o aborto e a censura em meios de comunicação, eles ficariam livres para expressar opiniões individuais.[8]

A articulação de Coimbra permitiu que a maioria dos parlamentares tivesse a chance de visitar, pela primeira vez, o Palácio do Planalto — até quem já tinha experiência como congressista, como Lysâneas Maciel, que estava no quinto mandato e se surpreendeu ao descobrir que, para subir ao topo do palácio, não se usa a rampa, mas sim elevador.[9] Em 45 minutos de reunião, Sarney não só ouviu as demandas do grupo como ainda assistiu a uma "palhinha" musical protagonizada pelo pastor Antônio de Jesus, que cantou um hino evangélico.[10] O presidente, impressionado com a articulação da bancada, se rendeu aos deputados crentes e lhes disse que eles eram o "fato marcante desta Constituinte".[11]

Os dois primeiros meses da ANC haviam se resumido a reuniões de bastidores e articulações, como os encontros organizados por Coimbra. Os trâmites só começaram para valer em abril, com as comissões — a primeira grande etapa do processo de elaboração da nova Constituição. Os 559 parlamentares se dividiram em oito grupos temáticos para discutir assuntos variados, como sistema econômico, sistema tributário, sistema de governo, eleições e direitos individuais. Cada comissão, por sua vez, se dividiu em três subcomissões, para abordar questões ainda mais específicas.

Para os deputados evangélicos, a fase das comissões já era o momento de arregaçar as mangas em nome das pautas de costumes e ligadas à agenda religiosa. Não à toa, vinte parlamentares da bancada se concentraram nas duas comissões que mais estavam relacionadas a temas morais, culturais e éticos: eram doze titulares na da Família, da Educação, Cultura e Esportes, da Ciência e Tecnologia e da Comunicação, e os oito da Soberania e dos Direitos e Garantias do Homem e da Mulher. A segunda, na qual se discutiu com mais veemência a questão dos homossexuais, foi onde os evangélicos mais fizeram barulho. O posicionamento contra a comunidade LGBTQIAP+, aliás, era mais do que um esforço para combater práticas sexuais por eles condenadas. Tratava-se também de uma tentativa de garantir que os pastores tivessem liberdade para falar o que quisessem no culto. Se a Constituição estabelecesse que seria crime discriminar pessoas em razão de orientação sexual, os pregadores teriam de ponderar suas falas sob o risco de serem denunciados.

A preocupação dos evangélicos com esse suposto conflito ficou evidente durante a discussão do relatório do senador José Paulo Bisol. O texto do parlamentar gaúcho incluía a discriminação por orientação sexual como um dos crimes previstos no artigo sobre liberdades individuais invioláveis e, ao mesmo tempo, afirmava que estava proibido ministrar cultos que atentassem contra as liberdades invioláveis. Os evangélicos ligaram os pontos e ficaram irritados.

Pressionado, Bisol concordou em rever a parte sobre o que seria permitido ou não nos cultos. Disse estar aberto a sugestões e prometeu estudá-las. Mostrou-se mais resistente, contudo, na questão da orientação sexual. Lembrou aos colegas que os homossexuais formavam uma minoria e que o artigo havia sido pensado justamente para evitar que minorias fossem prejudicadas. Se alguns parlamentares queriam discriminá-los, ele continuou, num tom carregado de ironia, que fossem mais diretos e sugerissem logo uma emenda que dissesse: é permitida a discriminação contra os homossexuais.[12]

Por ter firmado posição a favor da comunidade LGBTQIAP+, o parlamentar gaúcho ainda teve de ouvir insinuações por parte de Costa Ferreira, que chegou a sugerir que Bisol legislava em causa própria, comentário que provocou risadas na comissão,[13] e mencionou um documento elaborado por ativistas LGBTQIAP+ segundo o qual o relator havia sido chamado de "veado" durante a campanha para a Constituinte.[14] Dias depois da sessão, em entrevista ao *Jornal do Brasil*, o senador foi questionado sobre a provocação e fez questão de ressaltar que gostava de mulheres e era um homem casado, com filhos e netos. Disse que "agressões desse tipo" não o atingiam, mas admitiu que ficava incomodado com a falta de ética e de respeito humano. "Somos uma sociedade doente, não?"[15]

Nem todos os deputados evangélicos da comissão estavam enfileirados contra a população LGBTQIAP+. A exceção era Lysâneas Maciel, do PDT do Rio de Janeiro e membro da Igreja Cristã de Confissão Reformada. Nas sessões, Maciel tentou defender que tornar crime a discriminação por orientação sexual não era o mesmo que querer estimular a homossexualidade. Seria o mesmo que achar que alguém que combatia a discriminação contra pessoas com deficiência estava defendendo a deficiência. E se a ideia da Constituição fosse criminalizar pecados, provocou, a lista de proibições seria infinita. Lembrou, por exemplo, que havia evangélicos que eram contrários ao divórcio, enquanto outros eram a favor. "Essa catalogação é impossível, atrasada, retrógrada! E não é bíblica!", sustentou.

A fala de Maciel acabou irritando outro deputado crente, o assembleiano João de Deus, do PDT do Rio Grande do Sul, que interrompeu o discurso do colega para dizer que ele não entendia de Bíblia. Prometeu que os eleitores crentes seriam alertados sobre deputados apoiados pela esquerda que se valiam do Evangelho apenas em determinados momentos, e disse que os evangélicos não haviam sido mandados a Brasília para apoiar os interesses de uma "minoria depravada e pervertida".[16]

No dia seguinte, o Salão Verde da Câmara dos Deputados foi tomado por cerca de trezentos manifestantes evangélicos, liderados por João de Deus. As pessoas exibiam faixas e gritavam palavras de ordem contra os homossexuais, o aborto e a pornografia, temas também em discussão nas comissões da Constituinte. Uma das manifestantes, Márcia Rodrigues, de 24 anos, disse à *Folha de S.Paulo* que participava do ato para lutar pela preservação dos valores cristãos. "É um erro pensar que todo jovem topa tudo."[17]

Aqueles que os evangélicos consideravam pecadores também tiveram voz nesse debate. Não que o Congresso tivesse uma bancada organizada em favor da comunidade LGBTQIAP+. Longe disso. Não havia sequer um constituinte, homem ou mulher, assumidamente homossexual. O máximo que a comunidade conseguiu, além de contar com o apoio de um ou outro parlamentar que simpatizava com a causa, foi enviar um representante da sociedade civil para participar de duas audiências públicas. Quem assumiu a missão foi o ativista João Antônio Mascarenhas, à época com 59 anos e uma das lideranças do Triângulo Rosa, um grupo de militantes do movimento homossexual do Rio de Janeiro, cujo nome homenageava os gays mortos em campos de concentração nazistas — assim como os judeus tinham costurada no uniforme uma estrela de Davi, os homossexuais eram identificados através de um triângulo rosa com um dos vértices apontado para baixo.

Na viagem do Rio para Brasília, Mascarenhas levou consigo um discurso com tudo o que pretendia dizer aos parlamentares. Mas quando se sentou diante dos engravatados da Constituinte, não precisou ler uma só linha. Já sabia tudo de cor. O discurso serviu apenas como roteiro para que ele se lembrasse da ordem do que iria falar. É bem verdade que aquele mundo de Brasília não lhe era estranho a ponto de intimidá--lo ou deixá-lo nervoso. Formado em direito e com uma longa carreira no serviço público, Mascarenhas sabia como funcionava o Estado e conhecia os trâmites das leis.

Seu único objetivo era convencer aquela turma a incluir na Constituição a tal da proibição à discriminação de pessoas por orientação sexual, ainda que sua pauta estivesse mais ligada à defesa de pessoas gays, sem dar atenção às pessoas trans.

O ativista afirmou, por exemplo, que a maioria dos homossexuais era formada por pessoas casadas, homens ou mulheres, que se empenhavam para que ninguém desconfiasse da sua real sexualidade e não raro até atacavam violentamente os que partilhavam da mesma orientação sexual. Admitiu inclusive que a simples inserção da expressão "orientação sexual" não iria eliminar, de uma hora para outra, a discriminação no país, mas acreditava que o oprimido poderia finalmente se sentir juridicamente habilitado para lutar pelo respeito dos seus direitos.

Ouvido com atenção, Mascarenhas se sentiu acolhido no Congresso, mas logo viu que o tratamento cordial não amenizava o preconceito entranhado nos comentários feitos depois da sua exposição. Dos constituintes que foram à segunda audiência pública, na subcomissão de Garantias e Direitos Individuais, quatro eram evangélicos e dois deles pediram a palavra. José Viana, filiado ao PMDB de Rondônia e membro da Assembleia de Deus, demonstrou estar um tanto quanto desatualizado em relação ao que dizia a ciência e disse considerar a homossexualidade uma doença, embora essa não fosse, desde 1985, a posição do Conselho Federal de Medicina. Já Eliel Rodrigues, do PMDB do Pará e também da Assembleia de Deus, insinuou que havia uma "força má" que levava as pessoas para a homossexualidade. Quando teve a chance de responder, Mascarenhas evitou fazer do debate uma discussão religiosa e disse a Viana que considerar ou não a homossexualidade uma doença era um assunto para médicos. A Rodrigues, insistiu que a intenção de incluir "orientação sexual" na Constituição não era estimular as relações entre pessoas do mesmo sexo, mas coibir discriminações.[18]

O ativista retornou ao Rio de Janeiro no dia seguinte com a sensação de que havia se saído bem. E independentemente do que acontecesse, considerava-se privilegiado por ter tido a oportunidade de apresentar a sua visão na Constituinte, pois sabia que o número de entidades que queriam se fazer ouvir era muito maior do que o possível. Em uma carta que enviou dias depois ao amigo Robert Howes, falou sobre o embate com os dois deputados evangélicos e avaliou que tivera êxito ao se esquivar dos argumentos religiosos. Apesar do preconceito que havia encontrado, estava otimista quanto à aprovação da proposta e disse que não ficaria surpreso se a Constituição brasileira fosse a primeira do mundo a proibir a discriminação por orientação sexual. "Se tal ocorrer, talvez eu morra de contentamento."[19]

O esforço dos evangélicos para barrar o desejo de Mascarenhas não se limitava ao falatório nas sessões. Após Bisol apresentar o relatório que gerou polêmica na comissão, seis dos deputados crentes apresentaram emendas que propunham a retirada da expressão, com as mais variadas justificativas. Quase todas giravam em torno da ideia de que proibir a discriminação seria como incentivar a homossexualidade ou a promiscuidade. O único a propor uma substituição por outra expressão foi, de novo, José Fernandes, que, conforme havia prometido na comissão, sugeriu a troca por "comportamento sexual" ou "desvio sexual".[20]

Se os evangélicos fossem os únicos contrários, talvez a comunidade LGBTQIAP+ até tivesse uma chance. Afinal de contas, os crentes estavam longe de compor a maioria do Congresso. Mas havia uma série de conservadores não evangélicos, muitos deles católicos, que davam suporte à posição, entre os quais deputados do chamado Centrão, o bloco parlamentar de centro-direita que nasceu na Constituinte e ficou conhecido pelo caráter fisiológico. Só na comissão de Bisol, cinco deles apresentaram emendas para retirar a expressão "orientação sexual", com argumentos semelhantes aos dos evangélicos. "Conseguimos compor uma maioria com o Centrão [na Constituinte] porque concordávamos na maioria dos assuntos", me disse Arolde de Oliveira, um dos constituintes crentes.[21]

Ao todo, Bisol recebeu 711 emendas, considerando todos os temas da comissão. Quando começou a analisá-las, ficou decepcionado com o conteúdo das propostas. Seu texto era considerado avançado demais pelos opositores. No entanto, se acatasse todas as emendas, estaria desvirtuando completamente o trabalho. Sentiu-se triste e abandonado, em especial por seu próprio partido. O PMDB havia se comprometido a apoiá-lo, mas boa parte das críticas ao relatório foi feita por constituintes filiados à sigla, o que incluía alguns evangélicos. Dois dias antes de o relatório ser posto em votação, o senador se recusou a fazer previsões à imprensa, mas admitiu que aceitaria mudanças que tivessem o apoio da maioria. "Sou um democrata."[22]

No dia 12 de junho, data da votação do relatório, Bisol chegou ao Congresso disposto a conversar. Fechou-se em uma sala com as principais lideranças da comissão, entre elas os evangélicos, e buscou um acordo para os pontos mais polêmicos, entre os quais a liberdade de culto e a expressão "orientação sexual". A reunião durou mais de uma hora e só serviu para que os ânimos ficassem mais exaltados. "O Bisol não cedeu em nada e vai levar pau", disse, revoltado, o deputado Ubiratan Spinelli, do PDS do Mato Grosso, depois de deixar o recinto. A discussão foi tão acalorada que acabou reacendendo o atrito entre Maciel e João de Deus, que quase partiram para agressão física e só não se atracaram na sala porque o primeiro foi contido por outro parlamentar.[23]

A briga tirou qualquer clima para que as conversas chegassem a um meio-termo. Mas Bisol, acuado, achou por bem ceder. Na abertura da sessão, usou o tempo a que tinha direito para anunciar que havia decidido retirar o trecho que limitava a liberdade de culto e resolveu trocar a expressão "orientação sexual" por "comportamento sexual".

O deputado José Fernandes, orgulhoso por ter liderado a articulação pela retirada do termo "orientação sexual", com apoio do Centrão, declarou estar de acordo com as novas propostas do senador e garantiu que o grupo votaria favoravelmente ao relatório. Dito e feito. Às 23h30, o texto foi aprovado por 41 votos a 17, com direito a aplausos da bancada evangélica. Após a votação, com lágrimas nos olhos e mãos trêmulas, Bisol abraçou colegas e parentes e disse que aquela havia sido a experiência mais dura de sua vida.[24]

A inclusão de alguma expressão que pudesse representar uma mínima tentativa de proteger a comunidade LGBTQIAP+ durou pouco. O termo "comportamento sexual" acabou caindo na Comissão de Sistematização, responsável por reunir as propostas aprovadas em todas as comissões. O relator Bernardo Cabral entendeu, assim como Costa Ferreira, que seria redundante falar de comportamento sexual se já constava no texto que estava proibida a discriminação por sexo. Era mais uma batalha perdida pelos ativistas da comunidade LGBTQIAP+.

A pá de cal seria colocada na fase final da Constituinte, em janeiro de 1988. Quando o processo já estava no plenário, o deputado José Genoino (PT-SP) resolveu fazer uma última tentativa e apresentou uma emenda na qual ressuscitava a proposta de incluir a expressão "orientação sexual". Na argumentação, recorreu ao celibato de padres e freiras para tentar sensibilizar os colegas mais conservadores. Quis emplacar a ideia de que orientação sexual também poderia ser a opção que religiosos seguiam por não fazerem sexo. E se padres e freiras não podiam ser discriminados por isso, ninguém deveria, o que justificaria a inclusão da expressão.[25]

Mas o papo de Genoino não colou. Um dos líderes do Centrão, o deputado Bonifácio de Andrada, se levantou para dizer que a bancada centrista era contra o que o petista estava propondo e ressaltou que "os ilustres evangélicos" já haviam defendido essa posição com veemência. Costa Ferreira, que também testemunhou o malabarismo retórico do petista, assumiu o microfone para falar em nome da bancada evangélica e disse que aceitar o que Genoino defendia seria como querer trazer para o Brasil a "maldição" que já havia assolado outros lugares, "como é o caso de Sodoma e Gomorra".[26]

A emenda do petista foi a votação, e o que se viu foi um massacre. Às 18h07, com o plenário ainda lotado, o presidente da Constituinte, Ulysses Guimarães, anunciou que a proposta de Genoino havia sido derrotada por 317 votos a 130.[27] Dos 28 evangélicos que participaram da votação, 25 votaram contra. Apenas dois se posicionaram a favor, Benedita da Silva e Lysâneas Maciel, e uma se absteve, a deputada Eunice Michiles. A expressão "orientação sexual" estava definitivamente fora da nova Constituição.

Embora os 32 evangélicos fossem minoria em relação aos 559 constituintes, o grupo fazia barulho no Congresso como se fosse majoritário. A narrativa era simples: se a maior parte dos brasileiros era cristã, na soma de evangélicos e católicos, a bancada dos crentes tinha legitimidade para impor o que prega a Bíblia. Na discussão sobre os direitos dos homossexuais, o deputado crente Salatiel Carvalho (PFL-PE) chegou a afirmar à *Folha de S.Paulo* que os evangélicos não queriam que os homossexuais tivessem "igualdade de direitos" porque a "maioria da sociedade não quer".[28]

O argumento da maioria cristã também foi utilizado para incluir uma menção a Deus no texto constitucional. A ideia era que o preâmbulo, uma espécie de apresentação do texto, afirmasse que a Carta havia sido promulgada "sob a proteção de Deus". Daso Coimbra tomou a liberdade de incluir os católicos na conta, que, junto com os evangélicos, formavam 94% dos brasileiros, para dizer que a "maioria do nosso povo acredita em Deus, e a Constituição expressa a vontade dessa maioria. Não se pode fazer uma Carta para uma minoria. Seria uma exceção".[29]

Nesse debate, o contraponto partiu, mais uma vez, do deputado José Genoino. Ele chegou a recorrer ao argumento usado pelo pastor Guaracy Silveira na Constituinte de 1934 para defender que Deus ficasse de fora do texto. Se a Constituição é pluralista e respeita todos os credos, não poderia estabelecer a crença em Deus. Isso seria um vício da antiga ligação do Estado com a Igreja. "Não estamos fazendo uma Constituição para a maioria na questão filosófica ou ético-moral, porque, senão, está-se impondo uma Constituição que nessas questões vai ferir o pluralismo, vai ferir a liberdade de crença, vai ferir a liberdade de religião."[30] Os crentes, porém, não se sensibilizaram com a referência ao período em que o catolicismo era a religião oficial do Brasil, quando nem sequer podiam se candidatar. Se antes faziam parte de uma minoria perseguida, agora se viam como porta-vozes de uma maioria dominante. O petista perdeu mais uma batalha contra a bancada, que conseguiu incluir na Carta a frase que até hoje vigora em seu preâmbulo: "[...] sob a proteção de Deus".

Quando o aborto entrou em discussão, os evangélicos mais conservadores não conseguiram exatamente o que queriam, mas tiveram êxito em evitar a liberação. Na fase das comissões, tentaram proibi-lo em qualquer situação, inclusive em casos de estupro ou com risco de morte para a gestante. O deputado José Viana chegou até a propor um acordo com o então líder do seu partido, o paulista Mário Covas. Se a bancada evangélica recebesse suporte na questão do aborto, os parlamentares crentes votariam a favor da reforma agrária e de outras propostas de Covas consideradas progressistas. Mas como não conseguiram apoio suficiente para seguir com a tese da proibição total, os evangélicos tiveram de amenizar o tom e passaram a concordar com a liberação apenas em casos que já estavam previstos na legislação anterior à Constituição[31] — o texto constitucional, no fim das contas, acabou ignorando o tema, e hoje vale o que está no Código Penal: o aborto é considerado legal quando há estupro, risco de morte para a gestante ou feto anencefálico.

Única mulher de esquerda e evangélica da Constituinte, a petista e ex-empregada doméstica Benedita da Silva foi confrontada sobre o que pensava do aborto e, sem cravar uma posição firme, respondeu que o tema exigia um olhar social. Para ela, que já havia abortado, antes de se converter, "em um momento de desespero", como contou anos depois,[32] não se tratava de ser contra ou a favor, mas de ter sensibilidade para a gravidade do assunto. "Quando uma doméstica aborta, ela o faz não porque quer, mas porque precisa, pois sabe que, com filho pequeno no braço, dificilmente arranjará emprego."[33] Incomodada com a posição de Benedita, a Assembleia de Deus não a poupou. A petista, que também havia se posicionado a favor dos homossexuais, foi criticada por ter deixado que "determinações partidárias" falassem mais alto do que convicções religiosas.[34] Mas ela não se intimidou e lamentou que a igreja não conseguisse dimensionar a pluralidade social. "Muitos pastores diziam que eu queria casar homem com homem."[35]

Uma vez no Congresso, a carioca se deparou com uma resistência da igreja e dos colegas evangélicos que nunca havia visto no PT. "Enquanto evangélica, há assuntos sobre os quais não abro mão, e o partido nunca me obrigou a votar de forma favorável", me disse a deputada. Um exemplo disso é sua postura quanto à pauta LGBTQIAP+. Embora tenha defendido a inclusão da expressão "orientação sexual" na Constituição, ela evita se engajar no debate sobre o casamento entre pessoas do mesmo sexo. Em relação aos colegas evangélicos da Constituinte, também precisou colocar um limite. Quando percebeu que a bancada estava se organizando cada vez mais para ter uma atuação em conjunto e defender pautas que não a deixavam confortável, começou a se afastar aos poucos. "Ficou muito difícil para mim", contou a petista, que gosta de dizer, brincando, que é "PTcostal".[36]

Nem só de embates vitoriosos viveu a bancada evangélica na Constituinte. Ainda na postura de guardiões da moral cristã, seus integrantes se articularam para incluir mecanismos de censura na Constituição, em uma tentativa de impedir que meios de comunicação divulgassem conteúdos considerados nocivos para crianças e adolescentes. No entanto, seria difícil emplacar qualquer tipo de censura poucos anos depois do fim de um regime militar que restringira duramente a liberdade de imprensa. A principal batalha ocorreu na Comissão da Família, da Educação, Cultura e Esportes, da Ciência e Tecnologia e da Comunicação. O relator Artur da Távola (PMDB-RJ), jornalista e ex-colunista de televisão no jornal *O Globo*, não queria saber de nenhuma restrição aos meios de comunicação e inseriu em seu texto que não haveria censura de qualquer espécie. Escreveu, contudo, que caberia ao Estado informar ao público a classificação etária e o horário adequado para programas de rádio e televisão, além de sugerir a criação de conselhos de ética, vinculados ao Poder Executivo e compostos de membros da sociedade, para fiscalizar o que se publicava.

Os evangélicos não ficaram satisfeitos e queriam que o texto fosse mais duro. O deputado João de Deus chegou a propor que esse trecho do relatório de Távola fosse substituído por outro que permitisse, sim, a censura, mas não a censura clássica da ditadura, que buscava preservar o regime de ataques, e sim algo pensado para defender a moral, os bons costumes e o "menor", evitando qualquer conteúdo que atingisse os valores religiosos e a "ordem constituída". Sugeriu ainda que, no cinema e no teatro, houvesse restrições por meio de classificação etária e que a fiscalização disso tudo caberia a conselhos de ética, que deveriam ter representantes das igrejas.[37]

Firme em sua proposta, Távola não cedeu e manteve tudo como estava, mas não sem pagar um preço. No dia da votação, depois de doze horas de debate, o texto do relator foi rejeitado em menos de quinze minutos, por 37 votos a 26.[38] Dos doze evangélicos que participaram da votação, onze votaram contra. Uma nova votação teve de ser realizada e, mais uma vez, o texto foi rechaçado pela maioria.[39] No entanto, após os debates na Comissão de Sistematização e no plenário, acabou prevalecendo a essência do que propusera inicialmente o relator: não haveria censura, apenas indicações de classificação etária. Enfim os evangélicos sofriam uma derrota mais clara.[40]

De qualquer forma, o jogo duro feito pela bancada gerou desgaste e irritou opositores. A deputada pernambucana Cristina Tavares (PMDB), que havia sido relatora da subcomissão responsável pelo tema, tinha uma carta na manga para atacar os evangélicos e resolveu usá-la no dia em que o relatório de Távola foi rejeitado. Virou-se para um deles, o paranaense Matheus Iensen (PMDB), e, aos gritos, trouxe à tona uma acusação que se tornaria, no restante dos trabalhos da Constituinte, a pedra no sapato dos deputados crentes: "Pensa que eu não sei que os evangélicos foram na semana passada ao Palácio do Planalto pedir concessões de rádio?".[41]

A acusação da deputada expunha outra face da bancada evangélica. Eleitos para lutar contra pautas que consideravam nocivas à moral cristã, os parlamentares crentes foram além e se revelaram hábeis negociadores de bastidor, na mais pura encarnação do toma lá dá cá. O caso mais emblemático foi o das concessões de rádio e TV. Vários deles pediram ao governo que lhes desse concessões para, em troca, votar no Congresso em linha com o que defendia o presidente José Sarney. Embora um terço da bancada evangélica fosse formada por parlamentares novatos, o grupo parecia letrado na velha política. E quando Cristina Tavares se virou para Matheus Iensen para denunciar os pedidos de concessões de rádio, não estava escolhendo aleatoriamente qualquer representante da bancada evangélica. Além de ter sido um dos crentes que pediram concessões a Sarney, Iensen foi o autor da proposta de maior interesse do presidente, que determinava a duração do mandato presidencial.

Sarney, quando assumiu o governo em 1985, tinha pela frente um mandato de seis anos, estabelecido em lei. Durante a Constituinte, contudo, iniciou-se uma campanha para que a Carta constitucional determinasse que os mandatos presidenciais seriam de quatro anos, proposta que contava com apoio da maioria da população, como indicavam pesquisas. Criou-se, com isso, um impasse: o mandato de Sarney seria de seis anos, como mandava a lei vigente, ou de quatro, como caminhava para ser aprovado na Constituinte? O próprio Sarney decidiu sugerir uma solução intermediária. Em um pronunciamento transmitido no rádio e na televisão no dia 18 de maio de 1987, propôs aos constituintes que aprovassem um mandato de cinco anos.

Ao se pronunciar publicamente, Sarney forçava os constituintes a se posicionar para, assim, matar o seu desejo de descobrir quais deles estavam ao seu lado.[42] Oito dias depois, veio o sinal positivo de pelo menos dois terços dos integrantes da bancada evangélica, que se reuniram com o presidente para apresentar uma lista de pedidos a serem atendidos em troca do apoio. Se Sarney lhes atendesse, estaria ganhando pelo menos 22 votos evangélicos em temas do seu interesse na Constituinte, segundo uma reportagem publicada no dia seguinte pelo *Correio Braziliense*. As reivindicações do grupo que foi ao Planalto — liderado por Daso Coimbra, Fausto Rocha e Arolde de Oliveira — incluíam um ministério, uma secretaria no governo do Distrito Federal, canais de rádio e televisão e cargos em todos os escalões do governo federal. Ainda de acordo com a reportagem, Coimbra teria enviado aos colegas, antes do encontro com Sarney, uma correspondência na qual defendia a aliança em troca de favores e afirmava que "todo poder emana de Deus", uma adaptação da frase "todo poder emana do povo", inserida na Constituição.[43]

Coimbra leu a reportagem e não gostou do que viu, a ponto de procurar o jornal para negar quase tudo o que fora escrito. Sustentou que a bancada não oferecera nenhum tipo de acordo ao presidente e declarou, sem citar nomes, que as informações haviam sido divulgadas por um deputado evangélico do Rio de Janeiro que tinha interesse em prejudicá-los. Negava até ser líder de uma "comissão de constituintes evangélicos" e dizia não ter marcado reunião alguma com o presidente, além de afirmar que a suposta carta aos deputados crentes nunca existira. Havia, segundo ele, uma meia verdade: de fato, um grupo de evangélicos tinha se reunido com Sarney, mas nenhuma lista de exigências teria sido apresentada. Por último, admitiu que uma informação estava totalmente correta: eram 22 os deputados crentes dispostos a apoiar o mandato de cinco anos para Sarney.[44]

Coube a Matheus Iensen, um desses 22 apoiadores, a missão de ser o representante de Sarney no plenário e apresentar formalmente a proposta para que o mandato passasse a ser de cinco anos. Para que a emenda entrasse na lista de prioridades, teria de contar com a assinatura de pelo menos 280 parlamentares, a ser entregue no máximo até as dezenove horas do dia 13 de janeiro de 1988. Em uma corrida contra o tempo, ministros, governadores e líderes governistas se juntaram a Iensen para bater na porta de todos os gabinetes. O esforço envolveu até o uso de aviões para buscar o apoio formal de congressistas que não estavam em Brasília. "Foi um sacrifício doido", disse o senador maranhense Edison Lobão, no último dia do prazo, quando a força-tarefa já havia até superado a meta.[45]

O próprio Iensen levou a papelada à sala que recebia as emendas. Quarenta minutos atrasado, valeu-se de uma prorrogação feita de última hora por Ulysses Guimarães, presidente da ANC, que estendeu o prazo até a meia-noite. Com um largo sorriso no rosto, gel no cabelo e o bigode que lhe era característico, chegou cercado de líderes governistas e furou uma fila de deputados que já dobrava o corredor.[46] O sucesso na coleta de assinaturas, disse ele, era um importante sinal de que Deus aprovava os cinco anos. "Me veio uma imensa vontade de fazer a emenda. Fiz e disse a Deus que, se fosse a vontade dele, que a emenda fosse aprovada, que eu conseguisse as assinaturas. E consegui. Então, tudo está nos planos dele."[47]

Mas assinar a proposição de uma emenda não é o mesmo que ser favorável ao texto. A assinatura de um deputado indica apenas que ele defende que o debate merece ser feito, sem assumir lado. Sarney ainda teria um longo trabalho pela frente, mas os 317 signatários eram um bom ponto de partida. Se pelo menos 280 deles votassem a favor, já teria a maioria necessária. Para isso, recomendou aos ministros do governo que dessem tratamento "diferenciado e privilegiado" a todos os 317 constituintes que o ajudaram na primeira etapa. Chegou, inclusive, a encomendar, da sua assessoria parlamentar, um levantamento completo, por computador, das reivindicações de cada um.[48]

A principal vantagem que o governo podia oferecer aos parlamentares eram concessões de rádio e TV. À época, para que alguém ganhasse uma concessão, bastava a autorização presidencial. O mecanismo só mudaria com a promulgação da própria Constituição, e Sarney seria o último presidente a ter esse poder de barganha nas mãos. Não era ele, contudo, quem estava na linha de frente das articulações, mas sim Antônio Carlos Magalhães, ministro das Comunicações. "Ele chamava, falava, trocava, prometia, vote isso, vote aquilo", lembra o constituinte baiano Benito Gama, então do PFL. "Juntava a nossa turma na mesa dele, e a gente ficava lá, contando os votos."⁴⁹

A julgar pelos nomes que assumiram a titularidade das concessões de rádio e TV, Sarney e ACM conseguiram atrair o voto de pelo menos 91 constituintes, entre eles os crentes Mário de Oliveira, Eraldo Tinoco, Enoc Vieira, Fausto Rocha e Arolde de Oliveira.⁵⁰ Mas o número real é certamente maior porque vários parlamentares preferiram passar as concessões para terceiros. Foi o que aconteceu com alguns dos evangélicos que participaram do processo, como Costa Ferreira, do Maranhão, e o pastor Antônio de Jesus, de Goiás, ambos da Assembleia de Deus, que optaram por transferir as rádios conquistadas para as igrejas. "Conseguir uma rádio para a igreja era, inclusive, uma das minhas metas para o mandato", me disse o deputado maranhense.⁵¹

O interesse dos evangélicos em obter concessões de rádio, para si ou para suas igrejas, estava diretamente relacionado ao trabalho de evangelização. "O rádio é a extensão da palavra para todos nós. Vamos para o rádio para levar a palavra com P maiúsculo", me disse, em 2019, Arolde de Oliveira, um constituinte que também colheu frutos eleitorais ao se tornar dono de rádio. Antes de ser agraciado pela distribuição de concessões feita por Sarney, Arolde era um típico parlamentar de confissão histórica que não dependia do voto dos crentes para se eleger. Sua pauta era focada no segmento de telecomunicações, onde fez carreira. Depois que entrou no ramo da radiodifusão, apostou em uma programação cristã e, aos poucos, foi ganhando o apoio dos fiéis. Do quinto mandato em diante (a partir de 1998), já tinha um eleitorado essencialmente evangélico, até morrer em 2020, vítima da covid-19, aos 83 anos.⁵²

Mas enquanto a Constituinte ainda estava ocorrendo, a sede por concessões deixou os constituintes crentes com má fama em Brasília, e até ACM, certa vez, causou uma saia justa.

Ele havia acabado de ter uma reunião em seu gabinete com o ministro da Agricultura, Iris Rezende, o único protestante a comandar uma pasta no governo, e resolveu acompanhá-lo até a saída da sala. Quando abriu a porta, percebeu que havia três deputados evangélicos à espera para vê-lo. Sem lembrar que Rezende era crente e aliado da bancada, disse ao colega: "Lá vêm aqueles malandros".[53]

As negociações com o governo não estavam restritas a pedidos de concessão de rádio. Os parlamentares evangélicos que apoiavam Sarney também ganhavam o direito de fazer indicações para cargos e pedir verbas para as igrejas. A Superintendência do Desenvolvimento da Pesca (Sudepe), por exemplo, foi usada pelo presidente para premiar os deputados Gidel Dantas (Ceará), João de Deus (Rio Grande do Sul), Salatiel Carvalho (Pernambuco), Orlando Pacheco (Santa Catarina) e Milton Barbosa (Bahia). Cada um deles indicou o chefe do órgão em seu respectivo estado. Barbosa ainda recebeu a chance de indicar quem iria comandar a Fundação Educar (instituição que substituiu o antigo Movimento Brasileiro de Alfabetização — Mobral) na Bahia. O nomeado Raimundo Orrico, porém, terminou afastado em meados de 1988, após destinar 100 milhões de cruzados (algo em torno de 6,3 milhões de reais nos valores de hoje) a uma Assembleia de Deus local da qual Barbosa era membro.

Algumas das conversas entre governo e deputados crentes tiveram como intermediária a Confederação Evangélica do Brasil (CEB), uma instituição sem fins lucrativos que tentava ser uma espécie de CNBB dos evangélicos, com menos relevância. Fundada em 1934, durante a era Vargas, a CEB andava praticamente abandonada, sem nunca ter sido oficialmente dissolvida. Só voltou a ter utilidade durante a Constituinte, ao ser reinaugurada em junho de 1987, em Brasília, um mês depois do início da campanha de Sarney pelo mandato de cinco anos e com uma diretoria formada majoritariamente por constituintes evangélicos, com Gidel Dantas na presidência.

O bom relacionamento com o Planalto rendeu frutos à CEB. Três dias antes da votação a respeito do mandato de Sarney na Comissão de Sistematização, em 12 de novembro, a entidade recebeu do governo federal, a fundo perdido, 110 milhões de cruzados, destinados a projetos das igrejas para assistência a pessoas carentes. Outros 50 milhões de cruzados foram repassados para a assistência social de comunidades evangélicas, e mais 20 milhões de cruzados para uniformes escolares de crianças pobres. Sempre que recebia algum recurso, a instituição retinha 15% como taxa de administração, para bancar despesas e comprar carros para seu uso.[54]

Os evangélicos, enfim, acabaram tão adaptados aos grandes acordos que a classe política já sabia o que esperar quando algum deles abria as portas do gabinete de Sarney. Em meados de maio de 1988, dias antes da votação em plenário do mandato presidencial, o deputado Benito Gama, ao sair da sala do presidente, percebeu que os próximos a serem recebidos seriam representantes da bancada evangélica. Antes de se despedir dele, comentou, brincando: "Presidente, esta noite o déficit público vai crescer".[55]

Quando finalmente a duração do mandato presidencial foi posta em votação, no dia 2 de junho, Sarney se mostrou despreocupado aos que estavam no seu entorno. Quem andava mais angustiada era sua esposa, Marly, que lhe telefonou no momento em que já ocorria a contagem dos votos. Mas foi tranquilizada pelo marido assim que o chefe da Casa Civil entrou no gabinete presidencial e entregou a Sarney um bilhete que dizia: "Vencemos: 328".[56]

Dos que votaram a favor de Sarney, 25 eram evangélicos, três a mais do que o prometido na reunião de maio do ano anterior.[57] Iensen, o crente que simbolizou a vitória de Sarney, ainda iria receber a recompensa — e em dose dupla. Apenas onze dias depois, o autor da emenda ganhou a concessão da Rádio Novas de Paz, de Curitiba e, na antevéspera da promulgação da Constituição, em 3 de outubro, foi agraciado com uma segunda concessão, a da Rádio Marumby, na Região Metropolitana da capital paranaense.[58]

Dois meses após a aprovação do mandato de cinco anos, o *Jornal do Brasil* e o *Correio Braziliense* publicaram reportagens nas quais contavam, em detalhes, as negociações da bancada evangélica para obter vantagens em troca de apoio a Sarney. As matérias repercutiram no meio evangélico. A CEB perdeu prestígio junto aos crentes e acabou extinta. O Geap chegou a realizar um evento para discutir as denúncias contra os parlamentares crentes e produziu um livro no qual criticava a atuação da bancada.[59] No Rio, vários movimentos evangélicos se reuniram para divulgar um documento de protesto contra ela. Um dos objetivos do grupo de igrejas contrárias à bancada era "resgatar" o termo "evangélico", que estava sendo associado a "atitudes políticas fisiologistas e irresponsáveis". O encontro, porém, foi interrompido pela aparição repentina dos deputados assembleianos João de Deus e Salatiel Carvalho, que não tinham sido convidados e acabaram exaltando os ânimos, aumentando a indignação do público. "Eu sou mesmo fisiológico! Mas quem não é? Todo mundo que vai para o Congresso Nacional já sabe que é para fazer fisiologismo. Só que eu faço com o moral elevado", confessou João de Deus.[60]

A repercussão negativa, contudo, não impediu que a distribuição de concessões de rádio continuasse. Questionado sobre as críticas aos crentes, o deputado Antônio de Jesus procurou minimizar o toma lá dá cá dos evangélicos e deu a entender que os fins justificavam os meios. "É honroso, é bem aplicado trocar meu voto por benefícios para a comunidade."[61]

Da campanha eleitoral à promulgação da Constituição, aquele esboço de bancada evangélica deu os primeiros sinais de como seria sua atuação ao longo das próximas décadas. O sociólogo Paul Freston resume esse comportamento em um tripé: triunfalista (quando traz a noção durante as eleições de que o Brasil precisa de Deus para ser salvo), conservador (ao defender a pauta de costumes por meio de argumentos bíblicos) e corporativista (ao buscar benefícios práticos para as próprias igrejas).[62] Ao final daquela experiência, os deputados crentes puderam dizer, orgulhosos, que conquistaram a maioria dos seus objetivos, como a exclusão do termo "orientação sexual" e a garantia de liberdade religiosa. Mas não saíram dessa batalha sem alguns ferimentos. Se a ideia era chegar a Brasília como guardiões da moral cristã, acabaram virando alvo de reportagens em tom de denúncia na imprensa secular e de críticas de segmentos evangélicos que ficaram decepcionados. Em vez de serem o "sal da terra", mostraram-se bem adaptados aos velhos hábitos de Brasília. A duas semanas da promulgação da Carta, quando o pastor Antônio de Jesus foi ao microfone de apartes do Congresso para comemorar o fato de que a bancada evangélica seria reforçada por um "irmão em Cristo" que iria assumir uma cadeira no parlamento como suplente, recebeu de volta uma provocação de Genoino: "Lá se vão mais uma rádio, mais um canal de TV…".

"Irmão Genoino, eu ainda quero te ganhar para Cristo", retrucou o evangélico.

"Está bem, Jesus, mas fique sabendo que fisiologismo também leva para o inferno."[63]

6.
A Universal entra em campo

Novato em Brasília, o deputado baiano Luiz Moreira, do PTB, demorou oito meses e 37 discursos para pronunciar pela primeira vez a palavra "Deus" na tribuna da Câmara. Quando afinal fez uma menção ao divino, em outubro de 1991, não estava exatamente recorrendo a ele para promover ou combater alguma pauta. Estava, na verdade, defendendo uma instituição religiosa que andava cercada de polêmicas e que, por devoção, ostentava o termo em seu nome completo: a Igreja Universal do Reino de Deus.

Embora raramente falasse de Deus na tribuna, Moreira era um parlamentar evangélico e membro da Universal. A igreja, essa sim, aparecia nos discursos do deputado, especialmente se estivesse sob ataque, como ocorreu naquela semana. Quatro dias antes, a TV Globo havia exibido uma longa reportagem, em tom de denúncia, sobre a montanha de dinheiro que a denominação de Edir Macedo arrecadara dos fiéis em um grande culto para 140 mil pessoas no estádio do Maracanã. Na tribuna, Moreira alegou que a Globo não tinha moral para criticar "fatos desta natureza" e questionou se todo o patrimônio da emissora havia sido construído "dentro dos princípios éticos e honestos do nosso país". Para ele, era fácil identificar o motivo dos ataques: dois anos antes, a Universal havia comprado a Rede Record e se tornara uma ameaça à emissora da família Marinho. Não por acaso, argumentou, o tratamento que a Globo dava à Universal podia ser dividido em duas fases: pré e pós-compra da Record. "Na fase 'pós', o rolo compressor foi mais impiedoso."[1]

A falta de Deus nos discursos de Moreira até poderia representar um esforço do deputado para não misturar religião e Estado, mas esse não era o caso. Longe de se encaixar no perfil do caricato parlamentar evangélico, que cita trechos da Bíblia quando sobe à tribuna e se apresenta frequentemente como um homem de fé, o deputado baiano parecia não ligar para isso, e até duvidava de certas crenças da igreja. Formado em medicina, profissão que havia exercido por mais de três décadas, torcia para que ninguém lhe perguntasse se eram verdadeiros os milagres de cura que a denominação dizia promover, pois "sabia que não eram".[2]

Na Câmara, o assunto prioritário de Moreira não tinha nada a ver com a Bíblia — e tampouco com a sua formação de médico. O parlamentar havia sido mandado pela igreja a Brasília para cuidar de outro tema, também bastante caro a Edir Macedo: as leis que versavam sobre emissoras de rádio e televisão. Seu currículo justificava tal missão. Antes de se tornar deputado, Moreira havia sido, durante cinco anos, diretor regional do antigo Departamento Nacional de Telecomunicações (Dentel) — um posto conquistado graças ao tempo em que fora militar. Quando era um jovem recém-formado, Moreira foi aprovado em um concurso para atuar como médico do Exército e lá construiu uma longa carreira, chegando à patente de coronel. Em 1985, ao passar à reserva, espécie de aposentadoria dos militares, resolveu usar os contatos políticos que fizera no Exército para começar uma vida nova. Como tinha interesse pelo radioamadorismo, decidiu que a próxima aventura seria no setor de telecomunicações. Segundo ele, bastou recorrer a um amigo general que era próximo do ministro das Comunicações — o também baiano ACM, o mesmo das concessões de rádio — para ser nomeado diretor do Dentel.[3]

Foi o trabalho no departamento que levou Moreira a ser recrutado pela Universal. A igreja do bispo Edir Macedo, fundada nos anos 1970, estava em plena expansão pelo Brasil e havia comprado, em 1988, a Rádio Bahia.[4] A emissora andava mal das pernas, endividada, e a Universal buscava ajuda profissional para tentar recuperá-la. Após a recomendação de uma fiel da igreja em Salvador, o bispo Carlos Rodrigues — à época o encarregado de Macedo na Bahia — bateu à porta de Moreira. A primeira conversa serviu apenas para o então diretor do Dentel lhe dar alguns conselhos, mas Rodrigues entendeu ter ali um contato valioso e guardou o telefone do médico.[5]

Quando voltou a procurar Moreira, dois anos depois, em 1990, a Universal se preparava para entrar de vez na política. Até então, Edir Macedo só havia contado com um solitário representante em Brasília, o pastor Roberto Augusto Lopes, que inclusive não fazia mais parte da igreja. Eleito em 1986 pelo PTB do Rio para participar da Constituinte, Lopes tinha brigado com Macedo e deixado a denominação em 1987, antes até da promulgação da Constituição. Saiu de lá tão decepcionado que chegou a dizer à imprensa que a visão de Macedo para a Universal havia se convertido em algo meramente empresarial e mercantilista. "Do que ele era, quando a igreja começou, não sobrou nada."[6]

O rompimento com o único deputado da igreja não desanimou Macedo. Pelo contrário. Dessa vez, ele queria uma representatividade maior — ou uma bancada para chamar de sua, que um dia chegasse a ter pelo menos vinte deputados na Câmara, plano que ele revelou logo depois de ter comprado a Rede Record, em conversa com o apresentador Silvio Santos, ex-dono da emissora.[7] Diferentemente do bloco evangélico que foi eleito para a Constituinte e atuava principalmente em cima de uma pauta de costumes, o bispo estava interessado em ter aliados políticos que o ajudassem a impulsionar a expansão da igreja e de seus empreendimentos, que envolvia a rede de emissoras de rádio e televisão. A ideia era construir uma via de mão dupla: enquanto os políticos da Universal trabalhariam para garantir a renovação das concessões de emissoras junto ao governo, todo o arsenal midiático estaria à disposição para fazer a bancada crescer.

Comprada por 45 milhões de dólares em 1989, a Record chegou para ser a principal estrela do portfólio de emissoras da igreja e serviria ao objetivo de Macedo de ter uma rede nacional que fosse um escudo para a Universal.[8]

O problema era que a concessão venceria apenas três anos após a aquisição, em outubro de 1992, e Macedo precisava de ajuda política para garantir que a renovação fosse assinada pelo presidente Fernando Collor, recém-eleito.

Embora o sonho fosse um dia chegar a uma bancada de vinte deputados, Macedo começou "pequeno" em 1990, por não ter tantos nomes à disposição para lançar como candidatos nem tantos fiéis para votar. Como o Rio era o berço da denominação, sua atuação lá acabou sendo mais fácil, e o bispo conseguiu ter duas candidaturas: o pastor Laprovita Vieira, seu braço direito e presidente da igreja, e o delegado de polícia Aldir Cabral, um fiel seguidor disposto a ir para a batalha. A dificuldade era encontrar boas opções em outros estados. A Universal não tinha a mesma capilaridade de hoje e ainda não havia formado tantas lideranças regionais. A Bahia era um caso particular. O estado despontava como o segundo mais importante para a igreja no país e teria votos suficientes para garantir a vitória de um candidato. Mas faltava alguém para concorrer.

O bispo Rodrigues, então, se lembrou de Moreira, um sujeito letrado, com conexões políticas e conhecedor como poucos do universo das leis de rádio e televisão. Moreira se animou com a sondagem e pegou um avião rumo ao Rio para uma conversa com o líder da Universal. Macedo, que também queria ter candidatos às assembleias estaduais, foi direto ao ponto e quis saber do diretor do Dentel se ele tinha preferência por ser candidato a deputado estadual ou a deputado federal — uma ótima deixa para que Moreira desse a sua primeira "consultoria" no assunto que preocupava o bispo. "Se a ideia é ajudar na parte de radiodifusão, o ideal é que seja federal, porque a legislação é toda federal. O estadual não apita nada."[9]

Mas havia um problema. O diretor do Dentel não era membro da igreja nem sequer era conhecido entre os seguidores da Universal, seus potenciais eleitores. Por que os fiéis iriam votar em um médico militar que nunca pisara em um templo da denominação? Criado em família católica, Moreira acreditava em Deus e era casado com uma batista, mas nunca se considerou um homem que praticava a fé com fervor. Seria difícil fazê-lo virar um candidato viável para uma multidão de crentes. Para resolver esse impasse, ele próprio sugeriu uma solução: como era médico, poderia rodar a Bahia durante a campanha para fazer palestras de saúde para os fiéis da igreja. Os encontros seriam uma oportunidade para ele ser visto pelos eleitores e se apresentar como candidato.[10]

Macedo concordou com a ideia, e o mais novo médico da Universal pegou a estrada para parar de templo em templo. Como as suas especialidades eram ginecologia e obstetrícia, o tema predominante de suas apresentações era a prevenção da gravidez[11] — uma das bandeiras da Universal. A estratégia deu certo, e Moreira foi eleito com 22 mil votos, uma vitória que representou a primeira mostra de uma fama que a Universal solidificaria nas eleições seguintes: a de igreja evangélica que mais conseguia ter influência sobre o voto dos fiéis.

Uma pesquisa feita em 1994 pelo Instituto de Estudos da Religião (Iser) com eleitores do Rio de Janeiro mostrou que 95% dos membros da Universal votavam em candidatos da própria igreja. Entre os eleitores que faziam parte de outras igrejas pentecostais, a adesão era menor, de 87%. Entre as não pentecostais, a proporção caía ainda mais, para 32%.[12] Para a comunidade evangélica como um todo, votar em quem o pastor manda nunca foi automático, mas para a Universal era quase uma regra. Trinta anos depois, a denominação continua tendo um papel relevante no convencimento dos fiéis eleitores. O comando centralizado na figura de Macedo ajuda, pois dá mais alcance ao que o bispo orienta em termos políticos aos pastores espalhados pelo país. Pesa também o fato de a Universal ser uma igreja focada em acolher pessoas que se veem no fundo do poço — "Pare de sofrer" é o seu lema. É compreensível, portanto, que um crente seja mais obediente politicamente ao pastor que o salvou de uma vida de sofrimento.

Outro caso emblemático da força eleitoral da denominação é o do cearense Almeida de Jesus. Obreiro da Universal em Fortaleza, Almeida era também líder comunitário no bairro onde morava, na periferia. Corria atrás de calçamento para as ruas, postes de luz, escola para as crianças e até posto de saúde. Por iniciativa própria e sem pedir qualquer apoio à igreja, tentou duas vezes ser eleito vereador, em 1988 e 1992, mas fracassou ao alcançar menos de 2 mil votos em cada eleição. Na disputa seguinte, porém, quando a Universal já estava mais envolvida com política, foi chamado pelo bispo local para uma conversa. A ideia era que Almeida se candidatasse novamente, mas dessa vez com o apoio da cúpula, que faria de tudo para ajudá-lo. E de fato a ajuda veio. Quando a apuração terminou, Almeida viu como era diferente contar com pastores fazendo campanha para ele nos cultos ao ser eleito com 10 mil votos, mais de sete vezes o desempenho da eleição anterior e a segunda maior votação da cidade, atrás apenas de Patrícia Saboya, então esposa de Ciro Gomes, que já era uma importante liderança local, tendo governado o estado entre 1991 e 1994.[13]

Uma disputa para vereador, porém, demanda uma quantidade menor de votos. Quando o esforço se voltava para os cargos em Brasília, a Universal esbarrava no tamanho ainda limitado em alguns estados. No próprio Ceará, por exemplo, falhou na tentativa de eleger o pastor Carlos Magno para deputado federal em 1990, a primeira eleição depois da Constituinte. Além disso, não se podia ignorar que os evangélicos em geral andavam um pouco ressabiados com a política, depois dos escândalos com os parlamentares crentes durante o processo de elaboração da nova Constituição. Nem mesmo líderes de grandes denominações conseguiram cargos na Câmara dos Deputados naquele ano, como o missionário R. R. Soares, fundador da Igreja Internacional da Graça de Deus, que recebeu apenas 6 mil votos no Rio e ficou na suplência.

É verdade também que as próprias igrejas, com exceção da Universal, não estavam tão engajadas quanto antes. A Constituinte, por si só, representara um enorme apelo para que pastores e fiéis se mobilizassem. Mas, concluído o processo, era difícil manter a chama acesa, e o resultado foi o encolhimento da bancada evangélica. Após eleger 32 representantes em 1986, foram 23 em 1990. A Universal, apesar do seu esforço, continuou sendo uma das menores igrejas no Congresso e só elegeu parlamentares nos dois principais estados onde atuava: o Rio, com Laprovita Vieira e Aldir Cabral, e a Bahia, com Moreira. Mas, sem ter sido afetada pelos desgastes na Constituinte, foi a única que conseguiu aumentar a própria bancada.[14]

A aposta de Macedo em um maior envolvimento político, então, se dava em um momento de crise de bancada evangélica, que entrou em uma espécie de marasmo, fazendo menos barulho e recebendo menos atenção da imprensa — uma perda de relevância que contrastava com o crescimento continuado da população crente nos 1990, década na qual se tornou mais comum ver pastores pregando na TV, um movimento do qual a própria igreja de Macedo é símbolo. Se os líderes de outras denominações achavam que o trabalho mais importante havia sido feito na Constituinte, ao barrar pautas favoráveis ao aborto e aos homossexuais, o bispo da Universal tinha prioridades diferentes: ainda havia muito a ser feito.

Edir Macedo aprendeu jovem a importância de ter contatos na política. O primeiro emprego que teve na vida, aos dezessete anos, foi um favor feito por um dos homens mais influentes do Rio de Janeiro, o então governador da Guanabara, Carlos Lacerda. Antigo conhecido da família e padrinho de casamento de Eris, uma das irmãs de Macedo, o político conseguiu para ele uma vaga de servente na Loteria Estado do Rio de Janeiro (Loterj).[15]

O trabalho surgiu em uma época em que o rapaz ainda estava se encontrando espiritualmente. Andava angustiado com a vida após ser dispensado por uma namorada e, para tentar aliviar o sofrimento, buscou refúgio na religião. Virar crente, no entanto, não foi a primeira alternativa. Antes disso, recorreu ao catolicismo, ao espiritismo e à umbanda. Mas em nenhum deles se sentiu acolhido. O pentecostalismo só apareceu na sua vida depois, quando outra irmã, Elcy, o levou para o culto que vinha frequentando, da Igreja de Nova Vida, onde Macedo finalmente sentiu a energia que buscava, "algo ao mesmo tempo físico e espiritual, abstrato e concreto".[16]

Tornou-se um assíduo frequentador da Nova Vida, comandada pelo pastor canadense Robert McAlister, mas não chegou a ocupar nenhum cargo na hierarquia da denominação. Era um simples fiel. Houve um momento, contudo, em que começou a ficar insatisfeito com os rumos da igreja. Enquanto McAlister pregava para um público de classe média, Macedo queria levar a sua fé para as massas. Em 1975, depois de doze anos, resolveu deixar a Nova Vida. Com ele, saíram outros quatro fiéis: Roberto Augusto Lopes, futuro parlamentar da Universal e então diácono na Nova Vida; Romildo Ribeiro Soares, hoje conhecido como o já mencionado missionário R. R. Soares; e os irmãos Samuel e Fidélis Coutinho. Juntos, os cinco fundaram a Cruzada do Caminho Eterno, o embrião da Universal.[17]

Os primeiros cultos da nova igreja foram realizados em um espaço onde antes havia uma funerária, na antiga avenida Suburbana, na Zona Norte do Rio de Janeiro, em julho de 1977. No começo não era Macedo quem fazia as pregações. Sem experiência como pastor, mas com talento para lidar com números, era o responsável pelas finanças do novo movimento. Quem ia ao púlpito para espalhar a palavra de Deus era R. R. Soares. Não demorou muito, contudo, para que Macedo também passasse a pregar e, em fevereiro de 1978, foi consagrado pastor pelo próprio R. R. Soares.

Logo depois, com o crescimento da igreja, veio o primeiro programa de rádio. Graças a uma doação feita por um casal de fiéis, ela conseguiu comprar quinze minutos por dia na programação da Rádio Metropolitana do Rio de Janeiro.[18] Ali começava a ser posta em prática a estratégia de crescer por meio da comunicação de massa, seguindo o exemplo do pioneiro Manoel de Mello, da O Brasil Para Cristo.

Seria por meio do rádio, inclusive, que Edir Macedo conheceria seu braço direito, Laprovita Vieira. Nascido em Paty do Alferes, no interior do Rio de Janeiro, Vieira era filho de um pastor de uma pequena igreja da cidade e, quando garoto, ajudava o pai a alfabetizar adultos para que eles pudessem ler a Bíblia. Aos catorze anos saiu de casa para morar no Rio com um tio que não era religioso e, por isso, acabou se afastando da fé. Na capital, conheceu os prazeres da vida urbana. "Eu vivia largado por aí e tinha tudo para ser o que não presta." Passou a ter uma vida mais regrada quando conheceu a esposa, Vera.

O casamento, porém, desagradou o pai de Laprovita Vieira, pois a moça era católica e de família espírita.[19]

Foi Vera, contudo, quem levou Vieira de volta para uma igreja evangélica. Em 1978 ela andava sofrendo com muitas dores no estômago e havia tentado de tudo para eliminá-las. Certa vez, por intermédio da irmã, ouviu na Rádio Metropolitana um pastor que falava de Deus com fervor e prometia a cura de doenças. Era Edir Macedo. Em um gesto de desespero, a católica Vera convenceu o marido a visitar o templo da tal igreja para fazer uma última tentativa de se curar. O local era basicamente um galpão e tinha cerca de oitenta pessoas, sentadas em bancos sem encosto. Em um púlpito de madeira, Macedo segurava a Bíblia com uma das mãos e, com a outra, apontava o dedo para todos os lados, falando aos fiéis sobre libertação, sofrimento humano e possessão pelo demônio. Vieira, embora tivesse um passado de evangélico, não se comoveu com a pregação. Já sua mulher teve uma reação imediata. Começou a se debater no banco e foi parar perto do púlpito. O casal, que chegara ao templo por volta das duas horas da tarde, só saiu de lá às dez da noite. Vera, segundo o marido, nunca mais sentiu as dores, e eles se tornaram frequentadores da igreja.[20]

Na Universal, Vieira acabou seguindo os passos do pai e também se transformou em pastor. Ganhou a confiança de Macedo e logo virou o seu escudeiro. Quando o bispo comprou a Record, foi Vieira quem assinou a papelada no seu lugar, tornando-se formalmente o dono da emissora.[21]

À época, Macedo queria ter um canal de televisão que lhe proporcionasse presença nacional. Até então, o arsenal midiático da denominação era composto apenas de rádios regionais. A TV Record, afundada em dívidas, estava à venda e despontava como uma oportunidade. A negociação, porém, não seria simples, pois havia mais de um dono. Metade da emissora pertencia ao apresentador Silvio Santos, que à época já era proprietário do Sistema Brasileiro de Televisão (SBT), e a outra metade era da família de Paulo Machado de Carvalho, que a fundara em 1953, após ganhar uma concessão do então presidente Getúlio Vargas.[22]

Macedo, contudo, não queria que soubessem que estava interessado na emissora. Para iniciar as conversas, mandou um representante, o empresário e amigo maranhense Alberto Felipe Haddad, que teria a missão de fechar a compra da Record sem revelar quem estava representando. A versão que dava aos donos era que estava negociando em nome de um grupo de empresários — um mistério que não chegou a ser um empecilho. A negociação foi dura, com uma série de barganhas de todos os lados, mas teve o martelo batido em um último encontro na casa de Silvio Santos, no bairro do Ibirapuera, em São Paulo, no dia 8 de novembro de 1989, uma quarta-feira. Pelo acerto, a emissora seria vendida por 45 milhões de dólares, com uma entrada de 5,7 milhões e o restante em 32 parcelas. Laprovita Vieira só apareceu depois para assinar os documentos, quando Silvio Santos já sabia quem seria o dono real da Record.[23]

Quando a emissora foi vendida, o ambiente político do país estava fervilhando. Dali a uma semana, os brasileiros voltariam a sentir novamente o gosto de votar para presidente, depois de 29 anos. Àquela altura, o candidato Fernando Collor de Mello, do nanico Partido da Reconstrução Nacional (PRN), liderava as pesquisas com folga. Pelo retrovisor, ele assistia a uma disputa acirrada no campo da esquerda pela segunda posição, entre Luiz Inácio Lula da Silva, do PT, e Leonel Brizola, do PDT. Nenhum deles, porém, era unanimidade entre os evangélicos.[24]

A maioria das igrejas preferiu se posicionar apenas no segundo turno — e o favorito acabou sendo Collor, com seu discurso moralista, contra a corrupção, que contrastava com Lula, associado ao comunismo e a uma suposta perseguição que faria contra os cristãos.[25] Macedo chegou a dizer que Deus havia lhe dito que Collor era o "escolhido" e sustentou que o voto no candidato do PRN era uma defesa da liberdade de expressão. "Só quero poder falar." O curioso era que, no discurso dele, os católicos estariam a salvo da suposta perseguição de Lula aos cristãos, e só os evangélicos entrariam na mira. "Se Lula ganhar, a Igreja [católica] vai mandar no país."[26]

A preocupação de Macedo com o alcance da sua palavra ia além da simples possibilidade de pregar em um templo. O problema era também a concessão da emissora que ele acabara de comprar. Se o vencedor fosse Lula, o temido aliado da Igreja católica, seria com ele que o pastor teria de negociar para garantir a renovação. Não parecia um cenário animador. Collor, portanto, despontava como a opção mais segura. Não à toa, Macedo o convidou para participar, ao longo da campanha, de programas de doze emissoras de rádio que pertenciam à Universal. E não só. Às vésperas do segundo turno, a igreja abriu o espaço mais nobre da sua emissora de televisão, a própria Record, adquirida um mês antes, para que o candidato do PRN fizesse campanha, ao participar do programa de entrevistas do jornalista Ferreira Netto.[27]

Questionado pelo jornalista sobre a ameaça feita pela Central Única dos Trabalhadores (CUT) de organizar uma greve geral em caso de derrota de Lula, Collor prometeu que ninguém iria parar o país e disse estar pronto para enfrentá-los. Apontou para cima e complementou: "Só para o Brasil, Deus". O jornalista, em seguida, lembrou que Lula estava se articulando para ter o apoio dos candidatos derrotados no primeiro turno e quis saber do entrevistado como ele estava se movimentando para fazer também as suas alianças. O candidato, na emissora de um bispo que estava de olho em um favor, respondeu que buscar aliados significava ter de dar algo em troca no futuro e que ele era contra esse tipo de negociação. "É um sistema que nós combatemos, que eu não posso aceitar, porque a imensa maioria da população brasileira também não aceita."[28]

O deputado Luiz Moreira abriu a edição do *Correio Braziliense* daquela quinta-feira e se surpreendeu com o que leu. Uma reportagem do jornal de 30 de julho de 1992 dizia que a Record não teria a concessão renovada pela Secretaria Nacional de Comunicações, do governo federal. Edir Macedo, portanto, teria investido milhões de dólares para ter uma emissora de televisão por apenas três anos. Especialista no tema, o parlamentar da Universal achou que a notícia era descabida e, no dia seguinte, subiu à tribuna da Câmara para rebater o veículo. Lembrou, em primeiro lugar, que a concessão ainda estava em vigor, e ressaltou que a Constituição havia retirado do Poder Executivo a exclusividade de decidir sobre concessões, pois tudo teria de passar também pelo crivo do Congresso. E com palavras que mais lembravam as de um pastor, parabenizou os constituintes por terem aprovado essa mudança na lei. "Em boa hora introduziram na Carta Maior a terapêutica sábia para a cura da doença do mal, do que é ruim, prejudicial, nocivo, cruel, funesto, perverso e malvado."[29]

Moreira estava certo: nada havia sido decidido sobre a concessão da Record, que só venceria dali a três meses, em outubro de 1992. Macedo e seu time de deputados ainda tinham algum tempo para tentar garantir mais quinze anos à emissora. O problema era que a imagem pública do bispo andava desgastada. Meses antes, em maio, ele havia sido preso em uma operação policial cinematográfica, acusado de estelionato, charlatanismo e curandeirismo. Armados com metralhadoras, os policiais começaram a seguir seus passos na manhã de um domingo até ele entrar no templo da Universal de Santo Amaro, bairro da Zona Sul de São Paulo, onde iria pregar para cerca de 3 mil fiéis. Aguardaram pacientemente até o fim do culto e o viram deixar a igreja em um Santana verde, acompanhado da mulher e de uma das filhas. Esperaram que ele se distanciasse um pouco, para não causar um tumulto em frente à igreja, e partiram em viaturas para cercá-lo. O carro do bispo ainda conseguiu virar à direita na rua São Benedito e andou por cerca de duzentos metros antes de ser interceptado.[30] Macedo tomou um susto e chegou a pensar que fosse um sequestro.[31] Laprovita Vieira, que o acompanhava em outro carro, desceu para intervir e tentou dar uma carteirada mostrando o documento de parlamentar, mas não teve êxito.[32]

Na Câmara, Luiz Moreira chamou a operação de "teatralidade" da polícia, que teria produzido um "espetáculo". Na sua opinião, Macedo recebera um tratamento abusivo, autoritário e vergonhoso. O grande objetivo, disse, era atingir o "cerne moral" de Macedo e da Universal para que ficassem desgastados publicamente.[33] Mas o bispo viu na operação uma oportunidade. Era a chance de se apresentar aos fiéis como mártir. No segundo dia de prisão, concedeu entrevista a jornalistas e, atrás das grades, disse que se sentia um apóstolo.[34]

Desarticulada após a experiência da Constituinte, a bancada evangélica silenciou em relação ao caso. Não havia um líder como Daso Coimbra para puxar algum tipo de movimento. O bispo recebeu apenas apoios pontuais de deputados de outras igrejas, como os assembleianos Eliel Rodrigues e Benedita da Silva. Era já um indicativo do papel de coadjuvante que as demais denominações passariam a ter ao longo dos anos 1990 — e também da falta de união. O bloco só voltaria a ter uma atuação mais unificada no início dos anos 2000, quando foi formalizada a criação da FPE, com eleição de presidente e definição de uma pauta em comum. Nesse meio-tempo, como tinha seus próprios interesses, a Universal foi ganhando protagonismo. Ainda que fosse minoria no bloco de deputados evangélicos, era a que mais fazia barulho naquele momento, realizando atos de grande apelo visual, como o culto no Maracanã, e mostrando-se disposta a enfrentar até a Rede Globo. Nesse contexto, a ausência de uma pauta de costumes também favorecia a igreja de Macedo. Como os temas mais polêmicos já haviam sido encaminhados na Constituinte, as demais denominações se viam órfãs de uma agenda. Já o bispo tinha que brigar pelo império que estava erguendo.

No mesmo dia em que Macedo foi preso, Fernando Collor também passou um mau bocado. A revista *Veja* publicava naquele domingo uma entrevista com seu irmão Pedro Collor, que fazia as acusações que seriam o pontapé inicial do processo de impeachment. Pedro contava que Paulo César Farias, o PC Farias, tesoureiro da campanha de Collor para presidente, havia se convertido em intermediário do governante para esquemas de chantagens, extorsões e tráfico de influência. No início, os deputados evangélicos ficaram em cima do muro, enquanto a maioria do Congresso já se mostrava a favor da saída do presidente.

Uma pesquisa feita pela *Folha de S.Paulo* publicada no dia 25 de agosto de 1992, com o processo de impeachment ainda em debate, mostrou que 52% de todos os parlamentares queriam tirar Collor da presidência. Em um recorte com os evangélicos, a adesão era bem menor: só 31% eram a favor. Os evangélicos indecisos, por sua vez, representavam 62%, enquanto apenas 8% se diziam contrários. A bancada da Universal também não era unânime. Luiz Moreira e Aldir Cabral se posicionaram como a maioria dos crentes, em cima do muro, enquanto Laprovita Vieira, o presidente da igreja, se colocou a favor.

Um mês depois, com Collor mais desgastado, os evangélicos já estavam mais alinhados ao restante da Câmara. Entre todos os deputados, 73% queriam Collor fora do Planalto. Na bancada evangélica, o apoio ao impeachment cresceu e estava em 64%.³⁵ As igrejas estavam se afastando do presidente não só porque ele se tornara politicamente tóxico, mas também porque se sentiam cada vez mais desprestigiadas pelo governo. Certa vez, o pastor José Wellington, então na liderança da CGADB, foi até o gabinete de Collor para lhe pedir que autorizasse a entrada, no Porto de Santos, de uma encomenda feita pela igreja à Assembleia de Deus dos Estados Unidos. Eram 46 milhões de volumes do Novo Testamento, escrito de forma didática para crianças. "Ele anotou meu pedido, mas deve ter sido com aquela caneta que apaga depois", me disse o pastor. "Foi um presidente que falhou com a gente."³⁶

Na Universal, porém, a posição dos parlamentares seguia a mesma em setembro, com Vieira a favor do impeachment e os outros dois, indecisos. Dias antes da votação final, pareceu que a desunião teria fim. Os três parlamentares participaram de uma reunião em um restaurante com Lafayette Coutinho — um dos assessores do presidente, integrante da tropa de choque responsável por angariar votos — e ali ficou decidido que a igreja votaria contra a saída de Collor.³⁷ Este já havia até assinado, naquele mês, o decreto que autorizava a renovação da concessão da Record, mesmo com a pressão que vinha recebendo para não permitir que um bispo visto como charlatão continuasse à frente de uma das maiores emissoras de televisão do país.

Moreira, em especial, ainda tinha o respaldo do grupo político de ACM, a quem devia lealdade, pelo passado no Dentel, e que também estava ao lado de Collor. No dia da votação, aproximou-se do colega deputado Luís Eduardo Magalhães, filho de ACM, e perguntou: "E aí, o que vamos fazer? Houve alguma alteração na orientação para o voto?". Magalhães respondeu que tudo seguia igual, mas aconselhou o deputado da Universal a esperar pela segunda chamada da votação. Se a situação de Collor já estivesse resolvida, ele poderia votar como bem entendesse. Moreira, porém, não quis parecer covarde. "Não vou me escudar dessa maneira. Posso até ser antipatizado, mas prefiro bater de cara", insistiu. O parlamentar, então, entrou na primeira chamada e votou de acordo com a orientação do partido naquele momento: contra o impeachment — passando a fazer parte do seleto grupo de 38 deputados que se colocaram a favor do presidente, enquanto os que votaram pela sua saída foram esmagadores 441.

Na bancada evangélica, Moreira também fez parte da minoria. Apenas dois parlamentares crentes ficaram ao lado do presidente: ele e Milton Barbosa.[38] Os outros dois deputados da Universal, Laprovita Vieira e Aldir Cabral, acabaram quebrando o acordo com o governo e votaram pelo impeachment. Cabral, aliás, apareceu para votar apenas na segunda chamada, quando o resultado já estava decidido.[39] "Foi uma safadeza dos dois", me disse Moreira, admitindo quase vinte anos depois: "Foi um voto que eu não gostaria de ter dado".[40] Na *Folha Universal*, o jornal oficial da igreja, a explicação para o fracasso de Collor ignorou qualquer negociação política. Em artigo intitulado "A maldição do poder", de autoria do bispo Carlos Rodrigues, tudo não passara de um problema de fé. "Se [Collor] tivesse subido ao poder com a Bíblia, seu destino teria sido diferente", escreveu ele.[41]

Carlos Rodrigues já era naquele momento o bispo que liderava a parte política da Universal, sucedendo Marcelo Crivella, sobrinho de Edir Macedo. Coordenador das campanhas dos candidatos da igreja, durante os mandatos ele servia de ponte entre os eleitos e Macedo. Em 1994, na primeira eleição depois do impeachment de Collor, a Universal conseguiu, sob a coordenação de Rodrigues, dobrar a sua bancada em Brasília. Os três que já estavam lá foram reeleitos e outros três chegaram para reforçar o time. O resultado, porém, ficou abaixo da meta da Universal, que queria ter elegido pelo menos oito deputados. Os fracassos se deram em Minas Gerais e no Paraná, e Rodrigues considerou que a culpa foi dos pastores locais, que ainda não tinham "consciência política". A igreja também crescia nas assembleias legislativas dos estados, onde viu o número de representantes subir de seis para oito. Dois deles, aliás, eram irmãos de Macedo: Eraldo, eleito no Rio de Janeiro, e Edna, eleita em São Paulo.[42]

A igreja, naquele tempo, não concentrava os seus candidatos em um único partido. Eles estavam espalhados por variadas siglas. Fazia pouca diferença onde cada um estava porque a própria denominação se portava como uma legenda. Não por acaso, da mesma forma que os parlamentares costumam dever obediência aos partidos, a Universal procurava criar uma relação semelhante com os seus representantes. "Eles não são donos de seus mandatos. O mandato é do povo de Deus", disse Rodrigues, em entrevista à *Folha de S.Paulo*.[43]

Moreira sentiu isso na pele. Em 1992, quando ainda era novato no Congresso, recebeu ordem da Universal para apresentar um projeto que buscava criar mais uma possibilidade de aborto legal. Pela proposta, a gravidez poderia ser interrompida também, desde que até a 24ª semana de gestação, quando o feto apresentasse, segundo prescrição médica, "graves e irreversíveis anomalias físicas ou mentais".[44] A Universal, diferentemente da maioria das principais denominações evangélicas, tem uma visão mais flexível em relação ao assunto. E o motivo é muito simples: a igreja — que prega a teologia da prosperidade, segundo a qual o crente deve buscar a riqueza em vida, em vez de esperar pelo paraíso depois da morte — acredita que será mais difícil para uma família conquistar essa abundância tendo um filho atrás do outro. Em 2008, Macedo escreveu em seu blog que os fiéis deveriam usar a "fé inteligente" para perceber que é muito confortável ser contra o aborto quando se tem condições financeiras mais favoráveis. "Mas e aqueles que passam fome, o que será deles com mais um filho para sustentar?"[45] As palavras do bispo, é claro, são direcionadas às pessoas mais pobres, a classe na qual a Universal tem mais aderência. A esse mesmo público, Macedo pregava que uma vida próspera só seria alcançada com ofertas generosas à igreja.

Em 1999, em outra defesa ao aborto, Macedo declarou que uma legislação adequada "evitaria que mulheres procurassem as clínicas de fundo de quintal e acabassem morrendo, como tem acontecido".[46] Essa foi, inclusive, a justificativa apresentada por Moreira no seu projeto em 1992: o documento afirmava que a medida, da maneira como estava sendo proposta, iria "[coibir] os procedimentos de interrupção de gravidez feitos sem quaisquer critérios e, às vezes, por profissionais não especializados, em locais impróprios e com sérios riscos de vida para a gestante".[47]

Por trás disso tudo, a igreja também estava buscando conter o aumento das famílias dos seus líderes, pois, conforme Moreira ouvia à época, não é do interesse dela que os pastores tenham muitos filhos.[48] Em Angola, onde está presente desde 1992, a Universal tem sido acusada de pressionar os pastores a fazerem vasectomia. E a razão, novamente, está ligada ao dinheiro. "Eles pedem isso para reduzir ao máximo possível os gastos com crianças e alegam que é para o bem da obra, para você poder trabalhar à vontade, viajar, ir pregar", contou o pastor angolano Nilton Ribeiro.[49] Apesar dos esforços de Moreira em Brasília para fazer virar lei uma das bandeiras da Universal, o projeto para flexibilizar o aborto não avançou e acabou sendo arquivado. As demais igrejas representadas no Congresso, é claro, não lhe deram nenhum tipo de apoio, em mais um sinal de que a denominação de Macedo agia de forma isolada. Com o tempo, o próprio Macedo passou a ser mais reservado sobre o assunto — o que evita desgastes e ruídos com a base de fiéis —, e a Universal nunca mais escalou um deputado para apresentar outro projeto sobre o tema.

A bancada da igreja no Congresso teve mais sorte com um projeto relacionado ao seu tema preferido: rádio e TV. Depois de conseguir transferir a titularidade da Record para o seu nome, Edir Macedo queria ter a chance de incluir a própria Universal como proprietária da emissora. Esbarrava, porém, na legislação. Segundo a Constituição de 1988, as empresas jornalísticas ou de radiodifusão só podiam ser controladas por pessoas físicas, partidos políticos ou sociedades cujo capital pertencesse exclusiva e nominalmente a brasileiros. A igreja, na condição de entidade sem fins lucrativos, estava fora dos critérios exigidos. Em uma primeira tentativa, Laprovita Vieira não teve êxito ao propor algo para eliminar essa lacuna em 1995. Mas a ideia foi resgatada quatro anos depois, em 1999, dessa vez por Carlos Rodrigues, que havia saído da condição de mero articulador político da igreja para ser também um dos representantes da bancada em Brasília. Rodrigues não só fez passar um projeto que incluía as entidades sem fins lucrativos na lista de possíveis donos, como também acrescentou que as companhias de radiodifusão poderiam ser "sonoras" e de "sons e imagens".[50] Em outras palavras, não poderia haver nenhuma brecha para que as emissoras de televisão ficassem de fora.

O avanço da Universal na política acabou gerando outra distorção na bancada evangélica. Sob a liderança de Rodrigues, a denominação saiu da eleição de 1998 com o título de igreja com a maior quantidade de deputados eleitos, desbancando a Assembleia de Deus, ainda que não estivesse entre as maiores denominações do país em membros. Valendo-se do status de perseguida para engajar os fiéis, viu o número saltar de seis para incríveis dezesseis representantes, entre eles os reeleitos Luiz Moreira, Laprovita Vieira e Aldir Cabral, chegando perto do plano de ter vinte deputados. A própria bancada evangélica havia voltado a crescer, de 32 para 49 deputados,[51] refletindo também um esforço da Assembleia de Deus para se reorganizar politicamente — a igreja retomou a estratégia de lançar candidaturas oficiais em cada estado e apresentou nomes novos, não ligados à Constituinte. Se a pauta de costumes já não tinha mais tanto apelo, crescia o discurso social como instrumento de politização entre as igrejas. Embora a inflação tivesse sido controlada pelo Plano Real, implantado por Fernando Henrique Cardoso, o desemprego e a fome seguiam em índices elevados. E nesse tema a Universal se saiu bem.

No ano da campanha, para se apresentar como candidato para os fiéis, Rodrigues experimentou algo diferente do que a igreja vinha fazendo em eleições anteriores. Reuniu vários dos textos opinativos que publicava no jornal da Universal e lançou dois livros de coletâneas que eram basicamente panfletos políticos: *A igreja e o social* e *A igreja e o político*. Em boa parte dos textos, procurou demonstrar uma maior preocupação com as mazelas sofridas pelos brasileiros mais pobres — o principal público da igreja. Em um deles, por exemplo, critica os parlamentares que aprovaram um reajuste do próprio salário, de 4 mil para 8 mil reais, enquanto o salário mínimo vigente no país era de setenta reais. "Num país onde a maioria dos trabalhadores ganha menos de dois salários mínimos, alguns privilegiados abusam da boa vontade do povo que os elegeu e trabalham em causa própria", escreveu.[52]

Uma vez em Brasília, Rodrigues não só se tornou o maior nome da Universal no Congresso, mas também uma das principais lideranças da bancada evangélica como um todo, o que representou uma mudança na postura da Universal em relação às outras igrejas. Se antes a bancada de Edir Macedo atuava quase isolada, sem se engajar em pautas morais e mais interessada em proteger a sua rede de emissoras de rádio e televisão, com Rodrigues alguns gestos de aproximação foram sendo feitos, ainda que simbólicos. Por exemplo, em duas oportunidades, em 2000 e 2001, ele foi à tribuna para fazer discursos em homenagem ao aniversário da Reforma Protestante, uma data mais importante para as igrejas históricas do que para as pentecostais. E chegou a parabenizar outras igrejas evangélicas, como a Assembleia de Deus e a Igreja de Deus no Brasil, pelas respectivas datas de fundação.[53]

Eram sinais amistosos vindos de uma igreja que, não muito tempo antes, havia ganhado fama de belicosa. Em 1995, por exemplo, foi criticada por outras denominações por ter comprado uma briga séria com os católicos, no episódio em que a TV Record transmitiu um culto em que um pastor chutava uma imagem de Nossa Senhora Aparecida, no feriado em homenagem à padroeira do país. O chute, considerado um grave gesto de desrespeito e intolerância, foi bastante explorado pela mídia, em especial pela Rede Globo, e levou o governo federal a cogitar a cassação da emissora.[54]

No discurso que fez para parabenizar a Assembleia de Deus, Rodrigues deu até uma mostra de que a Universal também levava a sério a pauta de costumes ao ressaltar que eles — os evangélicos — estavam lutando contra um projeto em discussão na Câmara que pretendia legalizar o casamento entre pessoas do mesmo sexo.

> Por isso, esperamos que a Assembleia de Deus continue mandando mais deputados federais para esta casa, para que, junto com os pastores da Igreja Universal, da Igreja Batista, da Igreja Presbiteriana e de todas as igrejas evangélicas, possamos moldar a sociedade brasileira segundo o coração de Deus.[55]

Rodrigues vestiu tão bem a roupa de político que logo se tornou uma liderança partidária, deixando de ser visto apenas como um deputado que defendia os interesses de uma igreja. Em 2000, como líder do Partido Liberal (PL) — para o qual havia migrado no início de 1999, depois de ter se desfiliado do PFL —, articulou-se nos bastidores para ajudar a sigla a ter uma bancada maior. Dos oito deputados que tinha em 1999, o PL, de Valdemar Costa Neto, passou para 21 em 2001, dos quais sete eram da Universal, um da Assembleia de Deus e outro da Igreja Batista.[56] Foi a primeira vez que a Universal passou a ter uma identificação maior com um partido específico. Para Moreira, um dos deputados da igreja que não migraram para o PL, Rodrigues estava "se enfeitiçando" pelo poder, a ponto de ter uma relação muito próxima com Costa Neto, um dos macacos velhos do Centrão, e passar a ter um grupo de deputados que o bajulavam: "Ele ficou muito vaidoso".[57]

Com os parlamentares da Universal, Rodrigues tinha uma postura quase tirânica. Era ele quem determinava quais projetos deveriam ser apresentados, quais deputados da igreja deveriam subir à tribuna em cada sessão, o que iriam dizer, e até de qual partido deveriam ser. Se a Universal tinha alguma rixa com o governo de Fernando Henrique Cardoso, ele apenas avisava que agora o tratamento seria de oposição, sem justificar o motivo. Tampouco havia explicação quando as pazes eram refeitas. Era pior ainda se alguma concessão de rádio ou TV estivesse perto de vencer. O bispo simplesmente aparecia para dizer que a bancada da igreja iria votar junto com o governo em algum projeto específico, sem qualquer esclarecimento. E se alguém ousasse ir contra as determinações de Rodrigues, o bispo ameaçava retirar o apoio da igreja na eleição seguinte. Em resumo, os deputados se viam como meros cumpridores de ordens.

Certa vez, o cearense Almeida de Jesus, ex-vereador de Fortaleza e "promovido" pela Universal a deputado federal em 1998, ouviu de Rodrigues que ele teria de sair do PL para se filiar ao PSDB. Era um momento em que a igreja estava aliada a FHC, e Rodrigues tentava ajudar o presidente a fazer da bancada tucana a maior da Câmara, superando a do PFL, o partido de ACM. Almeida, contudo, se viu em um impasse. Ele era um ferrenho opositor do então governador do Ceará, Tasso Jereissati, e "descia a lenha" no tucano sempre que desembarcava no aeroporto de Fortaleza e algum jornalista local o abordava. Se de repente migrasse para o partido de Tasso, perderia completamente a moral com os eleitores cearenses. Tentou explicar tudo isso a Rodrigues, mas, segundo contou, o que ouviu de volta foi uma ameaça de morte política: "Então você já sabe o que vai acontecer na próxima eleição, né?".[58]

Para a sorte de Almeida, a ameaça do bispo não passou disso, e dias depois ele se desculpou pela grosseria. Mas não pensou duas vezes antes de colocar o cearense em outra saia justa. Ao se aliar a FHC no esforço para aumentar a bancada do PSDB, ele acabou irritando ACM, que não queria ver o PFL para trás. Em uma reunião de líderes de partidos, Rodrigues sabia que ACM iria aproveitar o encontro para atacá-lo e preferiu mandar Almeida em seu lugar, que ouviu os mais variados impropérios proferidos pelo político baiano.[59]

Luiz Moreira também não teve uma relação fácil com Rodrigues. Chegou até a pensar que o colega sentia ciúme dele, porque, nas reuniões com Edir Macedo sobre rádio e TV, a opinião do baiano parecia sempre valer mais. Aos poucos, os dois foram se afastando, o que acabou definindo o futuro político de Moreira, uma vez que Rodrigues, além de mandar e desmandar no dia a dia do Congresso, também era quem definia os candidatos da Universal em cada estado (e a quais cargos). Até então, o médico militar vinha fazendo uma dobradinha de sucesso na Bahia com a economista Zelinda Novaes, uma fiel da igreja. Enquanto ele era sempre o candidato a deputado federal, ela concorria a uma vaga na Assembleia Legislativa do estado. Foi assim durante três eleições consecutivas: em 1990, 1994 e 1998. Para a seguinte, em 2002, Rodrigues decidiu inverter — e Moreira não gostou. Achou que isso não fazia sentido. Se o seu diferencial era conhecer a legislação de radiodifusão, não havia razão para ser rebaixado a um cargo que não tinha ingerência sobre o tema.[60]

Mas sua insatisfação não causou nenhuma mudança. Rodrigues se manteve firme, e Zelinda foi candidata da igreja a deputada federal. Moreira, porém, não quis se submeter a uma candidatura a deputado estadual e, por conta própria, saiu em campanha para tentar mais quatro anos em Brasília. Com três mandatos no currículo, acreditava que não dependia mais do apoio formal da Universal para se eleger, pois os eleitores já o conheciam. Enganou-se. Quando a apuração foi encerrada, viu em números o tamanho exato da falta que fazia a Universal. Foram 19,8 mil votos, menos de um terço do que obtivera em 1998, e um resultado insuficiente para garantir uma vaga na Câmara dos Deputados. Já Zelinda registrou 51,2 mil votos, mais que o dobro do desempenho dele, e conseguiu sua promoção ao Congresso, passando a fazer parte de uma bancada de dezoito deputados da Universal, que agora também tinha um senador pelo Rio, o bispo Marcelo Crivella.

Os evangélicos que conseguiram se eleger para a Câmara, quando tomaram posse no início de 2003, estavam presenciando o início de uma nova era. Não apenas pela criação oficial da frente parlamentar que estava por vir, mas também pelos novos ares que a política nacional iria respirar. Depois de três tentativas, Lula afinal havia vencido uma disputa para presidente, inclusive contando no segundo turno com o apoio da Universal, que deixou desavenças passadas de lado para pedir votos ao candidato que representava a mudança e a insatisfação dos mais pobres. Zelinda, a nova representante baiana da Universal em Brasília, deu a primeira sinalização de boa vontade com o novo governo ao usar o primeiro discurso na tribuna para elogiar a nova política de combate às drogas e ao alcoolismo que havia sido lançada pelo Ministério da Saúde. E diferentemente de Moreira, logo de cara recorreu a Deus e à Bíblia, ao defender que a religião era fundamental na recuperação de dependentes químicos. "Se o filho de Deus vos libertar, verdadeiramente sereis livres."[61]

7.
A dessatanização da esquerda

O pastor Magno Malta esbanjava bom humor quando chegou ao hotel Gran Meliá, na Zona Sul de São Paulo. Era lá que o publicitário Duda Mendonça iria comandar as gravações para um vídeo com aliados de Lula na disputa de segundo turno da eleição presidencial contra o tucano José Serra. Logo na entrada, trombou com Jorge Viana, petista reeleito governador do Acre, e os dois se abraçaram. Assim que o político acriano lhe deu as costas e sumiu pela porta do hotel, Malta se virou para os jornalistas que estavam do lado de fora e, eufórico, brincou que Viana deveria erguer uma estátua para ele no Acre. Para o pastor, não fosse a prisão de Hildebrando Pascoal, adversário político de Viana no estado, ele não teria conseguido a reeleição. E tudo se dera graças ao trabalho de Malta como presidente da Comissão Parlamentar de Inquérito (CPI) do Narcotráfico. Os jornalistas sorriram, e ele continuou: "Aliás, se eu tivesse concorrido no Acre, teria tido mais votos do que ele".[1]

O pastor tinha razões de sobra para exibir uma autoestima tão alta. Não fazia nem uma semana que havia acabado de vencer a quarta eleição consecutiva, uma conquista que coroava sua ascensão meteórica desde que se tornara político. Na primeira disputa, em 1992, fora eleito vereador em Cachoeiro de Itapemirim, cidade do interior do Espírito Santo. Com pressa de crescer, nem sequer esperou o fim do mandato e, em 1994, se lançou a deputado estadual. Mais uma vitória. Em seguida, passou a sonhar com Brasília e, na eleição de 1998, se candidatou a deputado federal. Venceu de novo. Quatro anos depois, em 2002, quis migrar para o lado mais pomposo do Congresso e tentou uma das duas vagas para o Senado, sendo eleito em primeiro lugar. Em apenas dez anos, fora de simples vereador do interior a senador da República pelo Espírito Santo.

Agora, Malta desejava emprestar um pouco desse prestígio eleitoral a Lula. Filiado ao PL — a legenda do senador mineiro José Alencar, o vice da chapa petista —, o pastor estava comprometido a ajudar o PT a diminuir a resistência que os eleitores evangélicos tinham contra a esquerda. A ideia era "dessatanizar" a figura de Lula,[2] que em todas as outras tentativas de se eleger presidente — em 1989, 1994 e 1998 — fora frequentemente apontado por líderes evangélicos como o candidato do diabo, o homem que iria fechar igrejas e restringir a liberdade de culto. Nas duas últimas, nem sequer conseguira levar a disputa para o segundo turno. Dessa vez, era o favorito nas pesquisas e, em busca dos votos de quem tinha um pé atrás com o PT, se apresentava como um candidato moderado. O esforço de Malta para ajudá-lo não representava nenhum tipo de sacrifício ético ou moral. O pastor tinha um discurso em favor dos mais vulneráveis e se sentia contemplado pelas bandeiras do ex-sindicalista. Gostava de dizer que, com Fernando Henrique Cardoso, o Brasil era um carro que estava quebrado e estacionado na garagem das elites. Com o PT no poder, voltaria a andar e iria para o quintal dos pobres.[3]

Malta não era o único pastor que pedia votos a Lula. O polêmico Silas Malafaia, por exemplo, um dos poucos a apoiar o petista em 1989,[4] também estava ao lado de Lula no segundo turno de 2002,[5] depois de ter feito campanha para Anthony Garotinho (PSB) no primeiro.[6] Independentemente do grau de afinidade que cada um tinha com Lula, eles estavam fazendo uma leitura correta do cenário político. Fernando Henrique terminava o segundo mandato com a popularidade em baixa, e a piora de indicadores sociais apontava para uma guinada à esquerda no país. Além de Malta, Malafaia e uma série de outros pastores influentes, o sindicalista contava, é claro, com o apoio dos evangélicos do PT, como a então governadora do Rio, Benedita da Silva, a senadora acriana Marina Silva e o deputado federal baiano Walter Pinheiro — o principal articulador da aproximação entre Lula e lideranças evangélicas. Ao lado de Pinheiro, Malta não só percorreu o Brasil para falar de Lula aos evangélicos como também para pedir voto aos petistas que tentavam ser eleitos governadores em seus estados.[7]

A maior parte do apoio evangélico a Lula, contudo, só chegou no segundo turno. No primeiro, o segmento dera preferência ao único candidato crente, o presbiteriano Anthony Garotinho. Até a Universal — que contava com vários deputados no PL e já havia sinalizado uma simpatia pelo petista — se mantivera neutra no primeiro turno.[8] Se a eleição fosse só entre os evangélicos, Garotinho teria vencido no primeiro turno, apoiado principalmente pelos pentecostais. Mas Lula, mais forte entre os protestantes históricos, não iria mal e garantiria o segundo lugar.[9]

Assim, Lula largava na frente pela disputa do voto evangélico no segundo turno contra Serra. E ainda contava com adesões importantes no início da disputa direta com o tucano, como as de Garotinho e da Universal, embora o seu adversário recebesse o apoio da Assembleia de Deus.

As alianças com Garotinho e a Universal eram movimentos já esperados. Enquanto o presbiteriano teve Benedita como sua vice no governo do Rio, a igreja de Edir Macedo era um braço importante do partido do vice do candidato.

"Temos a obrigação de entrar de cabeça na campanha de Lula", disse o bispo Rodrigues em entrevista à rádio CBN.[10] Antes mesmo do primeiro turno, o bispo já havia reconhecido que a demonização do ex-sindicalista tinha ocorrido em uma época em que a igreja não conhecia tão bem o PT.[11] A igreja havia entendido que bater demais em Lula poderia ser um tiro no pé, uma vez que pastores de regiões mais pobres começavam a nutrir simpatia pelo partido que dizia defender os menos favorecidos.[12] No segundo turno, quando se colocou formalmente ao lado do petista, Rodrigues justificou a decisão dizendo que "[Lula] luta em favor dos pobres, o que também é a missão da igreja".[13]

Da parte de Lula e do PT, havia também uma maior disposição para se aproximar dos evangélicos. Durante a campanha, o partido chegou a distribuir um panfleto intitulado "Carta aos evangélicos", no qual o petista, católico, se apresentava como "cristão" e dizia estar em busca da bênção de Deus para governar o Brasil.[14]

Lula, aliás, nunca teve uma postura agressiva contra os evangélicos, mesmo quando era associado ao diabo. Em 1992, por exemplo, saiu em defesa de Edir Macedo no episódio em que o líder religioso foi preso sob acusação de charlatanismo. À época, disse que a prisão era um "absurdo" porque as pessoas tinham fé naquilo que elas queriam ter fé, e não importava se a igreja conseguia ou não fazer um culto que lotasse o Maracanã.[15]

Ainda assim, quando o PT estava em negociação para formar uma aliança com o PL, o fato de a Universal representar um segmento importante do partido quase foi um empecilho. Durante as discussões para a aliança, o petista Hélio Bicudo, católico e um dos fundadores da legenda, disse que seria difícil explicar ao povo uma eventual parceria entre o PT e o partido da igreja de Macedo.[16]

No próprio PL também havia quem olhasse torto para Lula. Independentemente da força da Universal, que estava na sigla fazia apenas dois anos, o partido tinha uma história mais à direita. Valdemar Costa Neto, o presidente do PL, notou que algumas pessoas estavam se assustando com a possibilidade de uma aliança com Lula e teve de convocar reuniões para dar satisfações aos filiados, ressaltando que a legenda não havia mudado de ponto de vista. "Mudou o mundo, mudou o perfil dos partidos, estamos evoluindo", disse.[17] A Universal também não se dobrou fácil. O bispo Rodrigues até admitia que a igreja não tinha mais preconceito contra Lula, mas demonstrava preocupação com suas ideias para a economia. Queria garantias de que o PT não transformaria o Brasil em uma "nova Argentina".[18]

A aliança, depois de meses de negociações, chegou a ser dada como improvável,[19] mas foi selada no dia 28 de junho, após uma votação apertada na cúpula do PT. Entre os derrotados, o sentimento foi de revolta. A senadora alagoana Heloísa Helena, candidata ao governo de Alagoas, saiu da reunião aos prantos e chegou a se trancar em uma sala com Lula para reclamar. Já José Dirceu, então presidente do partido, disse que era melhor ter a Universal como aliada do que fazendo campanha contra nos templos[20] e recorreu ao futebol para reforçar que a decisão não valia menos só porque havia sido apertada. "Então, se o Brasil ganhar de 1 a 0 da Alemanha, ele perdeu?", questionou, em referência à final da Copa do Mundo que ocorreria dali a dois dias no Japão.[21]

A favor de Lula, contava também o fato de que as lideranças evangélicas já não engoliam Fernando Henrique Cardoso e o PSDB como antes. Nas eleições de 1994 e 1998, o tucano tivera o apoio das igrejas, mas muito mais por conveniência do que por convicção. Para 2002, contudo, Fernando Henrique chegava desgastado, sem condições de emplacar um sucessor com facilidade. O Brasil vivia uma crise econômica, o desemprego havia disparado e o dólar estava nas alturas. Para o bispo Rodrigues, a alternância de poder "seria boa", e o país precisava de mudanças.[22] Entre os evangélicos, o voto no presbiteriano

Garotinho foi uma escolha natural, mas, no segundo turno, prevaleceu o discurso social de Lula em favor dos mais pobres, uma seara sensível para as igrejas.

Depois de eleito, Lula mal se sentara na cadeira e já sofria cobranças dos evangélicos que o haviam apoiado no segundo turno. Na primeira semana, quando trabalhava para distribuir cargos entre aliados, soube que membros da bancada evangélica andavam impacientes. "Viajei o segundo turno todo para dessatanizar o Lula, mostrar que ele não é esse bicho que as pessoas imaginam. Agora, a gente vê a formação do governo, o Conselho de Desenvolvimento Econômico e Social, e não nos chamaram", reclamou Magno Malta à imprensa.[23]

O Conselho (CDES) a que o senador eleito se referia foi uma criação das gestões petistas. A ideia de Lula era montar um grupo de representantes da sociedade civil que pudesse assessorá-lo em questões sociais, como combate à pobreza, saúde, educação e segurança pública. Àquela altura, os nomes ainda estavam sendo decididos. Malta, porém, sabia que precisava fazer barulho antes que fosse tarde demais.

A expectativa dos evangélicos era poder participar mais ativamente dos programas sociais que Lula estava planejando. O próprio presidente já havia dito que contava com a ajuda das igrejas para que o programa Fome Zero tivesse sucesso. Segundo o deputado petista Walter Pinheiro, Lula alegava que a reunião só não acontecera por uma simples questão de falta de agenda. "Os evangélicos estão jejuando e orando, aguardando o chamado", brincou.[24]

Ao fim do segundo mês de mandato do petista, nada havia sido feito, e os evangélicos decidiram se valer de uma instituição recém-criada para fazer pressão em Brasília. Tratava-se do Fórum Evangélico Nacional de Ação Social e Política (Fenasp), composto de pessoas de diferentes partidos e igrejas. O uso da entidade era uma primeira sinalização de que os políticos evangélicos estavam começando a deixar para trás a falta de articulação que marcara os anos 1990. A Frente Parlamentar Evangélica ainda não havia sido criada formalmente, mas o surgimento de um grupo constituído por lideranças políticas e da sociedade civil indicava algum interesse por uma atuação mais unificada. Entre eles havia nomes que iam desde a petista Marina Silva, ministra do Meio Ambiente e membro da Assembleia de Deus, até o senador Paulo Octávio, do PFL do Distrito Federal e seguidor da igreja Sara Nossa Terra. Com o maior engajamento, até Walter Pinheiro estava disposto a cobrar Lula publicamente. "O fórum tem que dizer o seguinte: 'Olha, vocês querem contar com a gente? Nós estamos à disposição, mas, se não quiserem, um abraço'."[25]

Em um pequeno gesto à bancada, o ministro José Dirceu, da Casa Civil, chegou a telefonar para Pinheiro e Malta pedindo sugestões de nomes evangélicos para compor o CDES. Recebeu deles as indicações dos pastores Silas Malafaia, da Assembleia de Deus, e Nilson Fanini, presidente da Convenção Batista Brasileira.[26] Mas tudo não passava de promessas. Nenhum deles estava entre os primeiros a serem chamados, e novamente os crentes se sentiram desprestigiados. Para piorar, a tão esperada reunião com o presidente demorava para acontecer. Solicitada desde janeiro, só foi ocorrer no fim de março. Apesar da demora, teve alguma serventia. Em maio, quando foram definidos os 102 nomes que iriam compor o CDES, entre eles estavam os pastores Malafaia e Fanini.

Se queria ter sucesso no Congresso, o presidente não podia deixar de lado os evangélicos, que agora formavam uma bancada ainda maior, dessa vez um pouco mais coesa do que nas legislaturas anteriores. Não por acaso, seria já no primeiro ano do mandato de Lula que iria surgir a FPE. Com os eleitos em 2002, o segmento passava a ter 59 representantes na Câmara dos Deputados — dos quais 39 eram de partidos da base do governo — e três no Senado.²⁷ Quatro anos antes, haviam sido eleitos 49 deputados federais e dois senadores.²⁸ Era uma expansão que acompanhava o crescimento da população evangélica.

A Universal, atenta à maior concorrência pelo voto dos crentes, adotara novas práticas de campanha na eleição de 2002. Além do básico, que consistia em apresentar os candidatos nos cultos, foi feito um esforço, por parte dos pastores e bispos, para ensinar os fiéis a usarem corretamente as urnas eletrônicas, equipamento ainda recente no processo eleitoral brasileiro, inaugurado em 1996. Em Porto Alegre, uma urna foi colocada à disposição dos crentes no hall de entrada da catedral para que pudessem treinar a votação. Além disso, uma enorme faixa pedia aos fiéis que orassem pelos representantes políticos da igreja e apresentava uma lista de candidatos.²⁹

A eleição de 2002 também mostrou que a Assembleia de Deus estava mesmo de volta ao jogo. A maior igreja evangélica do Brasil em número de fiéis retomou a liderança do bloco naquele ano, depois de ver a Universal assumir o maior número de representantes na eleição anterior. Os assembleianos, antes com doze parlamentares, saltaram para mais que o dobro ao alcançar uma bancada de 26 fiéis, contra dezoito da Universal, agora a segunda maior. O avanço se deu porque a igreja reforçou a estratégia retomada em 1998 de lançar candidatos de forma oficial, apostando mais uma vez em caras novas.³⁰

Entre os novatos da Assembleia de Deus, estavam o catarinense Adelor Vieira, eleito pelo PMDB, e o pastor cearense Pedro Ribeiro, do PL. Os dois foram os responsáveis pela criação oficial da FPE. Até 2003, a chamada bancada evangélica não passava de um grupo informal de parlamentares. À exceção do processo de elaboração da Constituição, os deputados evangélicos não atuavam de maneira organizada em Brasília, com reuniões periódicas ou coisas do tipo. Eram mais lembrados pela imprensa quando alguma questão moral entrava na pauta.

Tanto Vieira quanto Ribeiro tinham a ideia de criar uma frente formal para os evangélicos, nos moldes das várias frentes temáticas existentes no Congresso, mas ainda não haviam tocado no assunto. Certa vez, os dois estavam na Câmara, conversando sobre questões corriqueiras, quando Ribeiro disse que via o parlamento "cheio de frentes", que cuidavam de áreas como saúde e segurança pública, mas sentia falta de algo assim para os crentes. O cearense só não sabia que o colega catarinense já estava adiantado. Vieira se animou com o que ouviu e sacou de sua pasta uma papelada que trazia uma prévia do que seria o estatuto da frente evangélica. Ele já tinha quase tudo pronto. Só faltava colher as assinaturas dos deputados e senadores dispostos a aderir. A secretaria da Câmara lhes passou uma lista de quem seriam os parlamentares crentes, e eles foram de gabinete em gabinete para buscar as adesões.[31] Ao analisar a relação completa de parlamentares, ficaram felizes ao descobrir que havia pelo menos um representante em cada uma das 27 unidades da federação.[32]

Vieira se tornou o primeiro presidente da FPE, e Ribeiro, o primeiro vice-presidente. Os dois deram início aos trabalhos cheios de planos em mente, criaram um grupo de assessores para ajudá-los no dia a dia, oficializaram o culto no Congresso sempre às quartas-feiras, propuseram uma conferência anual com políticos evangélicos, lançaram uma revista para que os fiéis das igrejas pudessem acompanhar o que era feito em Brasília e se mobilizaram para que frentes similares fossem criadas nas assembleias estaduais. Mas boa parte das ideias não passou da empolgação inicial: a conferência só saiu do papel no primeiro ano, a revista não foi além do primeiro número e as frentes nos estados também não prosperaram. A semente, no entanto, estava plantada: agora a bancada evangélica era oficial.

Apesar do passo importante que deu para voltar a atuar em bloco, a bancada evangélica ainda não estava entrosada o suficiente para evitar trapalhadas. Ironicamente, uma CPI instalada por iniciativa de Magno Malta acabou atingindo um dos deputados crentes mais importantes — uma história que teve origem no primeiro escândalo do governo Lula. Tudo começou no dia 13 de fevereiro de 2004, quando vazou um vídeo em que um dos assessores de José Dirceu, Waldomiro Diniz, pedia doação de campanha e propina ao bicheiro Carlos Cachoeira Ramos, também empresário de bingos. O dinheiro teria como destino as campanhas de duas candidatas ao governo do Rio em 2002, a petista Benedita da Silva e a esposa de Garotinho, Rosinha Matheus, do PSB. O caso deu origem à CPI dos Bingos, que só saiu do papel graças ao esforço de Malta para coletar o mínimo de assinaturas entre parlamentares. Embora tivesse sido aliado do PT na campanha, o senador sabia, pela experiência da CPI do Narcotráfico, o quanto esse tipo de exposição poderia trazer um bom retorno eleitoral.

Quando as investigações avançaram, a CPI chegou a ninguém menos que o bispo Carlos Rodrigues, da Universal, que estava em seu segundo mandato como deputado federal, mas já sem a mesma influência sobre o restante da bancada que tivera no primeiro.

Nas investigações contra Diniz, descobriu-se um esquema de desvio de verba de publicidade da Loterj em que parte do dinheiro desviado era encaminhado a Rodrigues, que controlava politicamente a loteria estadual.[33] A Universal, com as revelações, decidiu afastar o deputado do seu conselho de bispos. O pior para Rodrigues, porém, ainda estava por vir. No ano seguinte, ele foi um dos citados no escândalo do Mensalão e acabou renunciando ao mandato, para evitar a cassação. Em 2006, além disso, foi apontado como um dos deputados que participaram da máfia das ambulâncias, revelada pela Operação Sanguessuga. Nesse esquema, uma empresa da área de saúde pagava propina para que parlamentares destinassem a verba de emendas à compra de ambulâncias e outros equipamentos.

Nesse último escândalo, a bancada evangélica foi atingida em cheio. Dos seus integrantes, 23, ou um terço, apareceram na lista de envolvidos. Juntos, eles teriam recebido 5,3 milhões de reais em propinas, segundo relatório da CPI.[34] E o eleitorado não perdoou. Na eleição seguinte, a bancada na Câmara viu o seu tamanho ser reduzido à metade, de 59 para 32.[35] Apenas dezessete parlamentares conseguiram se reeleger.[36] Entre os derrotados estava o primeiro presidente da FPE, Adelor Vieira, um dos citados no relatório da CPI. Parecia um repeteco do que ocorrera na Constituinte. Justamente quando os evangélicos davam sinais de mobilização em bloco, denúncias apareciam para manchar a reputação deles e influenciar as eleições seguintes. A Universal, que havia escapado dos escândalos da Constituinte, descobriu o que é ser vidraça no Congresso. Depois de renunciar em 2005, Rodrigues nem sequer tentou voltar no pleito de 2006. E o número de parlamentares da igreja de Macedo caiu de dezoito para apenas quatro, todos estreantes, em um esforço da denominação para apresentar candidatos novos ao eleitorado, já que parte dos antigos estava com nome sujo.[37] Situações como essa ajudam a entender por que figurões como Edir Macedo e Silas Malafaia não se candidatam. É mais seguro contar com despachantes em Brasília do que correr o risco de ter a reputação manchada perante os fiéis com o jogo político do dia a dia.

Apesar do péssimo desempenho da Universal na disputa para o Congresso, 2006 teve um lado positivo para a igreja. Foi o ano de estreia, em eleições, da legenda que Edir Macedo ajudou a criar, o Partido Republicano Brasileiro (PRB), um movimento que aproximou ainda mais o bispo de Lula. Com o PL desgastado pelos escândalos de corrupção, o vice-presidente, José Alencar, precisava de uma nova sigla para compor a chapa de reeleição de Lula naquele ano e resolveu se juntar à Universal no plano de formá-la. A estratégia adotada por Macedo foi tomar o controle de uma que já estava em formação, o Partido Municipalista Renovador (PMR), e fazer uma força-tarefa entre os fiéis da igreja para terminar de colher o mínimo de assinaturas exigidas pela legislação. O PMR conseguiu o seu registro definitivo em setembro de 2005 e logo em seguida mudou de nome para PRB.[38] Era a concretização de um projeto antigo da Universal. Nos anos 1990, ela já havia sinalizado a intenção de criar uma sigla no Brasil, que se chamaria Partido da Ação Social, mas que nunca saiu do papel.[39] Em Portugal, onde já estava instalada desde 1989, chegou a formalizar a criação do Partido da Gente em 1995,[40] que, no entanto, só durou quatro anos. Em ambos os casos, a igreja ainda não tinha musculatura para sustentar uma organização partidária. Mas, no Brasil do aliado PT, o cenário já era mais favorável. Com a renovação do mandato de Lula e de Alencar em 2006, Edir Macedo foi autorizado a dizer, por mais quatro anos, que o vice-presidente da República pertencia à legenda comandada pela Universal.

A eleição de 2010, que marca o lançamento do nome de Dilma Rousseff como sucessora de Lula, marcou também uma divisão inédita por parte dos políticos evangélicos em relação a uma disputa presidencial. Em pleitos anteriores, os parlamentares crentes, influenciados por suas igrejas, costumavam ter um candidato definido no primeiro turno. Foi assim com Fernando Collor, Fernando Henrique Cardoso e Anthony Garotinho. Dessa vez, havia pelo menos três candidaturas que contavam com o apoio de diferentes lideranças cristãs. Enquanto Dilma tinha ao seu lado nomes como Magno Malta, Edir Macedo e Marco Feliciano (que, embora ainda novato na política, já era um pastor popular), a dissidente Marina Silva, do Partido Verde, contava com Silas Malafaia, e José Serra (PSDB), com a Assembleia de Deus, do pastor José Wellington.

Foi essa fragmentação entre os evangélicos que impediu a favorita Dilma de vencer a eleição sem a necessidade de um segundo turno. No fim de agosto, a pouco mais de um mês do pleito, uma pesquisa do Ibope mostrou que ela somava 51% das intenções de voto, o suficiente para resolver a parada sem um segundo turno.[41] Na reta final da campanha, porém, a candidata começou a ser alvo de ataques pela internet cuja intenção era fazê-la perder votos entre evangélicos e, com isso, forçar o segundo turno.

Os principais boatos eram de que Dilma iria legalizar o aborto e sancionar uma lei que liberava o casamento entre pessoas do mesmo sexo. Além disso, circularam rumores de que ela teria dito que nem Jesus Cristo tiraria a sua vitória, dado o seu favoritismo mostrado pelas pesquisas. A boataria surtiu efeito. Na última semana de campanha, a petista caiu consideravelmente entre os eleitores evangélicos, e Serra e Marina acabaram se beneficiando.[42] Com o PRB na coligação de Dilma, Edir Macedo até tentou ajudar, postando em seu blog que a candidata era vítima de mentiras, mas a ofensiva de apelo cristão foi tão forte que não deu tempo de reverter a onda negativa antes do primeiro turno. Quando as urnas foram apuradas, no domingo, 3 de outubro, Dilma terminou com 46,9% dos votos e teria de encarar um segundo turno com Serra, o mesmo tucano que oito anos antes havia enfrentado Lula, o candidato por quem Malta rodara o país para "dessatanizar".

Na segunda-feira, por volta das nove horas, o telefone de Malta tocou. Era Dilma Rousseff. Queria que o senador fizesse por ela o que ele fizera por Lula em 2002. Após os estragos causados pela boataria na reta final do primeiro turno, a candidata teria de correr atrás do voto evangélico para ganhar a eleição. Malta não quis conversa e negou a missão. Explicou que havia prometido à família que iria descansar após a exaustiva campanha para o Senado. Por volta das cinco da tarde, o telefone do senador tocou novamente. Era a vez de Lula tentar convencê-lo. O então presidente relembrou o esforço feito por Malta para elegê-lo e solicitou ao senador que mais uma vez assumisse o papel de "dessatanizador". O parlamentar pediu um tempo para pensar, mas não resistiu à lábia de Lula.[43]

Dias depois, ele já estava em Brasília para definir a estratégia em uma reunião com Dilma e outras lideranças evangélicas como Walter Pinheiro, eleito senador na Bahia, e o bispo Robson Rodovalho, da igreja Sara Nossa Terra, denominação frequentada à época por um futuro desafeto da petista, o deputado Eduardo Cunha.[44] Mas não havia segredo: dali em diante, Malta iria repetir o que fizera por Lula, rodando o país mais uma vez. Passou por cidades como São Paulo, Porto Alegre, Belém e Campo Grande. Quase sempre insistia no mesmo discurso, de que Dilma havia sido vítima de um ataque coordenado pela internet que disparava e-mails a evangélicos espalhando mentiras sobre ela. Seu principal argumento era que a eleição não se propunha a eleger um papa, uma bispa ou um pastor, mas sim o presidente ou a presidente de uma nação. "Estamos debatendo um projeto de país, mas, infelizmente, aproveitaram e levaram o debate para um viés religioso", disse o senador, em um ato de campanha em São Paulo.[45]

A própria Dilma também fez um esforço para se fortalecer entre os eleitores evangélicos, mudando seu discurso sobre o aborto para dizer que era a favor da "valorização da vida" e se comprometendo a não promover nenhuma iniciativa em seu governo que "afronte a família". Funcionou. No segundo turno, a petista cresceu nas pesquisas de intenções de voto entre os crentes e conseguiu derrotar Serra com 56% dos votos.

Quando passou a de fato sentar na cadeira de presidente da República, Dilma Rousseff mostrou boa vontade com a bancada evangélica. Logo nos primeiros meses, viu-se no centro de uma polêmica envolvendo um material que o Ministério da Educação havia preparado para combater a homofobia nas escolas públicas, chamado, de forma pejorativa, de "kit gay". A bancada evangélica não gostou do que estava sendo proposto e exigiu que Dilma agisse para barrar a ideia. Em reunião com o ministro Gilberto Carvalho, da Secretaria-Geral da Presidência da República, lideranças da bancada ameaçaram travar a pauta no Congresso caso a presidente não fizesse nada. Os parlamentares alegavam que o material iria estimular a homossexualidade entre os estudantes. Um deles era Garotinho, que estava em seu primeiro mandato como deputado federal e disse a Carvalho que a bancada evangélica não votaria "nada" no Congresso até que o governo recolhesse os vídeos que faziam parte do kit. "Mostramos ao ministro Gilberto Carvalho que é virulenta a maneira como o material está sendo aplicado", disse o ex-governador do Rio.[46]

Dilma, que meses antes havia promovido uma força-tarefa para reconquistar o voto evangélico no segundo turno da eleição, não quis vacilar com os parlamentares crentes logo no início do mandato, ainda mais porque a bancada havia apresentado um bom desempenho eleitoral em 2010, recuperando-se do vexame em 2006. Agora, eles eram setenta deputados evangélicos na Câmara, mais que o dobro dos 32 da eleição anterior e quase 20% acima dos 59 eleitos em 2002.[47]

No dia 25 de maio, Dilma admitiu a seus subordinados que o material era inadequado e impróprio para o seu objetivo e determinou que fosse suspensa a produção e a distribuição do kit. Além disso, definiu que todo material relacionado a "costumes" passaria antes por uma consulta a setores interessados da sociedade.[48] No dia seguinte, o deputado Pastor Eurico, do PSB de Pernambuco, partido que fazia parte da base do governo, foi à tribuna da Câmara para reconhecer o gesto da petista. "A presidenta demostrou que também é contra o preconceito, mas que está solidária a tudo o que defendemos para o bem-estar da família."[49]

Mas o principal gesto de Dilma no relacionamento com os evangélicos foi a escolha do nome de Marcelo Crivella para assumir um de seus ministérios, o da Pesca e Aquicultura. Embora fosse uma pasta de pouca relevância no governo, era significativo que o PT, historicamente demonizado pelas igrejas evangélicas, indicasse um pastor para assumir um ministério, e logo o sobrinho de Edir Macedo, uma das lideranças evangélicas que mais haviam associado Lula ao diabo. Nem mesmo o ex-sindicalista, tido como o mais pragmático dos petistas, havia convidado um pastor para seu governo. No seu primeiro mandato, as evangélicas Marina Silva e Benedita da Silva chegaram a assumir ministérios, mas ambas faziam parte do PT.

Os evangélicos, é claro, também tinham seus motivos para manter uma boa relação com Dilma. Além do interesse em ocupar cargos de confiança, como o de Crivella, era vantajoso estar ligado a um governo que gozava de alta popularidade naquele momento.

A situação, porém, começaria a desandar em junho de 2013, quando estouraram protestos em todo o Brasil contra a corrupção e em defesa de serviços públicos de qualidade, como saúde e educação. Também naquele ano, o PT precisou lidar com as polêmicas de Marco Feliciano na Comissão de Direitos Humanos da Câmara, com o pastor liderando um espaço historicamente dominado pelos petistas e outros parlamentares de esquerda. Ao final de 2013, a taxa de aprovação de Dilma já havia caído de 62% para 41%, às vésperas do início do ano eleitoral, quando a petista tentaria a reeleição.[50]

Uma parcela relevante dos parlamentares evangélicos já não a apoiava como antes. Magno Malta, por exemplo, anunciou que iria pessoalmente fazer campanha contra a reeleição da presidente em 2014, uma disputa que prometia ser mais acirrada que a de 2010, quando a petista se beneficiara do boom econômico do final do segundo mandato de Lula. Dessa vez, a economia dava sinais de estagnação, e os protestos de junho de 2013 haviam deixado um clima de insatisfação entre as pessoas. Nesse contexto, o voto evangélico seria ainda mais disputado, o que levou Dilma a dizer em campanha que, embora o Estado seja laico no Brasil, "feliz é a nação cujo Deus é o Senhor", em um esforço para se manter competitiva ante o avanço da evangélica Marina Silva, candidata pelo PSB, e do tucano Aécio Neves. Com uma campanha mais agressiva, ela acabou vencendo de novo, mas por uma margem mais apertada. Depois de chegar à presidência quatro anos antes em um ambiente de certa tranquilidade política, agora se via governando na corda bamba. E a relação com a bancada evangélica ilustra bem essa mudança. No primeiro mandato, mesmo durante as polêmicas de Feliciano, a bancada jamais se posicionou como oposição. Mas não demorou, no segundo governo, para que a turma virasse as costas.

8.
Uma volta à direita

O comportamento da bancada evangélica durante a primeira era do PT apontava para o fato de que a principal característica dos parlamentares crentes não era a defesa irredutível da pauta de costumes, mas sim o pragmatismo. Quando Lula despontou como o favorito para vencer em 2002 e se tornar o líder que iria governar para os mais pobres, rapidamente saiu da condição de algoz comunista para ser convertido em aliado. No momento em que Dilma enfrentou a sua crise de popularidade, no entanto, a bancada não pensou duas vezes antes de desembarcar do governo. As idas e vindas não chegam a surpreender quando se percebe que a maior parte dos deputados evangélicos integra os partidos que compõem o Centrão. Se o Centrão está disposto a dialogar com o governo, a bancada evangélica também estará. Isso, é claro, não impede os deputados crentes de se colocarem como oposição em pautas específicas, aquelas que são mais sensíveis para as igrejas. Mas, em outros temas, como um projeto ligado à economia, os parlamentares evangélicos não vão fechar as portas para uma negociação, seja o presidente de esquerda ou de direita.

No caso dos dois mandatos de Dilma, é possível perceber esse movimento vira-casaca pelo nível de apoio ao governo no Congresso. Em um levantamento que considera os 41 deputados evangélicos que estiveram na Câmara durante as duas gestões da petista, 26 diminuíram, no segundo mandato, o grau de apoio às posições que o governo tomava em discussões de projetos em Brasília. O deputado que mais "mudou de lado" foi o paulista José Olímpio, missionário da Igreja Mundial do Poder de Deus. No primeiro mandato, ele esteve alinhado a Dilma em 83% dos projetos votados na Câmara. Já no segundo, encurtado pelo impeachment, o nível de apoio caiu a 39%. Outro nome que chama a atenção é o do pastor Marco Feliciano. Apoiador de Dilma na eleição de 2010, ele chegou a alcançar 79% de alinhamento em votações na Câmara, mas rompeu com o governo durante o primeiro mandato, em meio às brigas envolvendo a Comissão de Direitos Humanos, levando a taxa de adesão a cair para 40%.[1]

O caso que melhor ilustra como a vida de um congressista evangélico pode ser tão volátil quanto a de um parlamentar típico do Centrão é o de Francisco Eurico da Silva, mais conhecido como Pastor Eurico e deputado por Pernambuco. Quando se candidatou pela primeira vez, em 2010, Eurico estava em uma situação confortável. Além de contar com o apoio de uma igreja de massa — a Assembleia de Deus —, era filiado à legenda que abrigava a mais popular figura política do estado, o governador Eduardo Campos, do PSB. Não bastasse tudo isso, ainda fazia parte de uma coligação partidária que incluía o PT, do presidente Lula, que à época era aprovado por mais de 80% da população e tinha tudo para eleger Dilma Rousseff como sucessora. Com a maré a favor, a vaga era quase certa. Mas o resultado foi até melhor do que se imaginava. Pastor Eurico terminou como o quinto mais votado pelos pernambucanos e o segundo do PSB, atrás apenas de Ana Arraes, mãe do governador e filha de Miguel Arraes, histórico cacique político de Pernambuco e um dos fundadores do partido. Nada mau para um estreante.[2]

Porém, ele não imaginava que o cenário político mudaria totalmente nos anos seguintes. A começar pelo fato de que o PSB resolveu virar oposição ao PT durante o primeiro mandato de Dilma, o que levou Eduardo Campos, principal nome da sigla, a anunciar que estava disposto a tomar o lugar dela na eleição presidencial de 2014, projeto interrompido pela sua morte precoce durante a campanha. Além disso, a presidente que o pastor apoiara em 2010 chegou ao segundo mandato com a popularidade em baixa, sem apoio no Congresso e com um rival na presidência da Câmara, Eduardo Cunha, do PMDB do Rio, responsável por autorizar a abertura do processo de impeachment. Em meio a essa reviravolta, o próprio Pastor Eurico também passou por uma mudança importante. Em março de 2016, quando o Brasil já discutia a deposição da petista, decidiu trocar de partido: saiu do PSB, de centro-esquerda, para integrar uma legenda que estava mais alinhada com a pauta evangélica, o Partido Humanista da Solidariedade (PHS), de centro-direita.

Àquela altura, o parlamentar também já havia virado oposição ao PT, o que facilitou a sua vida na hora de definir de qual lado estaria durante a discussão sobre tirar ou não Dilma da presidência. Desde o início de abril, quando *O Estado de S. Paulo* passou a fazer um levantamento diário com o placar do impeachment, Pastor Eurico já aparecia como um dos favoráveis, enquanto quase um terço da Câmara ainda não tinha uma posição pública.[3]

Apesar de o cenário indicar que a presidente dificilmente conseguiria escapar do avanço do processo, os últimos dias em Brasília antes da votação da admissibilidade foram de muita agitação e negociação. A sessão estava marcada para um domingo, 17 de abril, e os parlamentares, que normalmente voltam para seus estados na quinta-feira, tiveram de estender a permanência na capital por mais dois dias. O marasmo que o Congresso costuma enfrentar às sextas-feiras deu lugar a um corre-corre de políticos, assessores e jornalistas — todos respirando e falando sobre um só assunto: o impeachment. Pastor Eurico andava pelo Salão Verde quando foi abordado por um repórter, que lhe perguntou qual era a posição da bancada evangélica.

O deputado se arriscou a dar uma estimativa: "Acredito que uns três ou quatro estão do outro lado, mas a maioria dos quase cem, todos estão aí, nessa luta, defendendo o Brasil".[4]

Ao considerar que a bancada evangélica tinha "quase cem" representantes, o pastor foi generoso com a própria classe — os crentes eleitos no pleito anterior haviam sido 75.[5] Mas estava certo ao cravar que a maioria deles iria apoiar o impeachment. Na sexta-feira, a pesquisa diária do jornal *O Estado de S. Paulo* mostrava que setenta dos oitenta deputados evangélicos que estavam no exercício do cargo (entre titulares e suplentes) eram a favor da saída da presidente.[6] Diferentemente do que ocorrera com Collor, quando os evangélicos demoraram um pouco mais que o Centrão para embarcar no impeachment, com Dilma a adesão foi imediata.

Enquanto Dilma estava prestes a ser arrancada da Presidência da República, o vice-presidente Michel Temer se mostrava disposto a conversar com os parlamentares e abria as portas da sua residência em Brasília, o Palácio do Jaburu, para receber o apoio de políticos que queriam vê-lo no lugar da petista. A bancada evangélica, é claro, preocupada em manter laços com o governo, não deixou de visitá-lo. Na quinta-feira anterior ao domingo da votação na Câmara, uma van com vinte deputados crentes parou em frente ao palácio — entre eles estavam Feliciano e o então presidente da FPE, João Campos, do PRB de Goiás. Um a um, eles foram descendo da van e se encaminhando para a residência de Temer. Uma vez reunidos, fizeram uma oração em favor do vice-presidente, para que, "na hipótese de assumir a presidência", Deus o ajudasse a "tirar o Brasil do buraco", o capacitasse e lhe desse discernimento para tomar as decisões mais adequadas para o país.[7]

Os pedidos feitos no encontro não foram só a Deus, mas também ao próprio anfitrião. Segundo Campos, a bancada evangélica queria se sentir ouvida por Temer em discussões de políticas públicas voltadas para inclusão social e atenção aos adolescentes, caso ele assumisse o Planalto. Campos alegou que, nos governos do PT, os evangélicos nunca tinham podido colaborar, "não sei se por preconceito ou outra motivação", ignorando que dois pastores da Universal chefiaram ministérios na gestão de Dilma. O presidente da bancada estimou que só uns "dois ou três" deputados crentes iriam ficar ao lado da petista, mas, na conversa, Temer quis evitar o discurso de "já ganhou". Disse que não havia "nada decidido" quanto ao impeachment, mas se mostrou aberto a ter uma interlocução não somente com os partidos, mas também com a sociedade, em referência às igrejas.[8]

Naquele mesmo dia, a pesquisa de *O Estado de S. Paulo* mostrou que, pela primeira vez, já havia apoio suficiente na Câmara para aprovar a admissibilidade do impeachment. O placar do jornal apontava que 342 parlamentares eram favoráveis ao avanço do processo contra Dilma, exatamente o mínimo necessário. No domingo, o resultado foi ainda mais expressivo. Dos deputados que apareceram para votar, 72% decidiram dizer "sim".

Entre os evangélicos, a taxa de apoio ao impeachment foi ainda maior, de 93%. Eles, é claro, estiveram entre os vários deputados que aproveitaram o momento da votação para fazer homenagens à família e a Deus. Ao todo, foram 58 alusões a Deus durante a sessão, feitas por cinquenta deputados, evangélicos ou não, representando quase 10% da Câmara. A palavra "família", por sua vez, foi mencionada 110 vezes.[9] Pastor Eurico, por exemplo, foi um dos que gabaritaram e deram *check* em todos os principais termos que marcaram a sessão, ao dizer que "feliz é a nação cujo Deus é o Senhor" e anunciar que votava "em defesa da vida, da família, da moral, dos bons costumes [e] contra a corrupção".[10]

Quando Pastor Eurico e João Campos tentaram estimar quantos deputados evangélicos ficariam ao lado de Dilma, acabaram errando um pouco para baixo. Em vez dos "três ou quatro" de Eurico ou dos "dois ou três" de Campos, foram cinco os parlamentares crentes que se posicionaram contra o impeachment. Três deles eram petistas e agiram conforme o esperado: Benedita da Silva, do Rio de Janeiro; Welinton Prado, de Minas Gerais; e Rejane Dias, do Piauí. Os outros dois foram o baiano Sérgio Brito, do PSD, e uma figura que enfrentou a própria igreja para se manter fiel a Dilma, o deputado George Hilton, pastor da Universal eleito por Minas Gerais.[11]

Hilton tinha uma boa razão para defender a petista até o último minuto. Quando o seu partido, o PRB de Edir Macedo, ainda fazia parte da base do governo, fora ele o indicado para chefiar o Ministério do Esporte em 2015, um ano antes da realização dos Jogos Olímpicos no Rio de Janeiro. Se Dilma tivesse continuado no poder, ele teria tido o privilégio de ser o ministro que representaria o país na competição esportiva mais importante do mundo.

No dia 16 de março de 2016, faltando um mês para a votação do impeachment na Câmara (e cinco meses para os Jogos do Rio), o PRB se declarou a favor da saída de Dilma e anunciou que estava entregando todos os cargos que tinha no governo, o que incluía o de Hilton. No dia seguinte, em um ato de rebeldia, o ministro resolveu seguir no posto e até prestigiou a cerimônia no Planalto na qual Dilma anunciou que Lula seria o novo ministro-chefe da Casa Civil. Sua intenção era conversar com ela após o evento, para explicar que pretendia continuar no ministério. Foi surpreendido, porém, pela decisão da Justiça de vetar a nomeação de Lula na tarde do mesmo dia, o que tornou inviável um encaixe na agenda da presidente.[12] Em um último esforço para se manter no governo, Hilton chegou a anunciar, no dia 18, que trocaria o PRB pelo Partido Republicano da Ordem Social (Pros),[13] mas isso de nada serviria.

Uma semana depois, a saída de Hilton do governo foi confirmada e o pastor voltou ao mandato de deputado na Câmara, onde, dali a menos de um mês, iria participar da votação do impeachment. Em seu discurso, não citou Deus nem a família. Em vez disso, preferiu exaltar a ex-chefe.

> Trabalhei com a presidente Dilma, sei o quanto ela é uma mulher honrada e sei que vou passar para a história sem manchar as minhas mãos e a minha biografia de querer tirar do poder uma mulher eleita legitimamente, e uma mulher honrada. Pela democracia, é "não!" ao impeachment.[14]

* * *

Antes de ser afastada do cargo, Dilma ainda teria de enfrentar a votação no Senado. Mas a parada já parecia resolvida. Entre os senadores crentes que votariam contra a petista estavam Magno Malta — o homem que dessatanizara Lula e Dilma para os evangélicos — e o bispo Marcelo Crivella, o primeiro político da Universal a assumir um ministério no governo federal e que já não fazia mais parte da gestão da presidente havia dois anos.

No dia 11 de maio, quando teve de subir à tribuna para participar da votação no Senado, Crivella evitou o clima festivo de boa parte da oposição. Com ar abatido, afirmou que era com "pesar" que votava contra a petista e sugeriu que só o fazia por pressão da sociedade. Na hora de justificar a escolha, tentou demonstrar algum respeito à presidente que um dia fora a sua chefe — ou melhor, "à presidenta", como os aliados se referiam a Dilma. Por outro lado, não quis parecer, aos eleitores, que estava pegando leve com a petista. Disse o bispo:

> Não resta sombra de dúvida de que a presidenta é honesta e tem relevantes serviços prestados à nação, mas também não

resta dúvida de que há indícios de crimes de responsabilidade cometidos em sua gestão, de uma grave crise econômica, política e social, *em tese*, advinda dela.

Em seguida, buscou deixar claro que não votava pela condenação de Dilma ou pelo seu afastamento, mas sim pela abertura de um processo de investigação. Quando se encaminhou para concluir, citou um padre, o jesuíta português Antônio Vieira, que viveu no século XVII e se notabilizou também como filósofo. Segundo Vieira, afirmou Crivella, há uma diferença nítida entre o justo e o justiceiro. Ambos castigam, ele disse, mas, enquanto o justo lamenta por ter de castigar, o justiceiro se regozija. "Se esse processo, que parece que será instaurado nesta Casa [...], deve buscar a justiça, peço a Deus que sejamos justos e não justiceiros", disse ele, em um de seus últimos atos no Senado — dali a alguns meses, iria embarcar em uma campanha para prefeito do Rio e se tornaria o primeiro fiel da Universal a governar uma grande capital.[15]

Crivella era, naquele momento, a figura mais importante da sua igreja a se manifestar publicamente sobre o impeachment, enquanto o bispo Edir Macedo se resguardava — o máximo que o líder da Universal fez foi dizer a Dilma, por telefone, que oraria por ela e pelo país.[16] A fala de Crivella, um tanto ponderada, era a demonstração clara de que havia na política uma nova Universal, uma instituição que, embora assistisse sem fazer nada à queda de uma aliada, não seria uma voz estridente contra o partido de Lula, como fora no fim dos anos 1980 e ao longo dos anos 1990. Em vez disso, Macedo e a Universal se posicionavam de forma mais discreta, com a inteligência de quem aprendeu que, em política, não se sabe o dia de amanhã. A postura mais comedida, porém, não impediu a igreja de buscar o seu espaço no governo que pedia passagem. Um dia após a votação na Câmara e antes mesmo da votação do Senado, já se especulava na imprensa quem seriam os ministros de Temer em um eventual governo. E o PRB, ávido por voos maiores, já estava de prontidão.

Nos dias seguintes à votação na Câmara, a rua da casa de Temer em São Paulo, no bairro de Alto de Pinheiros, um dos mais nobres da capital paulista, foi invadida por jornalistas. Todos queriam uma palavra do homem que provavelmente seria empossado, dali a algumas semanas, como presidente da República. Queriam, por exemplo, que desse alguma pista de quem seria o seu ministro da Fazenda, aquele que assumiria a missão de salvar a economia brasileira, que havia mergulhado em uma profunda recessão e havia matado, por afogamento, o governo do PT. Temer, porém, fazia jogo duro com os jornalistas de plantão em sua rua. Na única vez em que deu as caras, foi para dizer, de uma vez por todas, que só se pronunciaria após a votação no Senado.[17]

O vice-presidente, contudo, dava um jeito de se manifestar por outras vias. Na imprensa, já pipocavam reportagens que citavam fontes ligadas a ele indicando como seria o seu governo. A mensagem principal era que Temer estava disposto a formar um ministério "reconhecidamente técnico", em especial na área econômica, aquela que mais afligia dois dos grupos que mais apoiavam a queda de Dilma: a elite empresarial e o mercado financeiro. Entre os nomes mais cotados para assumir a pasta da Fazenda, estavam os de Arminio Fraga e Henrique Meirelles, ambos ex-presidentes do Banco Central e venerados pelos donos do dinheiro.[18]

A ideia de Temer era sinalizar à elite econômica que estava comprometido com uma agenda de cunho liberal, com reformas que controlassem o gasto público — o que acalmaria o coração de investidores que emprestam dinheiro ao governo e querem mostras de que o Estado tem condição de pagá-los — e projetos que afrouxassem a legislação trabalhista — o que facilitaria a vida de empresários que reclamam dos custos com empregados. Embora tentasse fazer parecer que sua intenção era colocar acima da política um suposto critério técnico, Temer, velho cacique do Congresso, também arrumaria tempo e disposição para negociar cargos com partidos e bancadas. E era aí que entravam os evangélicos.

A Assembleia de Deus, que apoiara candidatos tucanos em eleições presidenciais passadas e não havia conseguido emplacar nenhum nome nas gestões petistas, teria mais sorte com Temer. O deputado gaúcho Ronaldo Nogueira, filiado ao PTB e pastor da igreja, foi o escolhido para comandar a pasta do Trabalho. A Universal, que tivera dois ministros com Dilma — Crivella na Pesca e Hilton no Esporte —, subiu mais uma vez de patamar. Com Temer, conseguiu o tradicional Ministério do Desenvolvimento, Indústria, Comércio e Serviços — conhecido pela sigla MDIC —, que passou a ser comandado pelo presidente do PRB, o bispo Marcos Pereira.

As duas escolhas indicavam um novo momento vivido pela bancada evangélica. Seus integrantes não queriam mais ficar restritos somente a pautas morais. Desejavam também participar de decisões políticas ainda mais amplas, tomar parte de pautas econômicas, discutir impostos, contas públicas, mercado de trabalho e comércio exterior. O próprio Pereira gosta de dizer que, embora seja crente e faça parte da bancada evangélica, sua pauta não é religiosa, mas sim econômica.

O discurso do deputado da Universal não chega a surpreender. Afinal de contas, o seu chefe na igreja, o bispo Edir Macedo, tem tocado, desde os anos 1980, um projeto que envolve estar perto das discussões que decidem para onde vai o dinheiro e que mexem com o sistema financeiro. Ainda durante a era de governos petistas, Macedo e a esposa, Ester, deram mais um passo para diversificar os negócios ao comprar uma participação de 49% em uma instituição financeira, o Banco Renner, uma operação que precisou da liberação da então presidente Dilma Rousseff para ser aprovada em 2013. Em 2020, aumentaram a fatia e se tornaram controladores do banco, depois rebatizado como Digimais.[19]

Pereira, quando à frente do MDIC, se sentia à vontade entre empresários e se portava como um representante deles no governo. No início de abril de 2017, ao participar de um evento da Confederação Nacional do Comércio de Bens, Serviços e Turismo (CNC), fez um apelo para que os empresários liderassem, na mídia, uma campanha a favor da reforma da Previdência proposta por Temer que estava sendo tocada por Henrique Meirelles, o escolhido para a Fazenda. Lembrou que o sistema previdenciário era um tema sensível para a população e ressaltou que os parlamentares estavam sendo pressionados por se posicionarem a favor de uma reforma que poderia forçar as pessoas a trabalhar por mais tempo para terem direito à aposentadoria. Vários deputados do PRB, contou, estavam sendo constantemente hostilizados nos aeroportos e, quando rodavam por seus estados, viam outdoors ou cartazes com fotos suas que diziam que eles iam acabar com a aposentadoria dos pobres. Na visão do ministro, a oposição estava sabendo fazer propaganda contrária, e cabia aos empresários reagir, recorrendo a veículos de comunicação como jornais e rádio. "No rádio, fala-se muito à população", disse ele, com a credibilidade de quem é bispo de uma igreja que se valeu da força desse veículo para capturar fiéis entre os mais pobres.

Alguns minutos depois, Pereira se despiu da roupa de ministro que fazia campanha por pautas do governo para vestir outra fantasia, dessa vez menos leal a Temer e mais alinhada aos empresários, para falar de um tema que interessava diretamente a eles. Dias antes, no fim de março, o governo havia proposto o fim de um benefício fiscal a que cinquenta setores da economia tinham direito e que havia sido criado por Dilma em 2011.[20] Com o argumento de que esses setores geram muitos empregos, a gestão petista diminuiu um imposto pago pelas empresas sobre a folha de pagamento dos funcionários — o que reduzia custos trabalhistas e, em tese, abria espaço para mais contratações. Entre esses setores, estavam várias ramificações das áreas de comércio e serviços, que poderiam perder o benefício caso a proposta de Temer vingasse.

Sensível à dor manifestada pelos empresários no encontro, Pereira disse que, na condição de ministro, nada poderia fazer para mudar um projeto elaborado pela equipe do Ministério da Fazenda. Seria como atrapalhar o trabalho de um colega de governo. Contou, porém, que já havia encontrado um caminho alternativo para ajudar os empresários. Como o projeto teria de ser aprovado no Congresso, bastava Pereira pedir a um aliado no parlamento que sugerisse uma alteração no texto para manter o benefício a alguns setores escolhidos. A missão coube a um homem de confiança do PRB, o senador Eduardo Lopes, também bispo da Universal e suplente de Crivella. "Ele fez uma emenda, a pedido nosso, e ninguém pode saber disso, suprimindo as empresas de tecnologia da informação", disse o ministro, mostrando que, assim como sua igreja, sabia se adaptar bem a qualquer ambiente.[21]

Dali a um mês, uma bomba iria interromper a agenda econômica de Temer. Em conversa gravada por Joesley Batista, um dos donos da gigante de alimentos JBS, o presidente insinuava que Eduardo Cunha, àquela altura um deputado cassado e preso após investigações da Lava Jato, deveria continuar tendo o seu silêncio garantido pelo empresário. A gravação vazou, e a Procuradoria-Geral da República denunciou Temer pelos crimes de organização criminosa e obstrução da Justiça, tumultuando o ambiente político e dando início a discussões sobre a possibilidade de mais um presidente ser deposto. Em agosto, os deputados tiveram de votar pela aceitação ou não da denúncia. Se a maioria aceitasse, Temer teria de ser afastado. A Câmara, contudo, votou contra, após ele ter liberado pelo menos 15 bilhões de reais em emendas parlamentares nas semanas anteriores.[22]

O caso deixou a bancada evangélica dividida. Dos que compareceram à sessão, 51% votaram a favor de Temer,[23] indicando que não tinha sido uma decisão fácil para os parlamentares crentes, conscientes de que os eleitores da igreja são sensíveis a votações de cunho moral. Vários deles haviam votado pela saída de Dilma com o discurso de que estavam combatendo a corrupção e a sujeira na política. Se ficassem ao lado de Temer, corriam o risco de ser acusados de incoerência. Tanto que o pastor paulista Roberto de Lucena, preocupado com a eleição que estava por vir, chegou a se justificar em uma autobiografia lançada antes da campanha. No livro, admitia que havia indícios suficientes na denúncia de Temer para seguir com a investigação, mas afirmava que a possível saída do presidente logo depois do impeachment de Dilma geraria mais instabilidade política e atrapalharia a recuperação da economia. Para ele, era melhor que Temer fosse julgado somente depois de terminar o mandato.[24]

Do lado oposto, entre os evangélicos que votaram contra Temer, estavam figuras que tinham outras prioridades, como o deputado Eduardo Bolsonaro, fiel da Igreja Batista e entusiasta da candidatura presidencial do pai, à época seu colega de Câmara. Em seu voto, reforçou uma das bandeiras que o chefe da família levantaria na campanha, afirmando que o problema do Brasil não era a troca do presidente, mas sim a corrupção. Jair Bolsonaro, por sua vez, já anunciado como pré-candidato à Presidência da República, votou do mesmo jeito e, na justificativa, deu o tom do que viria em 2018: "Para ser uma grande nação, o Brasil precisa de um presidente honesto, cristão e patriota".[25]

9.
O casamento quase perfeito

No corredor que costuma ser o mais barulhento da Câmara dos Deputados, a única voz que se ouvia era a do pastor e cantor gospel Fernando Fé. Mas é preciso ser justo e dizer que o horário favorecia. Se fosse um pouco mais tarde, lá pelas 9h30 ou dez horas, por exemplo, a voz do pastor provavelmente seria abafada pelos sussurros e passos apressados de parlamentares, assessores e jornalistas que costumam movimentar o corredor, conhecido por abrigar as salas das comissões temáticas da Câmara, onde começam as discussões dos projetos de lei. Mas ainda eram 8h20 da manhã, e o máximo que se via era um ou outro funcionário de limpeza passando para lá e para cá com seus instrumentos de trabalho.

Nem mesmo Fé podia ser visto no corredor. Quem quisesse assistir à sua performance teria de seguir a voz até chegar à única sala com porta aberta e luz acesa, a da Comissão Mista de Orçamento, que emprestava o espaço para o tradicional culto evangélico do Congresso Nacional. Era lá que o pastor — de microfone na mão, cabeça erguida e olhos fechados — se esgoelava ao entoar a canção "Restitui", um hino evangélico que fala sobre dar a volta por cima, acompanhado por uma caixa de som que fazia a parte instrumental em ritmo de axé, a marca registrada das apresentações do baiano que mora em Brasília desde 2020.

Não podes pensar que este é o teu fim
Não é o que Deus planejou

Levante-se do chão, erga um clamor
Restitui

A cerimônia, que ocorre sempre às quartas-feiras, não contava com grande adesão naquele dia. A sala da comissão — composta de bancadas largas, uma atrás da outra — tem capacidade para receber 150 pessoas, mas só trinta fiéis prestigiavam — a maioria em pé — o louvor conduzido por ele. Eram parlamentares, assessores, servidores públicos e lideranças evangélicas que estavam de passagem por Brasília. Dos deputados crentes, dois se encontravam na primeira fileira, lado a lado: Sóstenes Cavalcante (PL-RJ), então presidente da Frente Parlamentar Evangélica, e o pastor Abílio Santana (PSC-BA), vice-presidente. À direita de Fé, sentado em uma cadeira no canto, estava o deputado Pastor Eurico, agora filiado ao PL, que geralmente exerce a função de capelão do culto, organizando a cerimônia e convocando aqueles que vão tomar a palavra. Como um professor que aguarda o aluno concluir a apresentação de um trabalho escolar, ele esperava Fé terminar a canção.

Já nos finalmentes, o pastor-cantor começou a misturar a letra do hino com uma pregação e pediu a Deus que restituísse "a vida, o casamento e a família" dos presentes, independentemente dos problemas que estivessem enfrentando. Consciente de onde pisava e atento ao calendário, achou por bem incluir um último clamor, dedicado aos políticos: para que Deus "restitua o mandato" dos parlamentares, que seria colocado à prova dali a três meses, nas eleições. "Ninguém vai atacar o que Deus já determinou para a tua vida", disse Fé, antes de devolver o microfone para Pastor Eurico, que tinha pressa e já estava de pé ao seu lado.

Pastor Eurico, um homem corpulento, calvo e de cabelos brancos nas laterais, fez jus ao passado de radialista e se dirigiu aos fiéis como se estivesse apresentando um programa de rádio, com voz grave e em tom entusiasmado. "Queridos e queridas, vamos continuar adorando ao Senhor? Deus está presente porque estamos adorando a Ele. E Ele merece nosso louvor e nossa a-do-ra-ção", disse, antes de chamar o responsável pela pregação do dia, o deputado Abílio Santana.

De terno preto e quadriculado, Abílio se levantou da primeira fileira e se posicionou em pé atrás da mesa do presidente da comissão, improvisada como púlpito. Pôs os óculos de leitura e abriu a Bíblia no Salmo 23 — provavelmente o mais conhecido de todos, atribuído ao profeta Davi e marcado pela famosa citação "O Senhor é o meu pastor, nada me faltará", uma frase que se multiplica na traseira de carros e caminhões nas estradas do Brasil. O trecho que mais interessava ao deputado baiano, no entanto, era outro: "Ainda que eu andasse pelo vale da sombra da morte, não temeria mal algum, porque tu estás comigo; a tua vara e o teu cajado me consolam".

O deputado, então, passou a dissecar cada palavra do trecho do salmo, uma fala que deixou o colega Sóstenes visivelmente emocionado. Parte do público, contudo, parecia dispersa e mais preocupada em fazer registros do culto com o celular. O próprio deputado Pastor Eurico, de volta à cadeira no canto, com uma Bíblia aberta em cima da coxa direita, parou de prestar atenção para fazer um vídeo. E quando achou que iria voltar a acompanhar a pregação, sentiu o telefone vibrar com uma ligação e resolveu atendê-la, tapando a boca para abafar o som e não atrapalhar a cerimônia. O deputado Abílio, então, resolveu subir o tom da voz, talvez para chacoalhar os que estavam distraídos e, mais exaltado, partiu para a grande lição da pregação, de como a história de Davi pode ser útil aos presentes: se há algo na vida do crente que não vai bem, não há razões para desespero, Deus estará lá para evitar o pior. E arrematou:

Aparentemente, tu estás morta monetariamente falando. Aparentemente, estás morta ou morto espiritualmente falando, ministerialmente falando, po-li-ti-ca-men-te falando... Acabou, já era... Mas é só ameaça. O vale e o cajado ainda estão nas mãos do nosso pastor.[1]

* * *

O culto ocorria no dia 29 de junho de 2022, a três meses das eleições, e a bancada evangélica ainda digeria a morte política do pastor que mais longe chegara a um cargo no alto escalão do governo brasileiro. Milton Ribeiro, reverendo presbiteriano e ex-reitor da Universidade Presbiteriana Mackenzie, fora, até março, ministro da Educação, comandando um dos maiores orçamentos do Poder Executivo no governo do presidente Jair Bolsonaro. Viu-se forçado a pedir demissão após a imprensa denunciar o seu envolvimento em um esquema de corrupção com outros dois pastores, Gilmar Santos e Arilton Moura, que atuavam como assessores informais do ministério, sem cargo oficial, em uma espécie de gabinete paralelo, cobrando propina de prefeitos para que estes tivessem prioridade na destinação de verbas da pasta. O jornal *O Estado de S. Paulo* fora o primeiro a revelar o esquema, no dia 18 de março, levando outros veículos a entrar na cobertura.[2]

Nos primeiros dias após as denúncias feitas pela imprensa, Ribeiro se manteve firme no cargo e recebeu o apoio público de Bolsonaro, que chegou a dizer que colocaria a "cara no fogo" pelo ministro. Na bancada evangélica, não se ouviu um pio, nem para defender, nem para atacar. Como o escândalo era restrito ao Poder Executivo, poderia ser arriscado para os parlamentares crentes abordar o assunto, ainda mais em ano eleitoral. Mas ficou inviável manter o silêncio após a *Folha de S.Paulo* revelar, na noite do dia 21 de março, uma segunda-feira, um áudio no qual Ribeiro admitia que os repasses conduzidos por seus assessores informais atendiam a um pedido especial feito por Bolsonaro. O "apoio" que os pastores solicitavam aos prefeitos, segundo o ministro, não era "segredo" e estava ligado à construção de igrejas.[3] A insinuação que ficou no ar envolvendo templos religiosos foi suficiente para que a bancada entendesse que não podia mais ficar calada.

O áudio já havia repercutido na mídia ao longo de toda a terça-feira, quando a bancada se reuniu à noite, na Câmara, para tratar do assunto e definir como reagiria. O deputado Marco Feliciano foi o mais enérgico e demonstrou preocupação com a possibilidade de a opinião pública cair em cima dos parlamentares.

> Acham que é a bancada evangélica. E não temos nada a ver com isso. A situação ficou ruim, acho que não tem como remediar. O estrago já foi feito. Pesou demais sobre nós. Mais uma vez, como evangélicos, fomos expostos ao ridículo. É péssimo para nós. O ministro deve uma explicação para o Brasil todo.

Bolsonarista de carteirinha, Feliciano também achava que, quanto mais tempo Ribeiro ficasse no governo, pior seria para o presidente, pois a imprensa continuaria cavando, até encontrar coisas piores. "Se eu sou o ministro neste momento, eu já teria entregado minha carta e me afastado."[4]

Ao final da reunião, Sóstenes, então presidente da bancada, indicou que iria se posicionar em nome do grupo, mas sem pegar pesado com o ministro. A ideia era fazer um posicionamento que não parecesse uma condenação a Ribeiro, mas sem sugerir omissão. No dia seguinte, porém, limitou-se a dizer à imprensa que o ministro precisava dar explicações e que a nota oficial que divulgara horas antes era insuficiente. Enquanto isso, Ribeiro seguia no cargo. Nem mesmo um áudio com uma clara admissão e envolvendo Bolsonaro no esquema seria capaz de derrubá-lo ou de gerar uma reação mais forte por parte da bancada evangélica.

O que acabou entornando o caldo foi uma nova revelação, feita no dia 28 pelo jornal *O Estado de S. Paulo*, não de mais um ato de corrupção, mas de uma ofensa grave aos cristãos, que, aí sim, gerou uma reação firme por parte das lideranças evangélicas.[5] A reportagem mostrava que, em um evento no interior do Pará, exemplares de uma edição da Bíblia haviam sido distribuídos com uma foto do ministro com a esposa, além de imagens dos dois pastores que tocavam o esquema de propina. Para os crentes, que entendem que a Bíblia tem de ser totalmente focada em Cristo, colocar a foto de um ministro e de pastores em uma edição era uma heresia. Lideranças evangélicas viram aquilo como uma condenável mistura entre Igreja e Estado, entre o sagrado e o profano. "Essa atitude é totalmente reprovada", afirmou o presidente da bancada. No Twitter, o pastor Silas Malafaia, padrinho político de Sóstenes, reagiu furioso e exigiu a saída do ministro. "Tem que ser demitido para nunca mais voltar!" Horas depois, Ribeiro admitiu que sabia da utilização da sua imagem em Bíblias e pediu demissão. Era o fim da linha para um ministro que tinha resistido por mais de uma semana às denúncias de corrupção, mas, em poucas horas, não fora capaz de se segurar no cargo depois de um episódio considerado desrespeitoso por adeptos de sua religião.

Com a saída de Ribeiro, o esquema de corrupção foi aos poucos perdendo força na mídia. Mas no dia 22 de junho, três meses depois das denúncias feitas pela imprensa e uma semana antes da pregação de Abilio, o ex-ministro voltou às manchetes após ser preso pela Polícia Federal. Era o pretexto que o Congresso precisava para abrir uma CPI do MEC, às vésperas da eleição, o que poderia render uma exposição negativa pelos próximos meses para Bolsonaro, candidato à reeleição. Se Ribeiro estava morto politicamente, a oposição queria que a próxima vítima fosse Bolsonaro, que já se via caminhando pelo vale da sombra da morte, em segundo lugar nas pesquisas, atrás do ex-presidente Lula.

Com Bolsonaro envolvido em denúncias de corrupção junto com pastores, seria razoável imaginar que a bancada evangélica tentaria se afastar discretamente do governo, não por uma questão ética ou moral, mas para evitar contaminação. No entanto, seguiu tão bolsonarista quanto antes, a ponto de manter o convite feito ao presidente para participar das chamadas Marchas para Jesus, eventos que reúnem milhares de fiéis nas ruas e estavam marcadas para semanas depois da prisão de Ribeiro.

Desde a redemocratização do país, Bolsonaro foi o primeiro presidente da República a de fato abraçar a agenda evangélica. Collor, embora fosse de direita e cristão, não tinha a pauta de costumes como um foco da sua campanha, mais concentrada na questão do combate à corrupção. Fernando Henrique, por sua vez, chegou a ser apoiado pelos evangélicos nas eleições de 1994 e 1998, mas não passou de uma aliança de conveniência. Lula até teve êxito em superar as diferenças do passado e se aproximar das igrejas, evitando uma relação conflituosa durante os dois mandatos, mas não a ponto de alimentar uma agenda em comum. Dilma deu ministérios para a Universal, mas sempre em nome da governabilidade e nunca por afinidades ideológicas. E Temer, embora tenha representado uma guinada à direita no Planalto, seguiu a mesma receita da antecessora: distribuiu ministérios para pastores, mas apenas para garantir maioria no Congresso.

Bolsonaro, ao contrário do que pode parecer a boa parte do eleitorado, não é evangélico, mas sim católico. E apesar de ter sido batizado por um pastor evangélico em 2016, nas águas do rio Jordão, em Israel, nunca "rejeitou" o batismo anterior. É por isso que não se pode afirmar que houve uma conversão, ainda que sua esposa, Michelle, e dois dos seus filhos, Flávio e Eduardo, sejam batistas. Para Bolsonaro, não deixa de ser uma conveniência política manter algum tipo de vínculo com as duas maiores religiões cristãs do Brasil, que representam uma maioria de mais de 80% da população. E, para os crentes conservadores, o mais importante não é o presidente "ser" de uma ou de outra vertente do cristianismo, e sim levantar as bandeiras da agenda de costumes, o que Bolsonaro tem feito com afinco.

A chegada dele ao Planalto, portanto, representou o casamento perfeito entre o Poder Executivo e a bancada evangélica, para recorrer a uma metáfora desgastada do próprio Bolsonaro. Pela primeira vez a bancada tinha um presidente para chamar de seu — ainda que, de fato, nem sempre ele tenha tido a agenda cristã como prioridade. Nos 28 anos como deputado em Brasília, era mais visto como um corporativista em defesa dos militares. Foi só como presidente que assumiu para valer a postura de defensor da moral e dos bons costumes, não apenas para agradar aos aliados crentes do Congresso, mas também porque ele próprio passou a ter uma base de eleitores evangélicos. A afinidade era tamanha que foi ele o primeiro presidente a aceitar o convite do bispo Edir Macedo para ser abençoado na Universal, no Templo de Salomão, em São Paulo.

No dia do culto, enquanto Bolsonaro era recebido por Macedo e outras lideranças da Universal no estacionamento do templo, uma multidão de fiéis passava por uma revista feita por seguranças do lado de fora. O procedimento não visava apenas evitar que alguém entrasse armado. Ninguém também poderia entrar com celulares, câmeras ou qualquer equipamento que pudesse gravar o culto. Do lado de dentro, mulheres trajadas de branco ajudavam as pessoas a encontrar os poucos lugares ainda vagos. Sem assento para todo mundo, os retardatários precisaram se aglomerar em pé nos corredores laterais.

O templo, com capacidade para 10 mil pessoas, ficou abarrotado de gente. Enquanto o culto não começava, os fiéis assistiam a um vídeo exibido em dois grandes telões, um de cada lado do palco, com o depoimento de uma professora que dizia ter sido salva por Deus na Universal. A luz baixa do templo dava ainda mais destaque às telas, como se as pessoas estivessem em uma grande sala de cinema.

Assim que o depoimento acabou, os fiéis aplaudiram, o templo se iluminou, e Edir Macedo entrou sozinho no palco, com terno escuro, camisa branca, gravata vermelha e um microfone discreto preso ao rosto. Usou a história da mulher mostrada nos telões como gancho para começar a pregação. "Reservem as palmas para si, vocês têm de dar uma chance a vocês, se querem a nossa ajuda."

A essa altura, Bolsonaro, de terno e gravata, já estava sentado na primeira fila, aguardando a vez de ser chamado e acompanhado do filho mais novo, o jovem Jair Renan, que vestia uma camisa branca da seleção brasileira de futebol. Enquanto falava aos fiéis, Macedo logo deu um jeito de mencionar o comparecimento do presidente e ligá-lo de alguma maneira a Deus.

> Para honrar a Deus, não basta frequentar a igreja e ser membro da Universal. É preciso crer na palavra d'Ele. Aqui temos a presença do presidente Jair Messias Bolsonaro, que foi eleito por nós porque cremos na palavra dele. Já os que perderam, é porque não cremos na palavra deles. Sim ou não?

O relógio marcou 10h10, e o bispo resolveu dar início ao momento mais especial do culto. Afastou-se do púlpito para caminhar pelo palco e chamou Bolsonaro. Avisou a todos que faria uma oração pelo presidente e disse que, na prática, isso significava orar por todos os brasileiros. Bolsonaro, com a cara fechada, caminhou até o palco e se postou de frente para os fiéis, com as duas mãos juntas na altura do umbigo, sem dizer uma só palavra ou cumprimentar o bispo. Macedo voltou ao púlpito para buscar uma pequena taça que continha o óleo para a unção e disse que ia consagrar Bolsonaro tal qual o profeta Samuel consagrou o rei Davi.

E quero pedir a sua ajuda na oração que eu fizer por ele, porque ele, tendo a direção do Espírito Santo, vai abençoar sua vida. Amém? Se ele for fracassado, você será fracassado, nós seremos fracassados, como nós temos sido fracassados por conta dos desmandos, desleixos e injustiças que tivemos nesse país até aqui.

Depois de orientar Bolsonaro a se ajoelhar de costas para os fiéis, o bispo segurou a pequena taça com as duas mãos, fechou os olhos e começou a oração revelando uma certa mágoa com outro presidente. "Em nome do Senhor Jesus, meu pai, uma vez o Senhor não permitiu que nós fizéssemos isso com um determinado candidato, que veio a ser presidente, mas não nos deu o direito de fazer o que o Senhor queria que eu fizesse." Já Bolsonaro, continuou, era agora o homem eleito por Deus para mudar a vida dos mais pobres. "E quando nós fomos imbuídos dessa fé de consagrá-lo, de derramar este óleo que representa o Teu espírito sobre a cabeça deste homem, nós tínhamos a certeza de que o Senhor, através dele, iria mudar a nação toda", prosseguiu Macedo, que pôs uma das mãos na cabeça de Bolsonaro e com a outra deixou cair um pouco do óleo. Entregou a pequena taça a outro bispo e retornou à cabeça do presidente para agora segurá-la com as duas mãos.

De olhos fechados e embalado por uma música solene ao fundo, ressaltou que recebeu autoridade de Deus para expulsar demônios e curar doentes, mas que agora usaria essa autoridade para abençoar Bolsonaro e pedir a Deus que o presidente tivesse sabedoria, inteligência, coragem, ânimo, força e vigor para transformar o Brasil. Os fiéis, com as mãos levantadas, ouviram a música ficar mais alta, num tom triunfante, enquanto Macedo começava a gritar, ainda com as mãos na cabeça do presidente. "Essa é a nossa fé! Essa é a nossa fé, meu Pai! Nós o consagramos, Espírito Santo, para serviço de Ti, e servir a Ti é servir a essa nação." Agora abençoado, Bolsonaro limpou algo no olho, se pôs de pé devagar, com um semblante desconcertado, meio absorto, e abraçou Macedo, sob aplausos dos fiéis. O bispo ajeitou o corpo do presidente para que ele ficasse de frente para o público, deu tapinhas no seu ombro e disse que ele iria arrebentar no cargo. "Deus é contigo!", continuou, apontando para o presidente, que esboçou um sorriso tímido.

Quando o ritual chegou ao fim, Bolsonaro retornou ao seu lugar, ainda sem dizer nada, e Macedo voltou ao púlpito. Já mais calmo, disse aos fiéis que se identificava com o presidente porque, segundo ele, ambos sofriam com os ataques da imprensa. "Nós vivenciamos o inferno da mídia, das pancadarias dela, porque é uma imprensa marrom." Fez uma pausa, bebeu um gole de água e prosseguiu: "Mas estou aqui". Os fiéis aplaudiram. "E o presidente vai estar lá. Vai arrebentar! Vai arrebentar! Presta atenção: vai arrebentar não é porque sou eu, não; não é porque é o presidente, não; é porque é o espírito de Deus."[6]

Embora possa parecer que o casamento entre a bancada evangélica e Bolsonaro fosse nutrido por uma fidelidade incondicional, a relação também passou por desentendimentos ao longo do governo e teve o próprio Ministério da Educação como a maior fonte de atritos, inclusive antes da chegada de Milton Ribeiro à pasta. Aliás, antes até de Bolsonaro tomar posse. Menos de um mês depois de vencer a disputa no segundo turno, quando ainda trabalhava na montagem do seu governo, o então presidente eleito percebeu que a bancada evangélica não aceitaria qualquer nome para o Ministério da Educação, área considerada vital para a agenda de costumes. Certa vez, ainda no início da gestão Bolsonaro, o deputado Marco Feliciano disse que um dos grandes desafios da direita brasileira, com a chegada ao poder, era desmontar a "revolução cultural" feita pelo PT e pela esquerda ao longo dos últimos trinta anos, com gerações de jovens que haviam "se perdido" nas universidades federais, "completamente tomadas pelo pensamento de Gramsci e Marx".[7]

Durante o processo de composição dos ministérios, o primeiro nome especulado pela imprensa para o MEC foi o do educador Mozart Neves Ramos, ex-reitor da Universidade Federal de Pernambuco, ex-secretário de Educação no estado e à época diretor do Instituto Ayrton Senna. Em 21 de novembro de 2018, *O Estado de S. Paulo* publicou em seu portal que Ramos havia sido convidado por Bolsonaro para o cargo e que teria uma reunião com ele no dia seguinte. A notícia ligou o sinal de alerta de representantes da bancada evangélica, que, horas depois, foram a público para protestar. A avaliação deles era que Ramos, apesar de respeitado no setor de educação, era uma figura neutra demais para os padrões cristãos. O ministro, defendiam, teria de ser alguém fortemente alinhado ao pensamento conservador da bancada, contra a ideologia de gênero e a favor do projeto de lei do Programa Escola sem Partido. "Tem que ser ministro que tenha convicção no que diz respeito a esses temas", afirmou na época o deputado Ronaldo Nogueira (PTB-RS), da Assembleia de Deus.[8]

Ramos logo virou carta fora do baralho e Bolsonaro acabou escolhendo outro mais próximo das credenciais exigidas pela bancada: o colombiano Ricardo Vélez Rodrigues, professor do Programa de Pós-Graduação em Ciência da Religião da Universidade Federal de Juiz de Fora e indicado pelo filósofo conservador Olavo de Carvalho. Vélez, porém, teve uma gestão marcada por polêmicas e durou menos de quatro meses no cargo. Aliás, gestão foi o que faltou para o colombiano. No pouco tempo que ficou no cargo, chegou a nomear quatro pessoas diferentes para secretário executivo, uma espécie de número dois da pasta, e outras duas para o Instituto Nacional de Estudos e Pesquisas Educacionais Anísio Teixeira (Inep) — isso sem falar nas trapalhadas com a execução de políticas da pasta e em declarações controversas, como a de que o brasileiro tem o hábito de roubar objetos quando está viajando para outros países.

Com a saída de Vélez, a imprensa voltou a fazer circular alguns nomes, um dos quais animava a bancada: Anderson Correia, evangélico da Igreja Batista de São José dos Campos (SP), ex-reitor do Instituto Tecnológico de Aeronáutica (ITA), dono de um bom relacionamento com pastores de São Paulo e à época presidente da Coordenação de Aperfeiçoamento de Pessoal de Nível Superior (Capes).[9] Bolsonaro, no entanto, acabou se decidindo pelo economista Abraham Weintraub, que havia construído um currículo no mercado financeiro e ocupava o cargo de secretário executivo na Casa Civil, ministério então comandado pelo luterano Onyx Lorenzoni. Weintraub não era o nome dos sonhos para os evangélicos, mas pelo menos tinha uma postura mais à direita e reclamava que as universidades eram dominadas por grupos de esquerda.

De qualquer forma, o economista também durou pouco no cargo: catorze meses. Assim como Vélez, também não resistiu às polêmicas, principalmente as que envolveram embates com o Supremo Tribunal Federal (STF). Com Weintraub fora, o ex-ITA Anderson Correia ressurgiu entre os especulados e mais uma vez foi o favorito da bancada evangélica. Bolsonaro, contudo, preferiu ouvir a opinião de outro crente, o pastor presbiteriano André Mendonça, advogado e então ministro da Justiça, que indicou enfim o nome de Milton Ribeiro. "Entendíamos, eu e outros parlamentares da frente, como o Marco Feliciano, além do próprio pastor Silas Malafaia, que o Anderson era melhor, mas o ministro André Mendonça apadrinhou o nome do Milton e ganhou a queda de braço", disse o deputado Sóstenes, em junho de 2022, já depois dos escândalos no MEC. Para ele, Bolsonaro errou em todos os escolhidos para a pasta, e a educação foi o "grande déficit" do seu governo. Mas fez questão de ressaltar que o presidente tinha "infinitamente mais acertos" do que erros em seu mandato e era "incomparável" com as gestões petistas.

Os parlamentares evangélicos sustentam que jamais participaram da indicação de ministros do governo Bolsonaro. Limitam-se, pelo menos em público, a opinar se gostam ou não gostam dos nomes que estão em discussão. Segundo Sóstenes, a única vez que o chamaram para sugerir um nome foi durante o período de transição, quando o presidente estava em busca de alguém para o Ministério da Cidadania, pasta que também poderia ter afinidade com a agenda de costumes. Na ocasião, Bolsonaro pediu três indicações e a bancada voltou com alguns nomes, entre eles Marco Feliciano e Gilberto Nascimento, do PSC de São Paulo e ligado à Assembleia de Deus. No dia seguinte, porém, o escolhido acabou sendo um representante do Centrão, o deputado federal gaúcho Osmar Terra, do MDB. Embora ignorado, Sóstenes disse não se sentir traído, porque já sabia que o pedido do presidente não resultaria em nada. "Quando ele quer indicação, ele não pede três, ele fala: me traga o nome."[10]

O período de formação do governo Bolsonaro também foi marcado por uma desavença entre os próprios evangélicos, história que parte da comunidade encara como traição, enquanto outros acreditam que o que se passou, na verdade, foi um caso clássico de tiro que saiu pela culatra. Quando ainda estava decidindo como iria dividir os ministérios, Bolsonaro tinha em mente criar uma pasta para assuntos ligados à família, uma versão mais à direita do chamado Ministério dos Direitos Humanos, criado no governo de Dilma Rousseff.

O senador Magno Malta, que não havia conseguido se reeleger pelo Espírito Santo em 2018, se julgava o nome ideal para assumir a nova pasta, pois era um dos parlamentares evangélicos mais atuantes na defesa da agenda de costumes e tinha o combate à pedofilia como uma de suas principais bandeiras. Malta ainda contava com o apoio do pastor Silas Malafaia e, pode-se dizer também, com a confiança do próprio Bolsonaro, que chegou a convidá-lo para ser seu vice na disputa presidencial. Se ele estava habilitado para ser vice, o que poderia impedi-lo de ser ministro? A pergunta mais precisa, porém, era outra: quem poderia impedi-lo de ser ministro? E as respostas possíveis, que se complementavam, eram duas: o próprio Malta e uma mulher que já havia sido sua assessora, a pastora Damares Alves.

O desgaste de Malta com Bolsonaro começou já no convite para ser vice, feito no primeiro semestre de 2018 e recusado pelo senador. Ambos eram amigos e Bolsonaro já havia dito, na Marcha para Jesus daquele ano, que Malta era o seu "vice dos sonhos". O senador, entretanto, estava mais interessado na reeleição, além do fato de que o seu partido, o PR, acabaria entrando na coligação do tucano Geraldo Alckmin. Entre os parlamentares evangélicos, comenta-se que ele, embora apoiasse Bolsonaro em público, não levava fé na campanha do capitão, ainda visto pela classe política como um azarão na corrida presidencial. É verdade que ele estava indo bem nas pesquisas, em segundo lugar, atrás apenas do ex-presidente Lula, preso em abril, e a inevitável saída do petista da disputa o colocaria como líder. No entanto, a visão predominante entre deputados e analistas políticos era que Bolsonaro não teria fôlego para se sustentar como favorito. Seria questão de tempo para que o eleitorado de direita migrasse aos poucos para o Alckmin, que tinha o maior tempo de TV, graças a uma grande aliança de partidos. A recusa de Malta para ser vice não chegava a ser grave e poderia simplesmente ser interpretada como uma situação corriqueira da política, em que um aliado não consegue se sacrificar pelo outro, mas nem por isso se perde a boa relação entre ambos. Só que a negativa se somou, meses depois, a uma saia justa ocorrida durante a campanha, quando Bolsonaro estava hospitalizado após a facada.

Malta, também em campanha, levou um empresário do agronegócio do Mato Grosso, Eraí Maggi — primo de Blairo Maggi, chefe do Ministério da Agricultura no governo Temer —, para visitar o candidato a presidente no hospital e tentar convencê-lo a indicar o parente do ministro para comandar a mesma pasta em caso de vitória. Eraí chegou a tirar foto com Bolsonaro, que apareceu na imagem deitado no leito do hospital, com direito a tubos, sondas e pijama hospitalar. A família do candidato, no entanto, não gostou nada daquilo, em especial sua esposa, Michelle, e o filho Carlos. Se ele estava se recuperando de uma facada, não era o momento para pedir cargos. Malta, em vez de promover a desejada aproximação entre Bolsonaro e Eraí, acabou gerando o próprio afastamento. E a situação ficou pior. Logo depois da vitória de Bolsonaro no segundo turno, começou a sugerir que estava garantido como ministro do novo governo e trocou farpas públicas com o general Hamilton Mourão, que tinha sido o vice escolhido. No conjunto da obra, o senador conseguiu se indispor com Bolsonaro, com a família de Bolsonaro e com a ala militar do novo governo. Foi como cavar a própria cova.[11]

Michelle, que a essa altura já era contra a indicação de Malta para qualquer ministério, tinha em mente outro nome, o de Damares Alves, pastora com mais de vinte anos de experiência como assessora de parlamentares, entre eles o próprio Malta, com quem trabalhava naquele momento. Para parte da bancada, Damares agiu pelas costas do senador para se colocar como um nome mais adequado ao Ministério dos Direitos Humanos. Em uma conversa com Michelle, teria falado sobre a conturbada vida amorosa de Malta — que já havia se separado de duas esposas, sendo a mais recente a deputada federal capixaba Lauriete, do PSC — e ajudado a alimentar a ideia de que um homem com esse histórico não poderia assumir um ministério dedicado à família.[12]

Michelle, então, teria recomendado a Bolsonaro que convidasse Damares para ser a titular do que se tornou o Ministério da Mulher, da Família e dos Direitos Humanos. Um dia antes de anunciar Damares, Bolsonaro confirmou à imprensa que Malta não iria compor o governo e, à sua maneira, justificou a decisão: "Tínhamos um desenho do ministério na cabeça, infelizmente não coube o perfil dele, não se enquadrou nessa questão. Apenas isso".[13] Sóstenes, a voz na Câmara do pastor Silas Malafaia, que defendeu a escolha de Malta, reagiu sem medir as palavras: "Se antes parecia uma ingratidão, agora fica claro que há uma intenção de afrontar o Magno Malta".[14]

Damares não aceitou o convite de Bolsonaro logo de cara. Disse precisar de um tempo para pensar e resolveu ligar para Malta para pedir a bênção. O senador não se opôs, deixando o caminho livre para que a assessora se tornasse ministra. Antes da ligação, e antes mesmo de ser descartado publicamente por Bolsonaro, Malta já sabia que ficaria de fora do governo. Fazia uma semana que não falava com ninguém, recluso em seu sítio no Espírito Santo, depois de ter perdido a eleição para o Senado. Só voltou a dar uma entrevista quando esbarrou com uma jornalista em um voo para Brasília, a repórter Amanda Audi, do The Intercept Brasil, que passara os últimos dias a procurá-lo. Parecia estar abatido e admitiu à jornalista que esperava ter sido convidado para ministro, mas que não seria por isso que deixaria de ser amigo de Bolsonaro. O mais importante era que a esquerda havia sido derrotada. Disse que não estava magoado, que entendia que a posição do presidente eleito não era fácil e que sabia que não havia nenhuma chance de ser chamado para nada. Naquele momento, Damares ainda não havia sido anunciada, mas seu nome já circulava na imprensa. A repórter quis saber se a indicação de uma assessora sua poderia sugerir uma forma de agradá-lo, como se ela fosse representá-lo no ministério. "Não. Se ele chamar ela, vai ser um reconhecimento do trabalho dela."[15] Procurados, Magno Malta preferiu não conceder entrevista para este livro, e Damares não deu retorno aos pedidos.

Os primeiros meses do novo governo passaram longe de ser uma lua de mel entre o presidente e a bancada. Pelo contrário. Os deputados crentes se sentiam escanteados e avaliavam que Bolsonaro só dava ouvidos aos militares e aos filhos. O distanciamento não era grave a ponto de gerar um rompimento, mas o presidente poderia vir a sentir falta do apoio dos parlamentares evangélicos em votações que não tivessem relação com a agenda cristã, mas eram importantes para o governo, como a reforma proposta pelo ministro da Economia, Paulo Guedes, para o sistema previdenciário. Embora fossem aliados de Bolsonaro, os evangélicos não demonstravam nenhum constrangimento em manifestar sua insatisfação em público. Em março, quando a reforma da Previdência já estava em discussão, Feliciano foi ao Twitter para dizer que a comunicação com o Planalto estava péssima. "Quando o governo resolve governar sozinho, se torna um gigante com pés de barro. O que adianta ter a estrutura que tem se o alicerce é frágil? O presidente tem que cimentar os pés. E isso se faz chamando as bancadas para conversar." Sóstenes, por sua vez, garantiu na época que os evangélicos jamais iriam sabotar o governo nas pautas de costumes, mas que, fora disso, era preciso conversar. Do contrário, ameaçou, cada deputado iria cuidar do seu mandato. "[Em] matérias como a da Previdência, sem diálogo, ninguém coloca o dedo."[16]

O ressentimento dos evangélicos era uma clara demonstração da divisão que havia entre duas alas do governo: a ideológica — na qual eles estavam inseridos, junto com os olavistas — e os militares. Ainda durante a discussão da reforma da Previdência, o deputado Marcos Pereira, presidente do Republicanos (antigo PRB) e bispo da Universal, um dos poucos congressistas crentes que se sentiam à vontade para falar de economia, alertou, em fevereiro, que a ausência de medidas para o sistema previdenciário que também afetassem a categoria dos militares poderia gerar um "sinal ruim" para a sociedade ao longo do debate do projeto no Congresso, como se eles estivessem sendo poupados em um momento de sacrifício.[17]

A insatisfação manifestada pelos deputados crentes surtiu efeito e, nos meses seguintes, o presidente se mexeu para buscar uma reaproximação com a bancada, até porque tinha como estratégia governar tendo mais relacionamento com a frentes temáticas do Congresso do que com os partidos. No fim de maio, ele compareceu a um evento da Assembleia de Deus em Goiânia e pela primeira vez manifestou a intenção de nomear um evangélico para uma das vagas que iriam abrir no STF durante o seu mandato.[18] Foi um primeiro aceno. Em junho, tornou-se o primeiro presidente da República a participar da Marcha para Jesus em São Paulo e aproveitou presença da multidão para agradecer o apoio dos evangélicos ao seu governo. Foi também nesse evento que ele admitiu, pela primeira vez, a possibilidade de tentar a reeleição em 2022,[19] dando a deixa para que Feliciano, apenas nove dias depois, se apresentasse como um possível vice em entrevista a *O Estado de S. Paulo*. "Seria interessante ele [Bolsonaro] ter um vice com entrada em um núcleo da sociedade que é extremamente fiel e leal."[20]

No dia da votação da reforma da Previdência na Câmara, em julho, quando Bolsonaro estava dando suas últimas cartadas para conseguir o apoio necessário entre os parlamentares, ele chegou a prestigiar o culto evangélico do Congresso, pela manhã. Aproveitou a cerimônia para reiterar o desejo de indicar um crente para o STF e dessa vez acrescentou que o indicado seria "terrivelmente evangélico".[21] A reforma, aprovada com folga à noite, teve o apoio da maior parte dos crentes. No dia seguinte, Bolsonaro recebeu a bancada pela primeira vez no Palácio do Planalto, para um café da manhã, e agradeceu pela votação. A reaproximação estava dando frutos, e não só pela Previdência. Um levantamento feito pelo *Estadão* em setembro mostrou que, em todas as votações em que o governo orientou seus aliados na Câmara sobre como deveriam votar, os deputados crentes foram 13% mais governistas que a média dos parlamentares.[22] Em novembro, quando lideranças do Centrão consultaram o presidente para saber se ele apoiaria um projeto para liberar os jogos de azar, ele respondeu que antes precisaria ouvir a opinião da bancada evangélica, historicamente contrária. O relacionamento parecia estar enfim pegando no tranco.[23]

Os evangélicos, porém, tinham um duro adversário dentro do governo, um homem que não vestia nenhuma farda, mas que era um dos nomes fortes de Bolsonaro: o ministro Paulo Guedes. Com frequência as igrejas tinham algum pleito que envolvia alívio em impostos, mas esbarravam no ajuste fiscal que Guedes tentava implementar. No início de 2020, por exemplo, chegou ao Ministério da Economia um pedido para que o governo alterasse a forma como é cobrada a conta de luz dos templos. As lideranças evangélicas argumentaram que, como os cultos em geral ocorrem à noite, quando a tarifa de energia é mais cara, as igrejas acabam pagando um valor maior.[24] A proposta era que só a tarifa normal fosse cobrada, mas não prosperou. Embora o impacto de uma medida como essa na arrecadação do governo não fosse relevante, Guedes gostava de dizer ao mercado financeiro que não iria criar nenhum tipo de condição especial para nenhum segmento da sociedade, e não seria para as igrejas que iria abrir uma exceção. Nessa disputa, Bolsonaro preferiu ficar ao lado do ministro, até para não perder a simpatia do mercado financeiro, que o havia apoiado em 2018 com a esperança de que uma agenda econômica liberal fosse posta em prática.

Apesar dos altos e baixos na relação com a bancada, Bolsonaro continuou tendo o eleitor evangélico como um apoiador resiliente. Ao final do primeiro ano de mandato, quando já havia se desgastado com as denúncias de "rachadinha" envolvendo o ex-assessor parlamentar Fabrício Queiroz e as incontáveis declarações polêmicas em público, uma pesquisa do Datafolha mostrou que 30% dos brasileiros consideravam o governo ótimo ou bom, proporção que, entre os evangélicos, subia para 36%, a mais alta entre os grupos religiosos.

Um dos crentes que seguiam fiéis a Bolsonaro era o pastor cearense José Wellington Bezerra da Costa, líder havia mais de trinta anos da CGADB. Aos 85 anos, ele me recebeu em seu escritório, no templo da igreja no Brás, região central de São Paulo — em fevereiro de 2020, um mês antes de a pandemia forçar o isolamento social no país —, e disse ter votado no presidente já sabendo que ele era "meio avançado nas palavras", dono de uma "boca doida", mas que o considerava um homem honesto e decente.

Apesar de os parlamentares evangélicos terem ressalvas quanto à participação de militares no governo, era a presença de generais no alto escalão que dava uma certa tranquilidade ao pastor. "Uma coisa me contenta: general pode não entender de determinada linha administrativa, mas não vai roubar, vai arranjar pessoas que entendem."

José Wellington também destoava um pouco da bancada em relação ao trabalho de Guedes. Revelou ser contra o pedido das igrejas para um alívio nas contas de luz e disse considerar o ajuste fiscal necessário. O único ponto na economia que o incomodava era o dólar, pois quanto maior a cotação da moeda americana, mais custoso ficava para a igreja mandar dinheiro para as filiais em outros países. "O dólar sobe e nosso caixa aqui geme."

Ainda que a próxima eleição estivesse longe, José Wellington disse que botava fé na reeleição do Bolsonaro e que, se dependesse dos evangélicos, o presidente teria mais quatro anos no poder. Mas alertou que, em política, é preciso ter cuidado com o que se fala, e esse seria o maior risco do capitão reformado. Por último, antes de me despedir, perguntei-lhe se havia algo na gestão de Bolsonaro que não aprovava. Ele evitou criticar diretamente o governo e ponderou que o presidente não poderia dar passos maiores que a perna, mas ressaltou que o Brasil tinha necessidades em muitas áreas, em especial na saúde. "A parte hospitalar precisa", disse um profético José Wellington, semanas antes de o país começar a viver o pesadelo da pandemia.[25]

Com o Brasil mergulhado em uma pandemia e com a crise econômica que veio a reboque, a pauta da bancada evangélica ficou totalmente escanteada. Não havia clima para debater o aborto ou a tal ideologia de gênero se milhares de pessoas estavam morrendo ou perdendo empregos. O máximo que se discutiu foi se as igrejas continuariam funcionando ou não durante o isolamento social. Bolsonaro, é claro, ficou ao lado dos evangélicos e defendeu, sem sucesso, que os templos seguissem abertos.

Mas com ou sem pandemia, Bolsonaro era percebido por deputados como um presidente inábil no trato com o Congresso, o que, naturalmente, incluía a bancada. A relação pode até ter melhorado um pouco ao longo do mandato, mas nunca foi um mar de rosas. Uma avaliação frequente entre os parlamentares crentes era que o problema estava no excesso de militares no alto escalão do governo. "O militar não tem traquejo político. Ele olha para todo político como um político ladrão, não tem conhecimento de quem não é ladrão, de quem é sério", me disse o deputado Sóstenes.

Nessa conversa, pedi a Sóstenes um exemplo de alguma demanda dos evangélicos que não estava recebendo a devida atenção por parte do governo. O caso que lhe veio à mente não envolvia os militares, mas sim o ministério do implacável Guedes, e mais uma vez estava ligado a impostos. Sóstenes reclamou que a Receita Federal continuava tributando as igrejas em remessas de dinheiro para o exterior, ainda que já houvesse uma legislação que as isentasse. Faltava o ministério de Guedes publicar uma instrução normativa (ato que busca garantir o cumprimento de uma lei) para interromper a tributação. "Para nós é um erro terrível."[26]

Ainda no primeiro ano de pandemia, os evangélicos perderam outra batalha para Guedes. Em setembro, chegou à mesa do presidente um projeto de lei que concedia perdão de 1 bilhão de reais em impostos que as igrejas deviam. Bastava Bolsonaro sancionar a lei. A equipe econômica, contudo, recomendou o veto, pois o governo não podia se dar ao luxo de dispensar a verba. Além disso, os assessores jurídicos do presidente disseram que a sanção poderia ser interpretada como crime de responsabilidade, dando brecha para um possível pedido de impeachment. Bolsonaro, então, optou pelo veto, mas não deixou de explicar a situação para os deputados evangélicos, que entenderam sem pestanejar. "Não houve frustração, o presidente sempre foi respeitoso com o segmento", disse Sóstenes.

Um revés como esse não era nada para uma bancada que estava de olho em algo maior: o STF. Os crentes seguiam ansiosos para saber quem seria o tal nome "terrivelmente evangélico" que Bolsonaro iria indicar para o Supremo. A promessa, porém, não foi cumprida na primeira oportunidade. No segundo semestre de 2020, quando o ministro Celso de Mello se aposentou da corte e liberou a primeira vaga, o presidente frustrou os evangélicos ao indicar o desembargador católico Kassio Nunes Marques. Furioso, o pastor Silas Malafaia foi ao Twitter e carregou nas tintas. "O escolhido para o STF é terrivelmente evangélico? NÃO! É terrivelmente de direita mesmo não sendo evangélico? NÃO! O PT, toda a esquerda, o Centrão, os corruptos e todos os que são contra a Lava Jato agradecem."[27] Um ano depois, outra vaga foi aberta, agora com a aposentadoria do ministro Marco Aurélio Mello. Era a última oportunidade para que Bolsonaro cumprisse a palavra com os evangélicos. Depois, só se fosse reeleito. Mas dessa vez seguiu com o prometido e indicou o presbiteriano André Mendonça, sucessor de Sergio Moro no Ministério da Justiça e ex-advogado-geral da União do próprio governo Bolsonaro.

A indicação de Mendonça para o STF foi um momento tão importante para os evangélicos que um culto chegou a ser promovido em uma igreja em Brasília para celebrar a posse do novo ministro, com direito à presença de Bolsonaro. A cerimônia, porém, serviu mais para expor uma disputa pelo comando da bancada evangélica que havia entre duas vertentes da Assembleia de Deus: a Assembleia de Deus Ministério de Madureira, do bispo Samuel Ferreira, anfitrião do culto, e a Assembleia de Deus Vitória em Cristo, do pastor Silas Malafaia. À época, em dezembro de 2021, a FPE tinha como presidente o afilhado político de Ferreira, o deputado Cezinha de Madureira, do PSD de São Paulo. E já estava acertado entre os deputados que, assim que completasse um ano no posto, o que ocorreria dali a dois meses, Cezinha sairia para dar lugar a Sóstenes, afilhado de Malafaia, que ficaria por mais um ano.

Ocorre que Ferreira não estava disposto a largar o osso e queria que seu afilhado renovasse o mandato de presidente da FPE por mais um ano, a exemplo do que se passara com o antecessor de Cezinha, o deputado amazonense Silas Câmara, do Republicanos, que comandou a frente por dois anos. Então o bispo, que conduzia a cerimônia, aproveitou a ocasião para marcar território diante das câmeras e de todas as autoridades presentes. Quando Cezinha se aproximava do púlpito para tomar a palavra, com a Bíblia na mão, já perto do fim do culto, Ferreira se virou para ele, ainda com o microfone na mão, e quis deixar claro quem mandava. "Há quinze anos eu tirei ele de onde estava e fiz dele um filho, por adoção. E eu repreendo muito o Cezar, mas só repreendo porque eu sei que ele tem cabedal e condição de ir mais longe. Todo mundo que está aqui pode ser importante, mas seu pai sou eu", disse o bispo, um homem magro, que usava óculos de grau pequenos, de armação redonda, e ostentava um característico topete alto. "Ele hoje é presidente da frente, tirou um ano, e eu vou fazer campanha, ou vou lembrar o que já houve no passado, para continuar [por] mais um ano."[28]

Silas Malafaia não estava na cerimônia em homenagem ao novo ministro do STF, mas não gostou nada quando soube do que disse Ferreira. Fazia tempo que trabalhava para que Sóstenes assumisse o comando da frente e não estava disposto a esperar por mais um ano, até porque já havia renunciado ao posto uma vez, em 2019, ao tentar emplacar o afilhado pela primeira vez. O que tinha pesado contra nessa primeira tentativa foi o fato de parte da bancada ver Malafaia como um pastor polêmico demais, envolvido excessivamente nas pautas do Congresso, portanto, não havia interesse que seu afilhado assumisse o comando da frente.[29] Sem força, Sóstenes acabou cedendo para que um parlamentar mais experiente assumisse a FPE, o amazonense Silas Câmara, seguindo a tradição da bancada de eleger por aclamação o candidato que está há mais tempo no Congresso. Quando Silas enfim deixou o mandato, em 2021, Sóstenes tentou novamente se candidatar, e dessa vez teria como adversário o deputado Cezinha de Madureira.

Quem quer que fosse o preferido, ficaria no comando por dois anos, como estabelecia uma nova regra do estatuto. Sóstenes contava com o argumento de ter um mandato a mais, mas Cezinha estava duro na queda. Os dois, então, sentaram para conversar e decidiram que cada um ficaria um ano, com Cezinha no primeiro (2021) e Sóstenes no segundo (2022), acerto que agradou o afilhado político de Malafaia porque ele teria a exposição da FPE em um ano eleitoral.

Mas quando chegou 2022 e Samuel Ferreira disse que faria campanha para Cezinha ficar por mais um ano, Sóstenes foi atrás do colega deputado para tirar satisfação. O acordo, afinal de contas, não havia sido feito entre igrejas, mas sim entre parlamentares. Cezinha pediu um tempo a Sóstenes, prometeu que iria administrar a situação com Ferreira e garantiu que o acordo seria cumprido. A duras penas, tudo se resolveu e, em fevereiro, Sóstenes tomava posse como o novo presidente da FPE.

As eventuais desavenças entre os deputados, porém, não são suficientes para atrapalhar a atuação coordenada que a bancada tem no dia a dia para combater as pautas que eles consideram nocivas à família. Trata-se de um trabalho de formiguinha que começa com os assessores de cada um dos parlamentares e também com os assessores da própria FPE. A rotina é semanal e tem início na segunda-feira, quando os auxiliares se reúnem para mapear quais projetos estão na agenda da semana do Congresso e podem ser contrários a qualquer bandeira da frente. Não necessariamente o projeto a ser combatido tem de ser algo muito óbvio, como a aprovação do casamento entre homossexuais. Pode ser algo mais sutil: por exemplo, se um deputado apresenta um projeto propondo uma política pública para a população em geral, mas outro deputado resolve sugerir uma emenda a esse projeto que crie alguma condição especial para a comunidade LGBTQIAP+, a bancada corre para barrar a emenda. Os evangélicos até podem aceitar que o projeto seja aprovado, mas sem nenhum favorecimento à população LGBTQIAP+.

Após o mapeamento inicial feito pelos assessores, uma nova reunião acontece às terças-feiras, dessa vez entre os próprios parlamentares, sempre por volta das dezessete horas, em alguma sala das comissões. Os assessores costumam chegar antes, para revisar em alguns minutos o que será discutido, e aos poucos os deputados vão aparecendo para uma conversa que será mediada pelo presidente da frente, com a permanência dos assessores, que podem ajudar esclarecendo eventuais dúvidas. É o momento em que os deputados definem quais projetos serão priorizados e qual será a estratégia para combatê-los. Por exemplo, se existe um projeto indesejável sendo discutido em uma comissão específica, eles procuram saber se há algum evangélico nessa comissão que possa fazer algo para barrar ou mudar o texto. Em geral, os parlamentares mais engajados costumam estar nas comissões que têm projetos mais sensíveis para a agenda cristã, cada um se posicionando nos colegiados onde se sentem mais à vontade ou onde podem ser mais úteis. Sóstenes, por exemplo, sempre faz questão de ser membro das comissões de Educação e de Direitos Humanos da Câmara, nas quais pode haver debates sobre a temida ideologia de gênero.

O trabalho dos assessores da frente não se limita à parte burocrática. Eles são peças importantes nas articulações e definições de estratégias para que os interesses da bancada sejam defendidos. Um dos mais ativos entre eles é o pastor Josué Alves, um piauiense que trabalha no Congresso desde 2006. Os detalhes do seu método de atuação nos bastidores, segundo me disse, são guardados a sete chaves e jamais seriam compartilhados. Mas ele contou, por alto, que consistia em atuar diretamente nas comissões, com o esforço contínuo para ter evangélicos envolvidos nos debates mais sensíveis e atacar os projetos indesejáveis logo no nascedouro — uma estratégia similar à adotada pelos evangélicos na Constituinte.

Perguntei ao pastor se havia algum projeto que sentia mais orgulho de ter combatido, e ele, sem titubear, respondeu que era o do "kit gay". Afirmou que a expressão tinha sido criação sua, quando a bancada ainda estava discutindo uma estratégia para se opor ao material. A ideia inicial era chamar o conteúdo de "cartilha anti-homofobia", mas ele alertou que esse termo não iria pegar. Sugerira, então, trocá-lo por "kit gay". "A mídia foi lá e abocanhou a expressão", ele me disse, às gargalhadas.[30]

No governo Bolsonaro, um dos assuntos que exigiram discussão por parte da bancada foi a Lei Paulo Gustavo, um projeto criado durante a pandemia para destinar 3,8 bilhões de reais do Fundo Nacional da Cultura (FNC) a estados e municípios, com o objetivo de amenizar estragos causados pela crise de saúde no setor cultural, e batizado com esse nome em homenagem ao ator e humorista que morreu de covid-19 em maio de 2021. O tema foi incluído pelos assessores na pauta da reunião marcada para 5 de julho de 2022, terça-feira. Por volta das 17h40, Sóstenes foi o primeiro deputado a chegar. Sentou-se no centro da mesa principal — ao lado de três assessores, entre eles Josué — e postou no grupo da bancada no WhatsApp que a reunião estava para começar, de modo a apressar os demais parlamentares.

A bronca dos parlamentares evangélicos era que a Lei Paulo Gustavo tinha sido aprovada "corretamente" na Câmara, mas que, no Senado, "para variar", haviam dado um jeito de inserir uma menção à comunidade LGBTQIAP+, em artigo que dizia que os estados e municípios tinham de assegurar, na implementação das ações previstas, mecanismos de estímulo à participação de minorias, entre elas as pessoas do segmento LGBTQIAP+.

O projeto, quando chegou ao Palácio do Planalto para receber a sanção presidencial, foi vetado por Bolsonaro, junto com outro projeto de apoio à cultura, a Lei Aldir Blanc, que previa pagamento do Auxílio Emergencial a profissionais do setor cultural durante a pandemia. Com os vetos, os dois textos teriam de voltar ao Congresso, o que daria aos parlamentares evangélicos a chance de trabalhar para desfazer o que fora feito no Senado. A questão era que havia um novo acordo entre o governo e lideranças do Congresso que colocava a bancada evangélica em um impasse.

À época, o senador Randolfe Rodrigues havia conseguido assinaturas suficientes para instalar no Senado a CPI do MEC, que iria investigar os escândalos envolvendo o ex-ministro e pastor Milton Ribeiro. O interesse do governo era evitar que a CPI fosse instalada antes das eleições, para impedir que Bolsonaro ficasse em maus lençóis durante sua tentativa de vitória. Para isso, o governo estava disposto a abrir mão dos vetos aos dois projetos, o que forçaria a governista bancada evangélica a tomar cuidado na hora de se posicionar.

Um problema adicional para a bancada era que Bolsonaro havia vetado totalmente a Lei Paulo Gustavo, e não apenas um ou outro ponto específico. Quando isso acontece, o texto volta à Câmara, e os parlamentares têm de decidir se apoiam o veto total ou se aprovam o projeto como está. Na sala da comissão que abrigava a reunião da bancada, Sóstenes resumiu o dilema:

> Se não votarmos pela derrubada desta lei, vamos aprovar um texto que foi lamentável e mal intencionalmente alterado no Senado. Ao mesmo tempo, temos a saia justa de que, se votarmos contrariamente, podem colocar na nossa conta que a gente é contra a cultura, o que não é verdade.

O deputado David Soares foi o primeiro a pedir a palavra e minimizou a preocupação com a eventual narrativa de falta de apoio dos evangélicos à cultura. Os eventos culturais, disse, já haviam sido retomados em 2022 e, portanto, os profissionais da cultura já não se encontravam mais em uma situação de aperto como dois anos antes, quando a pandemia estava no auge. "Se estivéssemos em 2020, concordaria. Mas estamos há mais de um ano fazendo pequenos eventos e, em São Paulo, já temos eventos de monta maior, como a Marcha para Jesus." Para o deputado, se o governo vetara inicialmente o projeto, e o veto ocorrera em concordância com a frente, os evangélicos deveriam trabalhar pela derrubada da lei.

Sóstenes concordou com Soares e disse que era isso que queria ouvir dos colegas. A bancada evangélica, lembrou, nunca fora de negociar nada que envolvesse a agenda cristã. Se havia um imbróglio envolvendo uma possível CPI no Senado e eram os senadores os responsáveis pela inclusão do segmento LGBTQIAP+ no texto, continuou Soares, os deputados não tinham motivo para ceder nesse assunto. Enquanto a reunião ocorria, um dos deputados da bancada, Eli Borges, do PL do Tocantins, deixou a sala para ir ao Senado tentar encontrar outra saída em conversa com o líder do governo na Casa, o senador Eduardo Gomes, também do PL do Tocantins. Não havia tempo a perder.

Até que Borges voltasse com notícias, o tema foi deixado em compasso de espera, e a assessoria da frente retomou a fala para relembrar outras pautas que deveriam ser trabalhadas ao longo da semana. Alertou, por exemplo, para um projeto na Comissão de Desenvolvimento Econômico, Indústria, Comércio e Serviços, que previa o fechamento de igrejas em caso de uma nova pandemia ou uma endemia. "Quem nós temos na Comissão de Desenvolvimento Econômico?", perguntou Sóstenes à assessoria. "Temos o Glaustin da Fokus", disse uma das assessoras. "Mas, além dele, tem mais alguns evangélicos? Só ele? Nem católicos atuantes?", insistiu o deputado, sem que ninguém lhe respondesse. Com a escassez de evangélicos no colegiado, sugeriu que outros deputados crentes comparecessem no dia seguinte à sessão da comissão para tentar fazer pressão. Em seguida perguntou quem era o relator do projeto, mas não gostou quando soube que se tratava do petista Helder Salomão. "Nossa! Só faltava isso... Helder Salomão! É impossível negociar com ele... Mas vou chamar o Helder para uma conversa para ver se ele cede."

A reunião já caminhava para perto do fim quando reapareceu, desanimado, o deputado Eli Borges, contando que não teve êxito em conquistar o coração do senador Eduardo Gomes em relação à Lei Paulo Gustavo. Borges trouxe ainda a informação de que o Congresso iria votar os vetos de Bolsonaro em bloco — ou seja, as duas leis, Paulo Gustavo e Aldir Blanc, seriam aprovadas ou derrubadas em uma única votação, sendo intragável, para a bancada, apenas a Lei Paulo Gustavo. Mas Borges explicou que havia um jeito: algum partido amigo poderia pedir um destaque para votar as leis separadamente, o que talvez minimizasse algum desgaste político para os evangélicos, uma vez que estariam contribuindo para derrubar apenas um e não dois projetos de apoio à cultura.

Como o PL, de Bolsonaro, com certeza não tomaria essa iniciativa, para não correr o risco de melar o acordo sobre a

CPI, Borges sugeriu que o PSC assumisse a missão. Sóstenes, então, teve a ideia de telefonar naquele momento para o deputado evangélico Gilberto Nascimento, um dos caciques do partido, para saber se ele estava na Câmara. Assim que desligou, encerrou a reunião e foi atrás do colega. Mas não funcionou, e no mesmo dia os dois vetos foram derrubados.[31]

Quando faltava pouco mais de um mês para o início da campanha eleitoral, Bolsonaro ainda precisava definir alguns dos nomes que apoiaria nos estados. Uma das escolhas dizia respeito a quem seria o seu candidato ao Senado por São Paulo. A bancada evangélica, que nunca elegeu um senador no estado mais rico do Brasil, estava de olho na vaga e já havia sugerido um nome: Marco Feliciano, que trocara de partido mais uma vez, saindo do Republicanos para o PL, e já não tinha mais chance de ser vice na chapa de Bolsonaro, posição que coube a outro general, Walter Braga Netto. Além dele, outros dois políticos eram cogitados: o astronauta Marcos Pontes, ex-ministro da Ciência, Tecnologia e Inovação no governo Bolsonaro, e a deputada Carla Zambelli, outra fiel bolsonarista.

Feliciano, embora próximo de Bolsonaro, era quem corria por fora. A preferência do presidente era por Marcos Pontes. Não se sabia, porém, se o astronauta era um nome que agradava ao eleitor. O ex-ministro nunca havia se candidatado a nada, não tinha nenhuma grande realização no ministério e não era uma figura carismática. "Marcos Pontes não tem voto nem para se eleger deputado federal", chegou a dizer o pastor Silas Malafaia. O nome de Zambelli era a escolha menos provável. A deputada já sinalizara que não fazia questão de concorrer e só o faria se fosse essa a vontade de Bolsonaro. Já Feliciano estava disposto e vinha trabalhando por isso nos bastidores.

Quando chegou o feriado de Nove de Julho em São Paulo, os três postulantes estariam junto com o presidente em um evento que levaria uma multidão a uma avenida no centro da capital do estado. Era a Marcha para Jesus, organizada anualmente pela igreja Renascer em Cristo e que reúne milhares de evangélicos de todas as denominações. Parecia o ambiente perfeito para Feliciano mostrar a Bolsonaro que ele era o nome mais capacitado. Os eleitores evangélicos, afinal de contas, já haviam se provado decisivos em eleições passadas, como a do próprio Bolsonaro para presidente, e Feliciano era o mais popular dos políticos pastores. Era como se estivesse jogando em casa, enquanto Pontes e Zambelli estavam ali como "intrusos".

Por volta das nove horas, milhares de crentes se concentravam na avenida Tiradentes para aguardar o início da marcha, que começaria às dez. Bolsonaro, nesse horário, já havia desembarcado em São Paulo e aparava o cabelo com um barbeiro antes de se dirigir para lá, acompanhado por uma comitiva de aliados, entre eles Feliciano e Zambelli. Enquanto isso, na avenida Tiradentes, sob um sol de rachar, três trios elétricos estavam posicionados para dar a partida, todos decorados com balões nas cores verde e amarelo e imagens do apóstolo Estevam e da bispa Sonia Hernandes, o casal fundador da Renascer em Cristo. A julgar pelos trajes dos fiéis que cercavam os veículos, era difícil saber se o evento seria mais uma celebração religiosa ou um comício político. As faixas com o nome de Jesus amarradas na cabeça e as camisetas alusivas à marcha se misturavam com camisetas de apoio a Bolsonaro e camisas da seleção brasileira, um dos símbolos nacionais capturados pelo bolsonarismo. Em uma rua que cruza a avenida, um boneco de papelão com a imagem do presidente em tamanho real, similar a um modelo que Aécio Neves usara na campanha presidencial de 2014, divertia os fiéis bolsonaristas, que ali paravam para tirar fotos.

Por volta das dez horas, o apóstolo Estevam apareceu em um dos trios com o microfone na mão e avisou que o verdadeiro

Bolsonaro já estava presente. A marcha estava prestes a começar. Antes, uma oração. Os fiéis se ajoelharam no asfalto, olhos fechados, e, virados para o trio, levantaram as mãos. Em cima do veículo, todos também se ajoelharam, inclusive Bolsonaro e Estevam. O apóstolo, de óculos escuros, esticou o braço direito, como se abençoasse a multidão, e escolheu palavras que escancararam o tom político e nacionalista do evento:

> Senhor, que esse dia seja um dia de bênçãos. Abençoa a minha casa, abençoa os meus filhos, abençoa, Pai, as famílias brasileiras. Estabelece o Teu reino de justiça. Estende o Teu favor sobre essa nação, meu Pai. Nós clamamos a Ti. E, aqui de joelhos, nesse dia tão especial, nós abençoamos a cada família, abençoamos a vida do nosso presidente, a sua casa, a sua família, os seus ministros.

Sorridente, Estevam encerrou sua fala com uma citação bíblica recorrentemente usada pelos políticos evangélicos: "Feliz é a nação cujo Deus é o Senhor".

Bolsonaro, quando assumiu o microfone, não demonstrou o mesmo entusiasmo. Com o semblante sério e a mão esquerda enfiada no bolso, falou pausadamente, como se escolhesse as palavras com cuidado, e decidiu destoar um pouco do ufanismo do apóstolo, lembrando que um dia todos vão morrer. "E o currículo para a vida eterna é tudo aquilo que fizemos aqui na terra, bem como o que não fizemos." Repetiu, em seguida, um dos clássicos de seus discursos, um agradecimento que costuma fazer a Deus pela sua "segunda vida", em referência ao fato de ter sobrevivido à facada que levou durante a campanha de 2018, e, como quem se lembra de repente que está novamente em campanha, resgatou uma lista de pautas de costumes, para dizer que é contra o aborto, contra ideologia de gênero, contra liberar as drogas e defensor da família brasileira. "Nós somos a maioria do país, a maioria do bem, e, nessa guerra do bem contra o mal, o bem vencerá mais uma vez", disse.

Na sequência, contou que todos os dias, quando se levanta da cama e se ajoelha para rezar, faz um pedido especial a Deus: "Que o nosso povo não experimente as dores do socialismo, que olhe ao nosso redor, aqui na América do Sul, e veja como [...] estão indo outros países". O presidente, então, devolveu o microfone ao bispo, se recolheu com um passo para trás e pôs as mãos nos bolsos, para acompanhar o restante da marcha. Percebeu que Feliciano estava bem atrás e disse alguma coisa no seu ouvido, apontando algo que viu na avenida. Mas a conversa foi logo interrompida, porque o apóstolo Estevam chamou Feliciano para fazer outra oração.

De camiseta preta e calça jeans, Feliciano não se alongou, mas, assim como o bispo, recorreu a um nacionalismo religioso para dizer que "o Brasil é do Senhor Jesus" e aproveitou para exaltar Bolsonaro. "Temos aqui a maior autoridade do país, que está dizendo que só o Senhor é Deus, e, se o nosso presidente declara isso, o seu povo também declara", disse, enquanto o presidente abria um sorriso tímido para tirar uma selfie com um eleitor em cima do trio. Foi quando Estevam autorizou o início da marcha, dando a senha para que a banda posicionada em cima do trio começasse o louvor, com o hino "O nosso general é Cristo".

Com o trio em movimento, os discursos de políticos deram uma trégua. Os demais postulantes ao Senado, Pontes e Zambelli, não falaram, até porque poderia ser arriscado competir com Feliciano em um evento religioso. Mas o ex-ministro da Infraestrutura Tarcísio de Freitas, já definido como candidato de Bolsonaro ao governo de São Paulo, se mostrou disposto quando o trio fez a primeira pausa. Nascido no Rio e sem uma carreira política em São Paulo, ele sabia que precisava se apresentar aos paulistas. Embora não seja evangélico, vestia a camiseta da marcha, tentava cantar junto as canções cristãs e recorreu à religiosidade da mãe para tentar cativar o coração do eleitor crente. "Quem aí não tem um profeta na sua vida? Eu tenho vários. Eu tenho, por exemplo, a minha mãe, que todo dia está de joelho dobrado, todo dia me manda oração trazendo a palavra profética, trazendo a bênção, e por isso a bênção vem."

A marcha seguiu com os trios se locomovendo pela pista da esquerda da avenida, enquanto os fiéis se aglomeravam do lado direito, louvando junto com a banda. O destino final era a praça Heróis da Força Expedicionária Brasileira, onde um palco foi montado para apresentações musicais que iriam até as dez da noite. No meio do caminho, o trio com Bolsonaro fez uma nova pausa, e o apóstolo Estevam resolveu se aproximar do público. Ele desceu para o "térreo" do carro e uma porta se abriu de cima para baixo, como em uma nave espacial de filme hollywoodiano, criando um minipalco, por onde ele saiu para ficar mais perto dos fiéis sem precisar tocar no asfalto. Bolsonaro, Feliciano e o apóstolo César Augusto, também da igreja Renascer em Cristo, o acompanharam. Estevam pediu a todos que direcionassem as mãos para o veículo e avisou que César faria uma oração pelo presidente. Separados do trio por um cordão de isolamento, os fiéis, se espremendo para tentar chegar perto de Bolsonaro, não deixaram de repetir cada frase da oração. O apóstolo a encerrou dizendo que "profetizava" mais quatro anos para o presidente.

Após a oração, César disse algo no ouvido do presidente, que respondeu fazendo uma negativa com o dedo indicador e depois usou as duas mãos para gesticular que continuassem. Parecia não estar disposto a discursar mais uma vez, mas foi surpreendido quando Estevam lhe ofereceu novamente o microfone. Hesitou por um segundo, sorriu desconcertado e acabou aceitando. "Aqui eu prefiro muito mais ouvir do que falar", disse ao público. A banda entendeu que a fala não iria passar disso e se pôs a tocar de novo, mas Estevam acenou desesperadamente para que parasse. Bolsonaro ia continuar.

Improvisou mais algumas frases, com agradecimentos a Deus e ao povo, e voltou à parte de cima do trio. Parecia estar um pouco mais animado. Acenou para as pessoas, fez coraçãozinho com as mãos e sorriu.

Nem todos os fiéis, vale dizer, estavam ali por Bolsonaro. Uma mulher percebeu que eu fazia anotações e me abordou para dizer que não sabia o que eu estava escrevendo, mas quis ressaltar que as pessoas estavam ali por causa de Jesus. Perguntei por que ela me dizia isso. "Porque Jesus é mais importante do que todos eles", respondeu ela, apontando para os políticos em cima do trio. Também havia uma minoria entre os fiéis que não era nada fã do presidente. Quando a marcha terminou e as autoridades se dirigiram ao palco, Bolsonaro ouviu algumas poucas vaias vindas de um lugar específico da plateia, à esquerda.

Mas o presidente estava mais preocupado em discursar para a maioria. Havia milhões de fiéis que se aglomeravam pela avenida e eram potenciais eleitores. O tamanho do público era tão impressionante que, de cima do palco, o presidente nem sequer conseguia enxergar até onde ia a multidão — isso sem contar os retardatários que chegavam aos poucos para a parte final da marcha. Quem estava mais ao fundo poderia ter dificuldades para enxergar Bolsonaro no palco, mas certamente conseguia ver que atrás dele havia três telões enormes exibindo a bandeira do Brasil, tremulando enquanto ele falava. Dessa vez, ele resolveu ir além da simples manifestação contra o aborto, a ideologia de gênero e as drogas. Preferiu apostar em um discurso que buscasse ativar o medo dos eleitores, para que eles lembrassem que o outro lado defendera o fechamento de igrejas durante a pandemia, enquanto ele tinha sido favorável à liberdade de culto. Também recorreu a um clássico do discurso da direita brasileira ao mencionar a Venezuela. Disse que havia venezuelanos fugindo para o Brasil por causa da fome e que, por isso, os brasileiros tinham que aprender com os erros dos outros. "Nós não podemos deixar que pessoas, em nome de proporcionar o bem para todos, roubem lá na frente a nossa liberdade." Subindo o tom da voz em seguida, repetiu uma frase já batida em seus encontros com eleitores evangélicos, que, embora o Brasil seja um Estado laico, o "presidente é cristão". E foi ovacionado.

Bolsonaro não chegou a ficar até o final do evento. De lá, iria para outra Marcha para Jesus, em Uberlândia, Minas Gerais. Com a partida do principal astro do evento, os demais políticos passaram a ter mais espaço, e foi a vez de Magno Malta assumir o microfone. Novamente candidato ao Senado pelo Espírito Santo, ele não tinha muitas razões para se promover em um ato que ocorria em outro estado, então preferiu exaltar outro pastor, este mais preocupado com o eleitor paulista: Marco Feliciano. Ao convocá-lo para mais uma oração, referiu-se a ele como "senador Marco Feliciano". Deu-se conta do ato falho e brincou que havia "profetizado" o que iria acontecer com o deputado.[32]

Com o futuro de Feliciano ainda indefinido, os deputados evangélicos tiveram uma reunião em Brasília três dias depois da marcha para discutir as articulações em cada estado para eleições. Sóstenes quis dedicar atenção especial aos esforços para eleger crentes para o Senado, uma Casa que, na sua opinião, costuma ficar em segundo plano quando o assunto é aumentar a bancada. Citou, por exemplo, que o ex-deputado Alan Rick, da Assembleia de Deus, liderava as pesquisas para senador pelo Acre, e que o deputado João Campos, ex-presidente da frente, concorreria à vaga por Goiás. Lembrou que o deputado Eli Borges estava pensando em se candidatar ao Senado pelo Tocantins, mas ignorou a situação no Distrito Federal, onde Damares Alves, desafeto de Silas Malafaia, seria candidata.

Em Minas Gerais, afirmou, o cenário era mais complicado, pois havia mais de uma opção: o vereador de Divinópolis Cleitinho Azevedo (PSC) e o deputado Marcelo Álvaro Antônio (PL), ex-ministro do Turismo de Bolsonaro. Um assessor disse que Cleitinho, que ia bem nas pesquisas, poderia ser um melhor puxador de votos para Bolsonaro, mas Sóstenes ressaltou que o preferido do presidente era o ex-ministro.

Outro assessor lembrou que, no Mato Grosso, havia um vereador não evangélico que estava costurando um acordo com as igrejas para ser o candidato dos crentes ao Senado, mas que ainda faltava a adesão da Universal e da Igreja Internacional da Graça de Deus. "Estou ciente da situação lá e temos que falar com Marcos Pereira [da Universal] e David Soares [da Internacional]", disse o presidente da bancada. "Como nunca vamos ter apoiamento [de candidaturas evangélicas] em todos os estados, que pelo menos seja alguém muito ligado a nossas pautas." O presidente da frente afirmou ainda que, infelizmente, nem todos os candidatos, seja para a Câmara, seja para o Senado, receberiam o apoio explícito de Bolsonaro, em razão de questões partidárias ou pessoais. O que ele pretendia fazer era um vídeo institucional discorrendo sobre a importância de a frente evangélica crescer no Congresso.

Já perto do fim da reunião, Feliciano entrou de forma remota, pelo celular. A câmera abriu e ele estava de camiseta preta, aparentemente deitado em uma cama. "Libera o Marco para falar que ele quer falar sobre a candidatura ao Senado", pediu Sóstenes. "Ele está desesperado para falar", brincou. Feliciano, no entanto, disse que preferia conversar em particular com os demais sobre o assunto, porque sabia que o link da reunião era aberto, e outras pessoas que não faziam parte da frente poderiam estar ouvindo. Sóstenes, mesmo assim, aproveitou a oportunidade para exaltar o esforço político do colega e dizer que todos iam contribuir. "Ter um senador em São Paulo é muito interessante para a frente, vai ser um orgulho." Feliciano agradeceu o apoio e disse que a candidatura era um sonho. "Só precisamos fazer amarrações políticas, para que as coisas se concretizem de maneira séria. Tenho reunião amanhã com o presidente do partido, o Valdemar [Costa Neto]. Tudo passa pelo partido. Amanhã é o dia D."[33]

Após quatro anos de um governo amplamente identificado com a pauta cristã, crescia entre os evangélicos a vontade de participar ainda mais da política partidária. O desejo por mais poder não se limitava aos que já estavam em Brasília, como o exemplo dos deputados que queriam dar um salto e migrar para o Senado. Nas pequenas, médias e grandes igrejas, centenas de evangélicos estavam se preparando para estrear nas eleições e tentar fazer parte do clube dos eleitos. É impossível saber exatamente quantos crentes se candidatam todos os anos, porque o registro de candidatura não pergunta a religião do candidato. Mas é possível ter uma ideia do nível de engajamento a partir de títulos religiosos incluídos nos seus nomes, como "pastor", "apóstolo", "missionário", "bispo" e até um simples e abrangente "irmão". Em 2022, nove em cada dez candidaturas que apresentavam algum título religioso faziam referência ao mundo evangélico. Só os que se identificaram como pastores eram 392, ou 19% a mais do que na eleição anterior. Os bispos eram 52, quase o dobro dos 33 de 2018.[34] E entre os novatos, estava Fernando Fé, o pastor que quase todas as quartas-feiras está na Câmara para conduzir o louvor.

10.
Testemunhos eleitorais

Chegar, um dia, a fazer parte da bancada evangélica não é tarefa fácil. Com cada vez mais crentes interessados em uma candidatura, não basta ter um nome conhecido dentro de determinada igreja ou comunidade cristã para garantir uma vaga no Congresso. Há uma série de fiéis que sonham com a possibilidade, mas esbarram na falta de dinheiro ou não acham partidos que banquem a campanha. É comum que as legendas abram espaço para pastores, por acreditarem que eles possam puxar votos — mesmo que não se elejam —, no entanto, com o aumento da oferta de pastores à disposição, cresceu também a necessidade de contar com um padrinho político que encurte o processo. Fábio Salles, aquele que recebeu Marco Feliciano em Guaianases, é um dos que têm se preparado para um dia se candidatar, mas ainda não encontrou apoio entre políticos influentes. E mesmo que uma sigla dê a um líder evangélico uma oportunidade, também não há nenhuma certeza de que uma boa reputação na sua comunidade lhe garanta uma votação expressiva. É bem possível que boa parte dos membros da sua igreja prefira votar em figuras já consagradas entre os evangélicos ou em nomes que investiram mais dinheiro.

Isso significa que a estratégia de campanha inaugurada em 1962 pelo pastor Levy Tavares — ir à igreja e se apresentar aos fiéis como candidato — já não é mais o único caminho. Os evangélicos estão tendo que ser criativos, não apenas pela maior concorrência, mas também porque nem todos têm o suporte de uma igreja ou a mesma quantidade de recursos. Ser candidato da Universal, por exemplo, é um privilégio, pelo investimento que Edir Macedo faz nos nomes que lança em cada estado. Há templos de Macedo que chegam a projetar vídeos de campanha durante o culto — um jeito de divulgar o candidato sem que ele tenha de estar presente. Enquanto isso, há candidaturas menos afortunadas que precisam se virar nos trinta. Alguns não podem nem sequer entrar em determinadas igrejas durante as eleições, caso não sejam os candidatos oficiais daquela denominação, e se limitam a distribuir o santinho na saída do culto. Já outros preferem fazer pregações em praças públicas, em viagens pelo interior, onde a fiscalização é mais frouxa. E há também os de esquerda — uma minoria que inclusive rejeita a bancada. Para eles, fazer campanha em igreja chega a ser perda de tempo, ou talvez até uma incoerência política, o que cria a necessidade de adotar outra abordagem. Em 2022, tive a chance de acompanhar a campanha de seis candidatos. Entre eles havia nomes consagrados e desconhecidos, da direita à esquerda, de grandes e pequenas igrejas, e de grandes e pequenos partidos — cada um com um estilo particular de pedir voto. O trabalho de campo se deu em cinco diferentes estados, ao longo de três semanas — um período curto, porém importante para sentir muito claramente as diferenças entre uma campanha e outra, em realidades muito distintas, que vão desde uma metrópole como São Paulo até uma pequena cidade do interior da Bahia, dando as dimensões de um Brasil vasto e múltiplo. O que não impediu, mesmo em contextos diversos, de os candidatos se repetirem nos discursos, reforçando a pauta que os une, uma agenda que atravessa o país. A seguir, os meus testemunhos.

25 de agosto de 2022

Na rua Parapuã, uma das vias de comércio da Brasilândia, bairro da Zona Norte de São Paulo, os domingos têm cara de dia útil.

Do pet shop à loja de calçados, quase tudo abre as portas, e os moradores aproveitam o dia livre para ir às compras. Naquele domingo de sol, o último de agosto de 2022, uma moça segurava uma pilha de folhetos em frente a uma farmácia e se dedicava a conquistar um minuto da atenção de quem passava. A roupa que vestia — calça preta, camisa rosa-choque e colete preto — parecia um uniforme de trabalho, mas não tinha a identificação de nenhuma empresa.

Ela percebeu que eu estava parado na calçada e decidiu tentar a sorte, animando-se quando soube que eu estava indo ao culto da Universal, do outro lado da rua.

"Ah... então é uma pessoa confiável. O senhor acredita que estão querendo aprovar uma lei em que pai pode casar com filha, mãe pode casar com filho, tio pode casar com sobrinha? O senhor acredita numa coisa dessas, que barbaridade?"

A moça apontou para o homem da foto do folheto e disse que eram pessoas como ele que deveriam estar em Brasília, para não deixar que uma lei como essa fosse aprovada. Tratava-se, continuou, de um homem que respeitava a família e os princípios. "Você sabe que lei é essa?", perguntei. Em vez de me responder, ela seguiu exaltando o candidato. "Ele é presidente do Republicanos e já está lá como deputado federal." Desisti de tentar entender do que exatamente a moça falava, mas, antes de me despedir, fiquei curioso para saber se ela era da mesma igreja do candidato do folheto ou uma pessoa de fora que havia sido contratada para trabalhar na campanha. "Sou da igreja também. A gente tá nessa batalha para proteger nossa família."

O homem para quem aquela moça fazia campanha era Marcos Pereira. Enquanto eu caminhava até a igreja, passando por cima de dezenas de santinhos de candidatos a deputado espalhados pelo chão, resolvi abrir o folheto na tentativa de finalmente achar algo sobre a tal proposta que queria aprovar o incesto. Não havia nada. Aliás, foi até difícil achar qualquer menção à agenda cristã em Brasília. As oito páginas do material se dedicavam a mostrar Pereira como um deputado que promove o desenvolvimento econômico e social do estado. A capa destacava que ele tinha "conquistado" mais de 500 milhões de reais em recursos para mais de quatrocentos municípios paulistas, dinheiro destinado, por exemplo, à construção de postos de saúde, compra de ambulâncias e recapeamento de ruas. Em um trecho do material, que mostrava sete projetos aprovados em Brasília com o voto de Pereira, só havia um ligado à agenda cristã, sobre a isenção do Imposto Predial e Territorial Urbano (IPTU) para templos religiosos alugados. Os demais iam da redução de impostos para combustíveis, passando pela privatização dos Correios, à autonomia do Banco Central e até à ampliação do benefício do Auxílio Emergencial.

A julgar pelo material, Pereira não parecia um típico membro da bancada evangélica, mas sim um político comum, que promete escolas reformadas, ruas asfaltadas e ambulâncias para a população. O texto que resumia a sua biografia, na segunda página, nem sequer mencionava que ele era bispo da Universal. Limitava-se apenas a afirmar que era um "servo". Além de não trazer, enfim, nada sobre a suposta lei que aprovava o casamento entre pais e filhas, nada se falava sobre pautas de costumes corriqueiras em Brasília, como a descriminalização do aborto e o casamento civil entre pessoas do mesmo sexo.

O folheto — apesar de destoar da propaganda que a moça da Universal fazia — era mais fiel ao trabalho de Pereira no dia a dia em Brasília. De fato, o deputado não se dedica à agenda cristã no Congresso. Embora faça parte da bancada evangélica e vote em linha com a agenda cristã nas pautas de costumes, as bandeiras nas quais se engaja são basicamente econômicas.

Não se trata de uma rebeldia de Pereira com relação à Universal, mas de uma estratégia alinhada com Edir Macedo. Sua igreja, vale lembrar, não é de tomar a frente em discussões de costumes em Brasília. Sempre esteve mais interessada em conversar sobre concessões de rádio e TV e leis que possam afetar os negócios que fazem parte do império do bispo, como o banco, as próprias emissoras e empresas que vão desde operadora de plano de saúde, limpeza, até segurança privada e logística.[1] Faz mais sentido, então, que os seus deputados estejam mais engajados em debates econômicos. A questão é que Pereira precisa de votos para se eleger. E sair dizendo por aí que ajudou a privatizar os Correios e a dar autonomia para o Banco Central não é algo que chega a empolgar muitos eleitores. O jeito é apelar para a pauta de costumes durante a disputa. E é para isso que serve o exército de pastores da denominação.

A Universal da Brasilândia mais parecia um comitê de campanha. Além dos folhetos e santinhos espalhados, a maioria dos fiéis que saíam e entravam exibia um adesivo no peito com a imagem e o número de Marcos Pereira e de uma irmã de Edir Macedo, Edna, candidata a deputada estadual, também pelo Republicanos. No estacionamento, muitos dos carros também traziam grandes adesivos de campanha no vidro traseiro. Não por acaso, o bairro onde se localizava aquele templo havia sido um dos que mais votaram em Marcos Pereira na eleição anterior. Quando o pastor local, Vargas Pereira, começou o culto das dez horas, não falou de política logo de cara e seguiu o roteiro tradicional. Lá pela metade da cerimônia, deu início a uma sessão de cura e chamou para perto do palco aqueles que se sentiam doentes ou tinham alguma dor, e fez uma oração com a intenção de curá-los.

Ritual concluído, os fiéis voltaram aos seus lugares, prontos para ouvir o pastor, que tinha um recado importante. Vargas queria que cada um dos crentes retirasse com os obreiros da igreja o chamado oratório, um papel em branco no qual os fiéis devem anotar os nomes das pessoas por quem vão orar. Aquele oratório, em especial, distribuído pelos corredores do templo, tinha um caráter patriota, com uma bandeira do Brasil no verso. O pastor pediu aos crentes que anotassem os nomes de duas pessoas específicas no papel e, como um professor que quer se certificar de que os alunos estão com a matéria na ponta da língua, perguntou aos fiéis se eles sabiam quem seria a dupla agraciada. O público, que já havia ouvido a lição em outros cultos, não decepcionou o pastor e respondeu obedientemente: "Marcos Pereira e Edna Macedo!". Com um sorriso de satisfação, ele assentiu e apontou para uma fiel que tinha o adesivo dos candidatos colado no peito. "Eu tô vendo aí na camisa da senhora, aí, a senhora tá demais, hein? Arrebentou!"

Enquanto o pastor terminava uma oração pelos políticos e pelo Brasil, um projetor de imagens foi descendo lentamente do teto, e ele avisou que iria exibir um vídeo de Marcos Pereira, sobre a trajetória do candidato, "muito parecida" com a dele próprio. O vídeo, diferentemente do folheto, preferiu dar ênfase a uma história de superação, mais alinhada aos testemunhos frequentemente dados pelos próprios fiéis da Universal.

Marcos Pereira, dizia o narrador do vídeo, tinha nascido em uma pensão às margens da rodovia BR-101, no Espírito Santo, e fora adotado no mesmo dia. Os pais adotivos se separaram quando ele ainda era criança e quem acabou cuidando dele foi a avó adotiva paterna, com quem morou até se casar com Margareth, aos dezenove anos. A infância confusa e difícil, seguia o narrador, havia levado Marcos Pereira a tentar suicídio duas vezes antes dos dezessete anos, mas "o vazio que sentia acabou quando Margareth falou com ele pela primeira vez sobre… Jesus". Com pouco mais de três minutos, o vídeo terminava com uma afirmação que mais parecia um slogan publicitário: quem votou nele em 2018 não se arrependeu.[2]

Com todo o apoio que recebe da Universal, Marcos Pereira é uma das exceções entre as centenas de candidaturas evangélicas espalhadas pelo país. A maioria não tem à sua disposição um exército de pastores para pedir votos, muito menos a mesma quantidade de dinheiro para bancar toda a propaganda. No caso da sua campanha, foram 3,1 milhões de reais arrecadados, dos quais a maior parte — 2,7 milhões — saiu do caixa do Republicanos.[3] A receita total de Pereira supera em quase dez vezes, por exemplo, a de certo pastor da Assembleia de Deus do Ceará, um sujeito que foi convencido a voltar ao corre--corre das eleições depois de anos fora da política.

8 de setembro de 2022

A quatro semanas da eleição, Pedro Ribeiro se sentia desanimado. Não por acreditar que ia perder, mas porque não percebia mais em si a mesma vibração de outras candidaturas suas. Talvez o desânimo fosse até obra de Deus, pensava, para que "não se achasse 'o cara'". Mas a verdadeira razão era a falta de dinheiro, que o deixava em apuros para uma campanha que ele na verdade nem queria estar fazendo. Preferia ter ficado quieto no seu canto, acompanhando tudo de casa e apenas torcendo pelos seus. Mas não conseguira dizer não a Capitão Wagner, a maior liderança da direita do Ceará, que seria candidato a governador e queria o pastor na disputa a uma das vagas de deputado, federal ou estadual — ele podia escolher.

Mesmo sem dinheiro, o pastor acreditava que tinha chance de ganhar. A esperança se baseava principalmente no que havia acontecido quatro anos antes. Em 2018, Ribeiro foi candidato a uma das duas vagas para o Senado e, embora tenha ficado em quinto lugar, encarou o resultado de uma perspectiva favorável: os 334,5 mil votos que recebeu deram a ele o posto de segundo mais votado entre todos os candidatos do PSL do estado, perdendo apenas para Jair Bolsonaro, que levou 1 milhão de votos entre os cearenses. Fez as contas e concluiu que, se concorresse a deputado federal em 2022 e conseguisse um terço dos votos que teve para o Senado, seria eleito sem nenhuma dificuldade. Ou melhor: estaria entre os mais votados do estado, com mais de 100 mil votos. "Todo o meu roteiro de campanha está baseado nas votações que tive para o Senado", disse, quando me recebeu em seu escritório político, em Fortaleza, no dia 8 de setembro. "Mas o homem não libera dinheiro para mim."

O homem em questão era o próprio Capitão Wagner, líder no estado do partido do pastor, que agora era o União Brasil, e não mais o PSL. Ribeiro se queixava de que o capitão não lhe dava recursos suficientes para pagar as pessoas que trabalhavam na campanha. Mal tinha grana para manter alguém distribuindo santinhos do lado de fora das igrejas.

A angústia de Ribeiro é um exemplo de que não basta ser um pastor conhecido entre os fiéis para vencer uma eleição para deputado. É preciso também ter o apoio de grandes lideranças, políticas ou religiosas, e dinheiro para bancar uma campanha decente. Embora fosse um pastor com algum histórico de sucesso em eleições (já havia sido vereador e deputado federal), tudo isso fazia tempo: a última vitória, para deputado, datava de 2002. Até daria para ele compensar a falta de recursos financeiros com o espaço que poderia ter nas igrejas, onde seria possível fazer campanha para ganhar um voto "orgânico", barato, sem grandes custos, como fizera em outras eleições. Mas nem a sua igreja, a Assembleia de Deus, estava ao seu lado. Ela já estava fechada com outro fiel. Se quisesse o voto dos crentes, Ribeiro teria de buscá-lo por conta própria, pedindo o apoio de outros pastores, independentes, que poderiam lhe dar algum espaço nos templos. Mesmo assim, isso envolveria algum esforço de convencimento. "Às vezes o pastor já deve um favor a outro candidato."

Para cuidar do dia a dia da campanha, Ribeiro montou um escritório em uma galeria no Bairro de Fátima, um dos mais tradicionais de Fortaleza. Se a igreja da Universal parecia um comitê, o espaço do pastor cearense deixava a desejar. A única menção à política era uma toalha pendurada na parede com o rosto do presidente Jair Bolsonaro, bem ao lado da porta que dava para a sala de Ribeiro. Fora isso, só se via um sofá, algumas cadeiras distribuídas para acomodar as visitas e uma pequena escrivaninha ocupada por um de seus assessores, que me recebeu por volta das nove da manhã e me disse que logo o pastor iria me chamar para entrar. Ribeiro, segundo ele, estava apenas terminando de tirar a barba, atendendo a um conselho do próprio assessor, que disse ao candidato que ele não poderia conceder uma entrevista parecendo um petista barbudo. Ao me receber, Ribeiro contou ter arrumado aquele espaço porque queria "fazer um negócio direitinho". Mas, sem dinheiro, às vezes deixava de cumprir acordos com as pessoas que trabalhavam para ele. "Todo mundo que trabalha comigo é gente que precisa comer e eu não posso cumprir com esse povo. O povo vem [pedir dinheiro] e eu digo: não venha que não tenho ainda. Daí ligam para a mulher, pensando que estou mentindo, e isso já me ofende." Confessou que não se via desprestigiado por Wagner, mas algo ainda pior: sentia-se humilhado. Procurou alguns papéis pela mesa e leu números que indicavam que outros candidatos da coligação haviam recebido inicialmente mais recursos do que ele.

De acordo com Ribeiro, enquanto a campanha de alguns dos preferidos já batia a casa dos 2 milhões de reais em recursos, ele só havia recebido, até aquele dia, 158 mil. E quando tentou reclamar, contou, Capitão Wagner jogou a culpa na direção nacional do partido.

Independentemente da chance de ganhar ou não, Ribeiro confessou estar arrependido de ter voltado à política. Eram situações como essa que o haviam feito parar no passado. "Eu voltei porque a gente é humano, a gente é passível de voltar atrás, a gente não é tão firme como quer ou como pensa que é, e às vezes não pode ser mesmo." Sem ânimo para a campanha, contou que mal estava saindo para pedir voto na rua. Basicamente se limitava a fazer postagens nas redes sociais, um mundo que ele admitia não dominar. "Talvez Deus esteja me dando esse desânimo para eu não dizer que sou do bom. Se eu me eleger, toda a honra será d'Ele."[4]

11 de setembro de 2022

Eram quase onze horas da manhã quando cheguei sem avisar à Fundação Dr. Jesus, uma casa de recuperação de dependentes químicos construída na beira da estrada de Candeias, município da Região Metropolitana de Salvador. Minha missão era entrevistar o responsável pela instituição, Manoel Isidório de Santana Júnior, pastor da Assembleia de Deus e policial militar aposentado pelo estado da Bahia, mais conhecido entre os baianos pelo nome que usa nas urnas: Pastor Sargento Isidório. Mas um dos homens que me recepcionaram disse que talvez não fosse possível. A informação mais recente que tinha era de que o pastor ainda estava dormindo em seu quarto na fundação, esgotado pelo tanto que havia andado e pedido voto na noite anterior.

Enquanto tentavam descobrir se ele estaria disponível, fui levado para conhecer o complexo, onde pude ver, em quase todos os cômodos, uma imagem do pastor — um homem negro, magro, de cabelo curto e grisalho — vestido com seu tradicional traje de militar, mas com o rosto grosseiramente tampado por uma tinta branca, para atender à legislação eleitoral, que exige que candidatos ligados a organizações sem fins lucrativos e que recebem dinheiro público se desvinculem delas durante a campanha. Depois do tour, me deixaram em uma sala vazia, ainda sem saber se Isidório ia falar ou não, até dar meio-dia, quando o pastor finalmente apareceu, de short curto amarelo, camiseta branca, descalço, a cara amassada de quem acabou de acordar, os olhos vermelhos e uma voz rouca que quase não saía. Antes de se dirigir a mim, virou-se para os assessores e, com uma careta de dor, avisou que naquele dia não faria campanha. "Estou arrebentado."

Eu me apresentei ao pastor, expliquei qual era o trabalho que estava desenvolvendo neste livro e resolvi emendar de cara uma primeira pergunta, antes que o homem mudasse de ideia e desistisse da entrevista. Ele me interrompeu e disse que não ia falar nada sem que antes os assessores começassem a filmar a conversa. Queria ter tudo registrado, para se proteger. Estava traumatizado porque três meses antes a equipe do *Fantástico*, da TV Globo, havia exibido uma reportagem sobre a casa em tom de denúncia. A emissora, que gravara cenas da fundação com câmeras escondidas, mostrava que os internos eram submetidos a maus-tratos e apresentava o pastor como um charlatão. Também é possível vê-lo fazendo declarações homofóbicas e transfóbicas. Em uma delas, afirma: "O diabo diz ao homem que ele pode ser mulher, aí ele se veste todo". Isidório, a propósito, é defensor da "cura gay" e costuma afirmar que ele próprio é ex-gay.

Quando pude começar, quis saber como e por que entrou para a política. "Meu amigo, não sou político até hoje. Eu sou uma tempestade, sou alguma coisa que aconteceu aí na vida", respondeu, enquanto orientava os assessores sobre o local exato de onde eles deveriam filmar, apontando para cá e para lá.

A história do pastor na política teve início na Polícia Militar baiana. Isidório se tornou policial em 1981, antes mesmo de virar pastor. Aliás, antes mesmo de ser evangélico. Na PM, revoltou-se com o tratamento que o governo de ACM dava à categoria e começou a se engajar para reivindicar melhores condições de trabalho. Candidatou-se uma série de vezes entre 1988 e 2000, ou para vereador de Candeias ou para deputado estadual. Embora fosse policial militar e tivesse como principal bandeira a defesa da categoria, também pedia votos aos trabalhadores do polo petroquímico da Bahia. Nas campanhas, gostava de dizer que os ricos estavam com os ricos, e "os pobres comigo". Mas sempre perdia. "Devia ser porque não tinha pobre na Bahia", comentou ele, às gargalhadas. Logo em seguida, porém, assumiu um tom mais sério e afirmou que não vencia porque Deus não queria, porque era um homem que vivia bêbado, traindo a mulher e tendo relações homossexuais. Ele fungou e resumiu: "Eu era um lixo social". Se tivesse vencido, continuou, o sucesso teria subido à cabeça e, com o salário de político, teria vivido uma vida ainda mais desgraçada. "Ia ser só bebida, droga e prostituição."

O pastor se converteu ao Evangelho no início dos anos 2000, quando foi abordado na porta de casa por um grupo de fiéis da Assembleia de Deus. Entregou-se tanto à fé que logo em seguida deu início ao trabalho de recuperação de dependentes químicos, que tocava junto com a mulher na própria residência, com poucas pessoas. Continuou engajado politicamente como policial militar e, em 2001, foi um dos líderes da histórica greve de PMs da Bahia, que durou treze dias. Esse engajamento na paralisação rendeu um convite do PT para ser candidato a deputado estadual em 2002. Ainda não havia se tornado pastor, mas já era crente e venceu a eleição. Com o boom salarial que teve após se tornar político, investia o que sobrava a cada mês para começar a construir a fundação, que continuou sendo também a sua residência. Percebeu que precisava de mais recursos e resolveu se lançar a deputado federal pelo PSC em 2006, pois havia aprendido que, em Brasília, poderia destinar emendas parlamentares para a obra. Foi a primeira candidatura já como pastor, mas ele acabou perdendo e ficando sem cargo. Achou que era seu fim na política e que dificilmente seria eleito de novo. Sem o salário de deputado, decidiu entregar a fundação aos cuidados da Assembleia de Deus baiana, a sua igreja. Esta, no entanto, geriu o lugar por pouco tempo, pois trocou de comando e o novo presidente não tinha interesse em tocar a casa. "É que drogado não dá dízimo", me disse Isidório.

O pastor, então, teve de seguir com o trabalho na fundação, aos trancos e barrancos, até que conseguiu um convênio com o governo da Bahia — à época comandado por Jaques Wagner, do PT — para ter recursos que garantissem o funcionamento da instituição.

Foi só em 2018 que o pastor resolveu mais uma vez tentar virar deputado federal. Havia um acordo com a Assembleia de Deus de que ele seria o candidato oficial da igreja no estado, mas as conversas deram para trás, e o escolhido acabou sendo outro. Isidório quis manter a candidatura e foi eleito com a confiança de 323 mil eleitores, a maior votação da Bahia, favorecido por uma conjuntura que beneficiou candidatos que misturavam religião e segurança pública, como o próprio Bolsonaro.[5]

Enquanto me respondia sobre a decisão de tentar a vaga de deputado federal em 2018, começou a falar de maneira mais pausada, como quem luta para não tentar perder o fio da meada. É que uma voz que vinha lá de fora o fazia perder a concentração na entrevista. Um de seus homens estava conduzindo a oração que precede o almoço dos internos, que fazem a refeição no pátio do complexo, divididos em dezenas de mesas brancas de plástico. Eles ficam em pé para orar e só se sentam depois que terminam. Isidório quis me mostrar o ritual e interrompeu a entrevista para me levar até a sacada de onde se via o pátio. O homem que conduzia a oração vestia uma camisa do Flamengo, bermuda branca e tênis e, com um microfone na mão, ia passando entre as mesas enquanto recitava. Isidório decidiu acompanhar a prece. Fechou os olhos e abriu as mãos, viradas para cima, enquanto cochichava baixinho a própria reza. O homem do pátio percebeu a presença do pastor e fez menção de passar a palavra a ele. Isidório disse que não queria falar, mas mudou de ideia um segundo depois. "Eu dou daqui, então", gritou, já com a voz totalmente recuperada.

De volta ao escritório, o pastor fez ressalvas em relação à bancada evangélica. Apesar de formalmente integrar a frente parlamentar, não gostava do fato de o grupo ser "fechado" com o governo Bolsonaro. "De uma hora para outra, Bolsonaro virou um deus", reclamou. E embora defenda a "cura gay", Isidório não tem a pauta de costumes como sua principal bandeira. Prefere se colocar mais como um defensor dos mais pobres e marginalizados. Não por acaso, apoiou a candidatura de Lula à presidência. Mas não se tratava somente de uma escolha por princípios. Isidório tem uma longa parceria com os governos petistas da Bahia, que o socorreram quando a Assembleia de Deus não quis tocar a fundação. Além disso, para um político do estado, onde Lula é uma figura muito popular, pode ser arriscado ficar ao lado de Bolsonaro. "Mas para a bancada evangélica, todo mundo que é ligado à esquerda ou a Lula é o demônio. Então, o que eu vou fazer lá? Mas também não vou brigar com irmão. Vou deixar passar essa fase." A "fase" a que se referia o pastor era o governo Bolsonaro, a quem ele fez duras críticas por usar o nome de Deus politicamente. "Deus acima de todos? O Deus da Bíblia não é esse. Ele desce, vem e vai para o meio do pecador. O problema de Deus é com os nossos pecados, não com a gente."

Além disso, embora tenha um passado de PM e goste de se vestir como militar das Forças Armadas, Isidório é contra a pauta armamentista de Bolsonaro, agenda que passou a sensibilizar mais uma parte dos deputados evangélicos após o capitão reformado chegar a presidente. Ele abriu uma Bíblia que estava na mesa, apontou para o centro do livro sagrado e explicou que o Jesus dele não é o que faz "arminha" com as mãos e não é o que defende que bandido bom é bandido morto. "Eles estão falando de qual bandido? Só do bandido preto, pobre, fodido, da periferia, do gueto? E o bandido de cima, da barra de ouro, e os bandidos da vacina?"

Após a entrevista, o pastor disse aos assessores que havia mudado de ideia e iria para a rua fazer campanha. Sentia-se bem e me revelou que eu havia operado um milagre nele. Antes estava arrebentado e agora se sentia com disposição para pedir voto. A campanha de Isidório consistia basicamente em rodar com um caminhão pela Região Metropolitana de Salvador. Às vezes descia para panfletar, e às vezes subia em cima do veículo, como em um trio elétrico, para discursar a quem estivesse no entorno. Enquanto se vestia, começou a discutir com os assessores para onde iriam. Ficou pronto após colocar uma gravata lilás e um cinto vermelho e desceu até a rua para entrar no caminhão. O veículo parecia ter um problema no pneu e o próprio pastor correu para consertar. Minutos depois, foi com pressa até o lado do motorista e subiu para assumir a direção. Eram quase duas da tarde, e eles não tinham um roteiro.[6]

12 de setembro de 2022

O pastor Jocivaldo, um dos organizadores do ato, estava preocupado. A grande estrela da noite avisara que iria chegar dali a pouco e não havia uma vaga sequer para ele estacionar. O ideal seria o convidado parar o carro bem atrás do palanque, para andar o mínimo possível. Mas estava tudo ocupado e havia até automóvel trancando a saída de outro. O pastor, de terno azul claro, me viu parado entre os carros que estavam atrás do palanque e perguntou se um dos veículos era meu, na esperança de que eu pudesse lhe fazer o favor de abrir uma vaga. Respondi que não e vi seu rosto ficar ainda mais apreensivo. "É que os homens tão chegando", me explicou.

Os homens ainda iriam demorar para chegar. O principal convidado da noite, o pastor e deputado federal Abílio Santana, do PSC da Bahia, estava ainda a uma hora de distância de Itamaraju, na estrada, no banco do passageiro de uma S10 branca dirigida pelo pastor e cantor gospel Paulo André. Mais cedo, ainda à tarde, Abílio havia tomado um voo de Salvador para Porto Seguro, onde Paulo André o aguardava no carro. O evento estava marcado para as sete da noite, mas eles só iriam aparecer às nove. A falta de vaga não foi um problema e o pastor Paulo André parou a S10 na rua mesmo, bem atrás do palanque. De terno preto e Bíblia na mão, Abílio desceu do carro sem nenhuma pressa e aceitou tirar selfies com três ou quatro moradores que estavam ali para tietá-lo. Após a última foto, subiu calmamente a escadinha de metal que dava para o palanque e, uma vez no palco, sentou em uma cadeira branca, ao lado de outras figuras ilustres da comunidade evangélica local, enquanto uma banda gospel animava os presentes.

O evento não havia sido anunciado como comício. Se assim fosse, os pastores poderiam ser acusados de organizar o chamado "showmício", prática proibida pela legislação eleitoral brasileira. Tratava-se, oficialmente, de um culto com apresentações de música. Abílio, embora fosse deputado federal, era também pastor e poderia alegar que estava ali apenas para pregar.

Ligado à Assembleia de Deus Ministério de Madureira (a mesma do bispo Samuel Ferreira e do deputado Cezinha de Madureira), Abílio Santana é um pastor que tem carreira recente na política. Candidatou-se pela primeira vez em 2018, já direto para deputado federal. Logo no primeiro mandato, conseguiu se tornar vice-presidente da bancada, um jeito de ganhar visibilidade e mostrar algum prestígio aos eleitores crentes. Na campanha para se reeleger em 2022, em vez de sair passando de igreja em igreja, preferiu adotar uma estratégia focada em cultos em praças públicas, a maioria deles no interior da Bahia, em cidades pequenas, nas quais a chance de ser pego pela fiscalização eleitoral era menor. Organizados por pastores locais, os atos ocorriam em cima de palanques. A carreta, o próprio Abílio fornecia. Ele possuía duas, que ficavam em diferentes regiões do estado e eram deslocadas de acordo com a demanda. Os pastores locais só tinham o trabalho de promover o evento e convocar a população crente do município.

O pastor Paulo André também tinha um papel importante que ia além da simples função de motorista. Carismático cantor gospel, famoso entre os evangélicos, acompanhava Abílio nas viagens com o intuito de se apresentar para o público antes do discurso do candidato. Brincalhão, Paulo André elevava o espírito dos fiéis durante sua performance, preparando o terreno para Abílio fazer o trabalho final. Em Itamaraju, enquanto cantava e fazia o público gargalhar com rimas improvisadas entre uma música e outra, Abílio parecia indiferente a tudo o que acontecia ao redor, com o semblante sério, como se a cabeça estivesse em outro lugar. Sentado e de pernas cruzadas, com uma meia preta de bolinhas brancas à mostra, saiu da paralisia quando colocou os óculos de grau, abriu a Bíblia e passou a grifar alguns trechos. Só esbanjou um sorriso quando o acompanhante resolveu brincar com ele e disse no microfone que um certo pastor sentado iria dar cem reais a quem gritasse mais alto.

Após a apresentação de Paulo André, quem assumiu o microfone foi o pastor Nilton, que, com o pastor Jocivaldo, compunha a Ordem dos Pastores Evangélicos de Itamaraju, responsável pela organização do ato. Com a missão de introduzir a fala de Abílio, Nilton fez questão de explicar aos crentes que lotavam a praça Castelo Branco, localizada atrás da rodoviária da cidade, por que havia escolhido apoiá-lo. Segundo ele, muitos outros postulantes haviam ido à sua casa em busca de apoio, com oferta de tinta ou equipamentos de som para a igreja. "Mas não estou nesse negócio por causa de dinheiro, ele sabe disso, e sim por um propósito: por uma Itamaraju melhor", disse. "E o pastor foi o único que teve coragem, que deu a cara para bater e teve a coragem de pedir ao governador uma UTI para Itamaraju."

Nilton puxou o púlpito para o meio do palanque e chamou Abílio, que se levantou, abriu a Bíblia mais uma vez e a depositou sobre o púlpito. O tecladista começou a dedilhar o som relaxante que ia embalar a pregação, mas o candidato lhe pediu que esperasse um pouco. Antes de falar de Jesus, queria passar uma mensagem "muito rápida" e "muito objetiva" aos ouvintes. Tirou os óculos, pôs a mão direita no bolso e afirmou estar ciente de que muitos na praça deviam estar pensando que aquilo tudo não passava de um showmício, e que ele deveria falar de Deus em vez de política. A esses crentes, decidiu dar uma satisfação. "Eu quero deixar bem claro: quem entrou por aquela porta não foi o *deputado* Abílio Santana. Quem está com o microfone na mão é o *pastor* Abílio Santana", disse o candidato, sob aplausos.

Relatou em seguida, contudo, que, antes de subir ao palanque, um cidadão tinha lhe perguntado o que ele vinha fazendo em Brasília. Pôs novamente os óculos, abriu a Bíblia em outra página e pegou um marcador de página que estava sobre o livro sagrado. O marcador nada mais era do que um santinho de campanha, com a foto e o número do deputado, e um pequeno resumo do trabalho de Abílio na Câmara De um lado estavam os projetos que o parlamentar apoiava. Do outro, as propostas que ele queria derrubar. Abílio disse que mandara distribuir vários dos marcadores entre os crentes da praça "só" para responder ao servo que lhe fizera a pergunta, e desandou a falar sobre cada uma das iniciativas contidas no material.

A primeira era uma proposta sua em defesa do meio ambiente, mas que adversários políticos teimavam em dizer que se tratava, na verdade, de perseguição a outras religiões. O projeto, explicou, exigia que não se polua o meio ambiente com a exposição de animais mortos, como galinhas e bodes, em vias públicas ou encruzilhadas — uma alusão aos rituais com sacrifício de animais das religiões de matriz africana. "Onde eu estou perseguindo, pelo amor de Deus?", perguntou. Ao meu lado, um dos crentes percebeu para onde a coisa ia e demonstrou irritação: "Já tá misturando política com igreja". Uma mulher que estava por perto ouviu a reclamação e complementou: "E olha que ele disse que não ia falar de política".

Depois de destrinchar cada um dos pontos presentes no marcador, o candidato fez a sua mensagem "muito rápida" e "muito objetiva" virar um discurso de mais de vinte minutos, praticamente o mesmo tempo que levou em seguida para de fato pregar como pastor.

Antes de ir embora, Abílio teria ainda uma conversa com os pastores que organizaram o ato. Parte do material de campanha que estava guardado na traseira do carro ficaria com eles, que iriam continuar fazendo propaganda para o candidato na cidade. Enquanto Paulo André tirava um cochilo no banco do motorista, o deputado baiano subiu na traseira da picape e começou a caçar panfletos, cartazes, marcadores de página e adesivos, para entregar aos pastores que cercavam o veículo.

Disse aos aliados que costumava ser grato a quem o ajuda em campanhas e deu a entender que uma eventual vitória sua pode ser uma oportunidade de ouro para Itamaraju. Lembrou que o estado da Bahia tem 417 municípios e apenas 39 deputados federais, o que significa que nem todas as cidades conseguem eleger um deputado para chamar de seu em Brasília e, assim, ter prioridade na destinação de emendas. Como Abílio não está vinculado a uma região específica do estado, mas sim a um eleitorado definido pela religião, poderia escolher como bem entendesse os municípios que teriam preferência para receber suas verbas. "Mas isso depende da votação", disse aos líderes evangélicos locais, agachado na traseira do carro, enquanto ia enchendo as mãos com panfletos. Se Itamaraju desse uma grande contribuição para o desempenho do candidato nas urnas, a cidade seria recompensada e, naturalmente, também aqueles que houvessem trabalhado para que isso acontecesse. Os pastores não desgrudavam os olhos de Abílio e escutavam o que ele dizia como se fosse um mentor.

Em dado momento, o candidato sugeriu a eles que fizessem carreatas pela cidade para anunciar o seu nome. O pastor Jocivaldo, também já com as mãos cheias de materiais, lembrou ter recebido uma mensagem de Abílio por WhatsApp com uma lista do que era ou não permitido pela legislação eleitoral e resolveu tirar uma última dúvida. "Carro de som não pode, né?", perguntou. "Poder, não pode, mas, se você faz carreata sem mim, para quem eles vão mandar a multa? E se mandarem, eu pago."[7]

14 de setembro de 2022

Dono de uma voz grave e potente, Júnior Falcão é um jovem cozinheiro do Espírito Santo que já tentou ser radialista. Embora a carreira no rádio não tenha decolado, ele ainda se vale do timbre privilegiado para fazer bicos de locutor, como na tarde daquela quarta-feira, quando conduziu o ato de campanha de Magno Malta na avenida Expedito Garcia, uma via de comércio em Cariacica, na Grande Vitória.

Nesse caso, Falcão não trocou a frigideira pelo microfone apenas para ganhar um dinheiro a mais, mas também porque é um apoiador sincero de Malta, daqueles que vestem a camisa. Literalmente. Para conduzir o ato do candidato, saiu de casa com uma camiseta preta que exibia uma frase que é constantemente repetida por Malta: criança é para ser amada, não abusada. "É o lema dele, né?", me disse Falcão, em uma de suas pausas no microfone. O jovem locutor, um homem magro e de boné, estava desde as duas da tarde aquecendo a militância, que aguardava pacientemente a chegada de Malta. A turma, que não passava de duas dezenas de pessoas, estava concentrada em um posto de combustível localizado no início da avenida e de lá sairia para uma caminhada, com a ajuda de dois carros de som, entoando jingles da campanha.

Aquela era uma campanha que simbolizava um esforço de Malta para renascer politicamente. Depois de ter fracassado na tentativa de reeleição em 2018 e de ter insinuado em seguida que estava se aposentando da política, ele parecia estar com fôlego renovado para ir novamente à luta, disposto a voltar ao Senado. Sua candidatura também refletia um movimento da bancada evangélica para ter uma representação mais expressiva entre os senadores. Os parlamentares evangélicos nunca foram muito expressivos na Casa. Esse papel sempre coube mais à Câmara, onde na maioria dos casos os projetos de lei começam a ser discutidos.

Experiente em campanhas para o Senado, Magno Malta sabe bem que não pode agir apenas como um parlamentar crente. Por estar disputando um cargo majoritário, deve evitar se comportar como um político de nicho. É preciso ampliar os horizontes. Isso explica por que ele aposta em estratégias de políticos tradicionais, como carreatas e caminhadas na rua, por meio das quais pode atingir públicos diversos. Em 2022, assim como em 2018, valeu-se também do bolsonarismo para alcançar o eleitorado de direita em geral, e não apenas o evangélico. Falar de economia e atacar o STF são táticas que ajudam nesse sentido.

Malta só iria dar as caras às 15h40. Chegou em uma SUV preta, uma Toyota SW4. Vestia uma calça justa com estampa de camuflagem, uma camiseta que exibia a frase "Tem que ter coragem" (o slogan da sua campanha), tênis preto da marca Puma, corrente de ouro com uma estrela de Davi como pingente, relógio dourado e uma pulseira com a hashtag #gratidão. Assim que desceu do banco do passageiro, recebeu do locutor Junior Falcão o microfone e fez um breve discurso antes de convocar a turma para a caminhada. A fala tinha basicamente duas mensagens, que buscavam justificar por que ele queria retornar ao Senado.

O primeiro ponto era que Malta queria voltar a batalhar por suas pautas, tanto as bandeiras mais antigas, como o combate à pedofilia e às drogas, quanto as que ganharam mais peso com a ascensão de Bolsonaro, como o combate à chamada ideologia de gênero e a defesa ao armamento. O outro ponto era a promessa de que iria lutar contra os ministros do STF, instituição que se tornara alvo frequente dos bolsonaristas, que viam em alguns dos ministros uma tentativa de boicotar Bolsonaro e favorecer Lula. No discurso, citou os nomes de Alexandre de Moraes, Luís Roberto Barroso e Edson Fachin, e disse que iria colocá-los no "seu devido lugar", e assim estaria fazendo cumprir a Constituição. Moraes, em especial, costuma ser o mais visado pelo bolsonarismo porque ficou com ele a relatoria de vários inquéritos que envolvem o ex-presidente — como o das fake news, no qual ele foi investigado pelos seus ataques às urnas eletrônicas — e também por ter ordenado a prisão de aliados do capitão, como o ex-deputado Roberto Jefferson. Para convencer o eleitor bolsonarista capixaba a votar nele, Malta ressaltava em seus discursos que o Senado é a única instituição com poder para aplicar um impeachment em um ministro da mais alta corte de justiça do país.

A caminhada começou, e Malta foi passando de loja em loja para pedir o voto dos funcionários e dos donos dos comércios, sempre acompanhado de assessores e outros candidatos a cargos menores. Eram visitas muito rápidas, que se limitavam a um aperto de mão, à repetição de algumas palavras-chave que faziam referência às suas pautas — como crianças, drogas e

STF — e ao pedido de voto no final. "Conto com a sua ajuda para trabalhar pelas nossas crianças no Senado", dizia o candidato. A caminhada contou até com uma parada em um boteco para um cafezinho, um clássico das campanhas de rua. Em uma das visitas, dessa vez a uma loja de móveis, o pastor disse a uma funcionária que queria voltar ao Senado para "continuar lutando" e ouviu em resposta: "Mas vai mesmo? Eu conheço sua assessora. Vou perguntar a ela se devo mesmo votar em você. Será que ela vai me convencer?" A provocação serviu como deixa para Malta fazer graça: "Olha, espero que sim, porque, senão, eu e ela ficamos desempregados".

Na única pausa que fez durante a caminhada, Malta pegou o microfone de um dos carros de som para fazer um breve discurso aos que estavam na avenida. Na calçada, postado tal qual um pastor que prega em praça pública, reiterou as pautas de sempre e aproveitou que se encontrava em uma via de comércio para relembrar as dificuldades que os varejistas tiveram durante a pandemia. E não perdeu a chance de dizer que foram os adversários de Bolsonaro que apoiaram as medidas de isolamento social, que ajudaram a conter o avanço do vírus, mas colocaram os comércios em apuros. "Eles agora estão voltando com cara de santinho, pedindo pra você manter o emprego deles. Mas vocês é que vão ter que tirar o emprego deles agora. Não se esqueçam dos lockdowns", disse, emendando em seguida uma fala contra o aborto, na qual apelou para o tradicional argumento cristão de que as pessoas só existem porque não foram abortadas. "Essa loja onde você está trabalhando só existe porque o dono não foi abortado."

Por ter o combate à pedofilia como uma de suas principais pautas, Malta não desperdiçou a chance de cumprimentar crianças nas ruas, chegando até a protagonizar momentos constrangedores. Ao passar por uma mãe sentada ao lado da filha em um banco da calçada, o candidato tentou brincar com a menina, que estava em pé no banco, mas a recepção não foi como ele esperava. A garota fez cara de assustada e procurou manter distância. Sem desistir, ele se sentou na pontinha do banco e fez beicinho com os lábios, como se quisesse beijá-la. A menina ficou ainda mais assustada e correu para abraçar a mãe, que ria da situação. Malta então prosseguiu com a caminhada, aparentemente sem se abalar com a rejeição que sofrera. Em outro momento, quando já estava em cima do carro de som, acenando para os eleitores e fazendo mais um discurso, interrompeu bruscamente uma fala sobre os ataques da imprensa à polícia capixaba quando viu que uma mulher e uma criança o observavam da janela de um prédio da avenida. "Ei, bebê, o tio tá aqui lutando a tua luta, eu só tô aqui na rua porque eu quero defender as crianças, continuar defendendo o seu filho no Congresso Nacional." Embora goste de se colocar nesse papel de defensor da garotada, Malta não alivia na hora de se posicionar a favor da redução da maioridade penal. "Um vagabundo de dezessete anos, de quinze, de catorze, que invade a sua loja, que rouba seu carro, que toma seu celular, é um homem travestido de criança. Quando a polícia põe a mão, ele diz 'tira a mão de mim' que eu sou menor e conheço meus direitos. Direito é uma ova", gritou o pastor, durante a caminhada.

Além de se mostrar um convicto aliado das pautas da direita conservadora, repetindo à exaustão as palavras "Deus, pátria, família e liberdade" (exatamente nesta ordem, apenas acrescentando a palavra "liberdade" em relação ao lema da Ação Integralista Brasileira, movimento fascista brasileiro dos anos 1930, liderado por Plínio Salgado), Malta sabia que era importante se colar à imagem de Bolsonaro. Não perdeu uma oportunidade de mencioná-lo, como nos discursos contra o STF, e em alguns momentos até deixou o jingle do presidente tocando em seu carro de som. Do alto do veículo, chegou a convocar um buzinaço de motoristas bolsonaristas que estivessem circulando pela avenida. E citou Bolsonaro até quando o carro de som passou em frente a uma loja da Crefisa. Na ocasião, lembrou que a empresa de crédito patrocinava o Palmeiras, o "time do presidente", como disse. Quando o ato terminou, por volta das seis da tarde, com o céu já escuro, o carro de som encostou perto da calçada e Malta desceu, com a ajuda de assessores. A Toyota SW4 que o levara já estava ao seu lado e o candidato entrou imediatamente no veículo, sentando-se no banco do passageiro. Dali, já tinha outro compromisso de campanha: marcar presença em um jogo de futebol no estádio de Cariacica.[8] Já Junior Falcão, encerrada a missão como locutor, estava pronto para voltar à rotina na cozinha.

17 de setembro de 2022

Fazia mais de um mês que a campanha havia começado e Adriana ainda não sabia em quem votar. Tinha uma certeza: para presidente, não iria nem de Lula nem de Bolsonaro. Sujeito envolvido com Justiça não tinha vez com ela, que estava em dúvida entre as duas mulheres da disputa: Simone Tebet, do MDB, e Soraya Thronicke, do União Brasil. Tampouco havia se decidido sobre os nomes para deputado estadual e federal. A lista de opções, claro, era muito maior. Só no Rio de Janeiro, estado de Adriana, eram 1639 candidatos para deputado estadual e outros 1083 para federal.[9] Era provável até que ela topasse com algum deles na rua e recebesse um panfleto com um pequeno resumo das propostas. Mas, naquele fim de tarde, foi alvo de uma abordagem diferente. Estava desde as nove da manhã batendo perna, aproveitando o sábado de folga para resolver o que desse, quando percebeu uma movimentação na calçada de um casarão, em frente à praça São Salvador, no bairro Laranjeiras, Zona Sul do Rio. Era ali que um pastor de esquerda, candidato a deputado federal, iria conduzir um ato de campanha batizado de "encontro multirreligioso LGBTQIA+", marcado para as quatro da tarde.

Na calçada, um jovem de boné vermelho do MST, camisa amarela estampada e três botões abertos, anunciava aos quatro ventos, com um microfone em uma mão e uma Heineken na outra, que o encontro estava prestes a começar. "Vamos chegando, todo mundo, todas, todos e todes, vamos construir junto esse mandato", ele dizia. Adriana Francisco de Jesus, católica de cinquenta anos e funcionária de uma creche do bairro, viu ali a oportunidade de finalmente encontrar um candidato a deputado, e resolveu entrar. O pastor, porém, ainda não tinha dado as caras. O tempo ia passando e nada de o homem aparecer. Adriana até pensou em desistir e seguir o rumo de casa, mas acabou ficando. Por volta das cinco da tarde, quando o céu já começava a escurecer, chegou o candidato, que estava longe de parecer um pastor tradicional. Também com uma Heineken na mão, vestia uma camiseta da escola de samba carioca Mangueira por baixo de uma camisa de linho bege, calça escura e tênis. Assim como Adriana, estava desde cedo na rua. Sua programação tinha começado às dez, com uma panfletagem na feira da rua General Glicério, no mesmo bairro. Depois ele havia feito uma caminhada na Feira do Lavradio, marcado presença no aniversário do Armazém do Campo e feito outra caminhada em Santa Teresa.

Em dado momento, enquanto andava por Santa Teresa, pediu a uma assessora — uma mulher de *mullets*, óculos com cordão nas hastes e meias listradas com as cores do arco-íris — que o fotografasse junto a um mural de lambe-lambe com duas frases que lhe agradaram: "Só a bancada evangélica expulsa Jesus das pessoas" e "O Estado é laico". Postou-se ao lado das frases, posou para algumas fotos com o rosto sério, sem sorrisinho, e seguiu a caminhada, o último compromisso antes de ir para o encontro na praça São Salvador.

Quando o pastor chegou ao casarão, Adriana era, entre as pessoas que aguardavam, a que estava mais perto da porta, e por isso foi a primeira a receber um abraço dele. A essa altura, o jovem de boné do MST também já havia entrado e foi quem ficou com a missão de apresentar o pastor aos presentes. Avisou que o microfone que serviria para anunciar o evento não seria usado durante o encontro. Seria uma conversa olho no olho, "o jeito PSOL de fazer política". Ao fazer um resumo do currículo do candidato, procurou ressaltar que o homem que estava ali não era apenas pastor, mas alguém com várias outras facetas: professor de história, poeta, teólogo, ator e palhaço. Tinha até atuado no filme sobre o guerrilheiro Carlos Marighella, dirigido por Wagner Moura. "Ele está emprestando o seu corpo, a sua luta, para o ocupar a Câmara dos Deputados em Brasília, para combater Malafaias e Felicianos e todo o fundamentalismo religioso que tem oprimido todo o nosso povo preto", disse o jovem. "Com vocês, Pastor Henrique Vieira!"

Vieira, sentado sob uma bandeira amarela do PSOL pendurada na parede, é um homem que tem a fala mansa e passa serenidade. Embora tenha deixado para trás a carreira de professor, conserva hábitos professorais, como gesticular para ilustrar tudo o que diz e fazer perguntas ao público que ele mesmo responde, como quem quer solidificar a mensagem que está sendo passada. No início, quando começou a se apresentar às pessoas que lotaram o espaço, fez um breve resumo da sua trajetória, mas quis ressaltar que não se via como uma biografia isolada do coletivo, mas sim como fruto das interações e comunhões com todos que o cercam.

Estreando como candidato em 2022, Vieira faz parte de uma minoria de pastores de esquerda. Ao buscar seu primeiro mandato como deputado federal, não estava nos seus planos integrar a bancada evangélica para ser uma voz que pudesse mudar os rumos da frente. Pelo contrário, estava disposto a ser oposição à FPE. Por se contrapor dessa maneira, também evitava o estilo clássico de fazer campanha nas igrejas, até porque sabia que provavelmente não receberia a atenção da maioria. Em vez disso, focava em panfletagens na rua e buscava circular em ambientes de esquerda, sempre com um discurso de ataques aos deputados evangélicos de direita. Entendia que, se fosse eleito, isso se deveria muito mais graças aos votos de não crentes.

Para aquele encontro na praça São Salvador, Vieira tinha separado alguns tópicos e decidiu começar pela ideia de que o fundamentalismo religioso é uma forma excludente de ver o mundo. Quem pensa como fundamentalista, explicou, vê o diferente como sujo, pecaminoso, doentio, do mal. Ou trata como problema, buscando resolvê-lo, tentando converter um herege e forçando a chamada cura gay a uma pessoa LGBT, ou trata como um mal a ser combatido, eliminado. Em qualquer hipótese, aniquila a diversidade. "A vocação é para sufocar a individualidade, padronizar, uniformizar, controlar, governar os corpos, os desejos, os sentimentos, e produzir um mundo à imagem e semelhança dessa visão considerada única."

Vieira sentiu que estava se estendendo no discurso e perguntou se já falava por muito tempo, mas ressaltou em seguida que só precisava de mais cinco minutos para concluir a argumentação. Era o tempo para começar de fato a falar de política partidária e justificar a sua candidatura. Os fundamentalistas, lamentou, não têm organizado apenas a vida privada das pessoas. Se fosse só isso, já seria muito grave. Mas havia de maneira clara, e cada vez mais forte, um projeto de poder e de sociedade. A Bíblia e a Constituição estavam se confundindo e essa mistura ia se traduzindo em uma bancada no Congresso Nacional. A sua campanha, afirmou, existia para fazer o contraponto a isso, para ajudar a desarmar essa bomba, para conter esse avanço fanático, religioso e autoritário.

Antes de concluir, Vieira foi firme ao prometer que não iria negociar a pauta da diversidade. Com a voz embargada e segurando o choro, contou que, como pastor, recebe relatos frequentes de pessoas que estão machucadas, pensando em desistir da vida, que acham que precisam escolher entre o Jesus que tanto amam e quem elas realmente são. Às vezes são jovens expulsos de casa, que tentaram retirar os demônios da cabeça no silêncio de seus quartos, que foram forçados a passar por tratamentos invasivos e abusivos. "Eu não posso trair essas pessoas."

O pastor revelou que, ao fazer campanha na rua, panfletando e abordando as pessoas, percebia que muitos eleitores de esquerda o recebiam com repulsa. Quando ouviam a palavra "pastor", já se afastavam, não queriam conversar. Até devolviam o panfleto. Ele evitava tentar se defender, pois não sabia o trauma que aquela pessoa passara para reagir daquela maneira. Por outro lado, sentia que a aceitação em geral era muito maior, pois havia muitos eleitores de esquerda não religiosos que declaravam voto nele. Embora não considerasse exatamente divertido participar de uma campanha política, Vieira se sentia orgulhoso do que estava fazendo. E acreditava que o Rio de Janeiro estava prestes a fazer história, ao eleger um pastor de esquerda na terra de Malafaia e de Edir Macedo. "Faltam catorze dias pra ninguém entender nada quando a aparecer na imprensa que a esquerda elegeu um pastor", encerrou, sob aplausos.

Evelin foi a primeira pessoa a pedir a palavra para fazer uma pergunta ao pastor. Lésbica e judia, exibia no colo, acima dos seios, uma tatuagem de caminhão que tinha na parte da carga a expressão "corpo político". Mostrava-se profundamente incomodada pelo fato de muitos evangélicos gostarem de exibir a bandeira de Israel em eventos religiosos, como se isso sugerisse uma suposta fraternidade com os judeus, quando, na verdade, escondia uma contradição. Os evangélicos, argumentou, veneram Israel porque a Bíblia diz que, no dia em que todos os judeus voltarem para a Terra Prometida, Jesus também voltará, o que, na prática, representaria o fim do judaísmo e a vitória de um cristianismo hegemônico. Esse apoio dos evangélicos a Israel seria, portanto, uma expressão do antissemitismo. Do pastor, Evelin queria saber se seria possível o cristianismo se colocar como uma religião inclusiva. Vieira respondeu que sim, mas rejeitou a expressão "cristianismo inclusivo". Para ele, se algo tem de ser inclusivo, é porque antes é hegemônico. "Se você tem uma verdade e esta verdade está debaixo de uma tenda, o [cristianismo hegemônico] es-ten-de essa tenda para que mais pessoas sejam incluídas. Eu me fiz entender?" Na sua igreja, a pequena Igreja Batista do Caminho, a concepção teológica é outra. Não existe essa tenda da verdade, disse. A diversidade se impõe como algo maior, onde todos, em vez de incluídos, são acolhidos.

Quando o céu já estava escuro, um samba começou a ser tocado na praça e ficou mais difícil todos se escutarem. O jovem de boné do MST, então, viu que o encontro teria de aderir ao microfone e assumiu a função. Colocou-se no centro da roda, agachado, equilibrando a Heineken entre os dedos da mão esquerda, e foi distribuindo o microfone entre aqueles que pediam para falar.

Algumas perguntas depois, Adriana assumiu a palavra e nem esperou o microfone chegar. Contou que era mãe de uma mulher lésbica que também sofrera com discriminações, e disse:

Eu vim aqui em dúvida sobre meu voto. Não sabia em quem votaria para deputado. Até pensei em não ficar, voltar pra casa, mas me disseram que você estava chegando e resolvi ouvir suas propostas. Fiquei até agora e estou te ouvindo, te conhecendo. E estou gostando, espero que você faça mesmo o que está dizendo, mudar esses preconceitos, sabe. Enfim, estamos aí.

"Mas já decidiu se vai votar nele?", perguntou outro homem, provocando gargalhadas.

"Sim! Vou votar nele!", respondeu Adriana, também entre risadas.

"Ainda bem que alguém perguntou, porque eu não estava me aguentando", brincou o pastor.

"É que eu ia deixar para falar no final."[10]

***

Antes das dez da noite do domingo, os brasileiros já sabiam que o segundo turno da eleição presidencial seria entre Lula e Bolsonaro. Mas ainda não era possível cravar qual seria a composição exata da nova Câmara dos Deputados. O máximo que dava para fazer era supor que os mais votados até então eram nomes praticamente eleitos. A maioria deles, mesmo assim, preferiu esperar o dia seguinte para cantar vitória. Foi o caso de Marcos Pereira. Só na segunda-feira ele postou nas redes sociais uma mensagem de agradecimento aos eleitores. Com a ajuda dos pastores da Universal, Pereira teve um salto expressivo em sua votação em comparação a 2018. Saiu de 139,2 mil votos na eleição anterior para 231,6 mil em 2022. Dessa vez, não foram só os fiéis da igreja que lhe deram sustentação, mas também os eleitores não evangélicos de pequenas e médias cidades do estado de São Paulo. Por ser presidente de um partido que comanda 28 prefeituras no interior, valeu-se do apoio de prefeitos, e também das verbas que destinou aos municípios, para contar com votos de não crentes. O salto foi tão significativo que ele conseguiu superar a votação de Feliciano, reeleito com 220,6 mil votos.

Mas nem todos tiveram a mesma sorte. O pastor Abílio Santana, então vice-presidente da bancada evangélica, apareceu na segunda-feira no Instagram com cara de enterro. Com o apoio de 30,5 mil eleitores (191 em Itamaraju), ele passou longe de ficar com uma das 39 vagas de deputado a que a Bahia tem direito — o 39º teve 53,5 mil votos. Vestindo uma camiseta amarela e ao lado da família, publicou um vídeo para lamentar a derrota, mas agradecer a quem o apoiou.

Entre os derrotados também estavam Fernando Fé, o cantor gospel da Câmara, e Pedro Ribeiro, do Ceará. No fim, o pastor cearense conseguiu arrecadar 346,7 mil reais, mas ainda longe da receita daqueles que eram os candidatos favoritos de Capitão Wagner. A esposa de Wagner, Dayany Bittencourt, eleita, arrecadou 2,9 milhões de reais.

Entre os candidatos de esquerda ou antibolsonaristas, Henrique Vieira fez cumprir a sua profecia e se tornou, com 53,9 mil votos, o primeiro pastor evangélico de esquerda eleito no Rio de Janeiro, o berço de Edir Macedo e Silas Malafaia. Na Bahia, Pastor Sargento Isidório teve uma queda expressiva em relação a 2018, mas conseguiu entrar raspando, com o apoio de 77,2 mil eleitores, na 37ª colocação.

De acordo com levantamento feito pelo Iser, foram eleitos 94 deputados evangélicos (número que inclui até os poucos que se opõem à bancada, como Pastor Henrique Vieira), um aumento em relação aos 84 do pleito anterior, e também um novo recorde.

Com o novo Congresso definido, o foco das próximas semanas agora seria outro. Todas as principais lideranças evangélicas, de esquerda ou de direita, eleitas ou não eleitas, iriam se engajar no segundo turno da eleição presidencial. Marco Feliciano, que não conseguiu viabilizar sua candidatura ao Senado e venceu mais uma vez como deputado, publicou um vídeo no domingo à noite, durante uma carreata de comemoração em Orlândia (SP), em cima de um veículo, com um buzinaço ao fundo, para dizer que não era a hora de os seus eleitores separarem, porque o momento era de apoiar Bolsonaro. "Não podemos mais deixar o PT voltar."

II.
O justo e o ímpio

Em um hotel de luxo na praia de Boa Viagem, Zona Sul do Recife, Marco Feliciano tinha à frente uma plateia cheia de lideranças cristãs. Eram pastores e padres da cidade que ocupavam um salão espaçoso e estavam ali para manifestar apoio à reeleição de Jair Bolsonaro, também presente. A essa legião de sacerdotes, Feliciano não pretendia apenas fazer elogios ao presidente. A ideia, na verdade, era armá-los de argumentos que poderiam ser usados nas igrejas durante a guerra do segundo turno. Assim, pastores e padres estariam aptos a espalhar a palavra bolsonarista nas congregações e evitar que os fiéis cometessem o pecado de votar em Lula.

Um dos argumentos, sugeriu Feliciano, poderia ser especialmente útil com os crentes mais "desafortunados": se o fiel estava preocupado com a falta de emprego e a alta dos preços dos alimentos, deveriam alertá-lo de que tudo poderia ficar pior se houvesse troca de governo. "Imagina que você está em um voo, e no meio do voo você precisa trocar o piloto. Só que no currículo do outro piloto tem que ele já derrubou um avião. Você colocaria sua vida na mão do outro que já derrubou o avião?"

Para Feliciano, contudo, uma das maneiras mais eficazes de convencer um fiel a votar em Bolsonaro era apelar para a pauta do aborto. Um cristão convicto, explicou, não teria coragem de votar, conscientemente, em alguém que defende o "assassinato de crianças no ventre da mãe". Se assim proceder, continuou, esse crente um dia terá de prestar contas com Deus. "Esta é a aplicação que temos que levar a nossas paróquias e nossos membros", disse. "Não deixem que suas ovelhas sejam enganadas."[1]

Passados onze dias desde o fim do primeiro turno, Bolsonaro estava com pressa de tirar a diferença de Lula, que havia alcançado 48,4% dos votos, contra 43,2% seus. Seu maior desafio era reduzir a folga do adversário no Nordeste, região onde o petista se deu melhor, com impressionantes 67%, ante 26,8% para o concorrente. E a estratégia do candidato do PL para atrair o eleitorado que mais o rejeitara foi recorrer ao universo no qual ele ia bem: o segmento evangélico. Foi por isso que Bolsonaro escalou Feliciano e outras lideranças evangélicas, como os pastores Silas Malafaia e Magno Malta, para acompanhá-lo em uma viagem a Pernambuco. Se os nordestinos são os eleitores de renda mais baixa que a média do país, parecia fazer sentido que pastores fossem convocados para ajudá-lo, uma vez que a maioria dos crentes que frequentam as igrejas evangélicas do Brasil é formada por pessoas pobres e das periferias.

Apesar do esforço de Feliciano para oferecer argumentos que servissem aos crentes mais "desafortunados", os pastores convocados por Bolsonaro não conseguiram, pelo menos em Recife, sair do discurso de sempre, com a pauta de costumes e os ataques à esquerda. O verborrágico Malafaia, quando assumiu o microfone no púlpito do salão do hotel, não perdeu a chance de xingar Lula e criticar uma carta aos evangélicos que o petista estava preparando para divulgar no dia seguinte, de olho no voto dos crentes.

Como eu posso apoiar um cara que agora está mudando o discurso [para os evangélicos] e fazendo cartinha? É tão bandido e cínico que amanhã vai entregar uma carta dizendo:

"Olha, a questão do aborto é no Congresso, olha eu não sou contra [ser crime]". Gente, isso é um espírito de mentira. Tá repreendido em nome de Jesus!

A carta a que Malafaia se referia não seria divulgada no dia seguinte, mas somente dali a uma semana. O documento traria uma promessa de que a liberdade religiosa seria respeitada, que igrejas não seriam fechadas e que o petista era pessoalmente contra o aborto.[2] O gesto indicava que, se o maior problema de Bolsonaro era atrair o voto do nordestino, o de Lula era conquistar o eleitor evangélico. Não à toa, na primeira pesquisa feita pelo Datafolha após o início do segundo turno, divulgada em 7 de outubro, Bolsonaro liderava entre os evangélicos, com 62% das intenções de voto, exatamente o dobro de Lula.[3]

O resultado disso foi que o segundo turno girou basicamente em torno de pautas religiosas, mais até do que em 2018. Logo na primeira semana, por exemplo, repercutiu nas redes sociais um vídeo antigo de Bolsonaro, de 2017, que exibia o então deputado federal em uma reunião de maçons, frequentemente apontados por evangélicos, de maneira preconceituosa e sem embasamento, como pessoas que fazem parte de uma organização que tem ligações com o satanismo. O resgate do vídeo pegou mal para Bolsonaro, que teve de se pronunciar em uma *live*. "Acho que foi a única vez que fui numa loja maçom. Era candidato a presidente e pouca gente sabia. Um colega falou: vamos lá? E eu fui."[4] Lula, é claro, também foi alvo dos bolsonaristas, principalmente com acusações de que iria liberar o aborto no Brasil e fechar igrejas a partir de uma suposta implantação do comunismo, todas mentirosas.

Embora tivesse terminado o primeiro turno na liderança, Lula corria um sério risco ao deixar que a grande pauta do segundo turno fosse religião. Afinal de contas, esse era o tema que Bolsonaro dominava. Dois meses antes do início da campanha eleitoral, em uma conversa com Feliciano, o pastor me disse que o então presidente teria menos chance de se reeleger se o debate da disputa eleitoral girasse em torno de questões econômicas, uma vez que Lula poderia apelar para os tempos de prosperidade vividos durante os governos petistas. Se Bolsonaro conseguisse aliviar a situação da economia nos meses que faltavam até a eleição, teria mais facilidade para levar o debate para pautas cristãs. Não por acaso, deu um jeito de fazer o Congresso aprovar o aumento do Auxílio Brasil para seiscentos reais às vésperas da campanha. Não que isso fosse resolver todos os problemas de dinheiro dos brasileiros, mas certamente ajudaria a limitar o alcance do discurso de Lula em favor dos mais pobres.

Além de não ter o domínio da pauta cristã, Lula não tinha um batalhão de pastores e parlamentares evangélicos para ajudá-lo. Eram poucos os que estavam ao seu lado. No Congresso, os evangélicos com Lula eram a deputada Benedita da Silva (PT-RJ), a deputada Rejane Dias (PT-PI), a deputada Daniela Carneiro (União Brasil-RJ), o deputado Pastor Sargento Isidório (Avante-BA), o deputado Luis Miranda (Republicanos-DF) e a senadora Eliziane Gama (PSD-MA), além dos deputados eleitos Pastor Henrique Vieira (PSOL-RJ) e Marina Silva (Rede-SP). O pequeno grupo, embora respeitável, não se comparava ao apoio que Bolsonaro tinha da maioria expressiva da bancada e de figuras populares como Silas Malafaia e Edir Macedo.

Quando reuniu evangélicos no segundo turno para um ato em São Gonçalo, no interior do Rio de Janeiro, Lula não conseguiu atrair a presença de nenhum pastor de nenhuma igreja grande. Contou apenas com a participação de lideranças cristãs menos conhecidas do público, como o apóstolo Marcelo Coelho Cunha. Vestindo um boné vermelho do MST e munido de uma bandeira do movimento, Cunha se valeu de um famoso provérbio da Bíblia para dizer no púlpito por que os evangélicos deveriam votar em Lula. "Quando o justo governa, o povo se alegra, mas quando o ímpio governa, o povo geme. E o que nós temos visto no governo Bolsonaro é o povo sofrer, é o povo gemer [...]. E o povo, no período em que mais teve a sua alegria, foi no período em que Lula foi presidente." O provérbio, aliás, também era usado à exaustão pelos bolsonaristas. Cada lado dava seu jeito de apelar a trechos bíblicos para mostrar que estava com o candidato certo, o justo, e não com o ímpio (aquele que não tem fé).

Sem ter tantos aliados quanto Bolsonaro, Lula não tinha muito a quem recorrer em um ato para evangélicos, a não ser a si próprio e ao seu passado. Tanto é que, quando chegou a sua vez de discursar em São Gonçalo, evitou gastar saliva com pautas cristãs e preferiu focar no combate à fome. Assim, seguia uma estratégia defendida por lideranças cristãs de esquerda, para as quais, se o povo evangélico é majoritariamente pobre, poderia ser mais vantajoso apelar ao bolso do que à Bíblia, sobretudo em um momento em que a economia brasileira andava aos tropeços, ainda se recuperando da pandemia. Quando Lula falou de Deus, foi para dizer que a força divina era a única explicação para o fato de ele, um ex-operário, ter chegado à Presidência da República, e que, quando fora presidente, pedia a Deus para não errar. "Esse povo não quer discurso, esse povo quer comida", disse.[5]

Essa estratégia de mirar o bolso e a barriga dos eleitores crentes também tinha respaldo em pesquisas. Um recorte divulgado pelo Datafolha ainda no primeiro turno mostrara que Lula e Bolsonaro estavam praticamente empatados entre os evangélicos mais pobres, com renda mensal de até dois salários mínimos, que representavam cerca de metade do eleitorado crente. Enquanto o petista tinha 41% da preferência nesse segmento, o então presidente somava 38%.[6]

Líder de uma igreja da periferia de São Paulo, o pastor Fábio Salles percebeu que a situação estava tão "meio a meio" no seu bairro, em Guaianases, na Zona Leste, que até passou a evitar falar de política no púlpito. "Hoje nem o futebol separa tanto as pessoas como a política", ele me disse.

Salles, embora tivesse se decidido por Bolsonaro no segundo turno, já foi fã do PT. Aos 43 anos, é um clássico caso do eleitor da periferia que um dia votou na esquerda e depois preferiu abraçar as candidaturas que defendem a agenda cristã. O PT, vale lembrar, é um partido que nasceu a partir do sindicalismo operário do ABC Paulista e se mostrou competitivo eleitoralmente em suas primeiras disputas graças ao apoio que recebeu dos trabalhadores pobres dos grandes centros urbanos. Foram eles que levaram a assistente social e migrante nordestina Luiza Erundina à conquista da prefeitura de São Paulo em 1988, na primeira grande vitória eleitoral da sigla.[7]

Para Salles, porém, o partido foi se perdendo com o tempo, à medida que ganhava poder, se envolvendo em casos de corrupção e abraçando também algumas causas não trabalhistas, como as ligadas aos direitos da comunidade LGBTQIAP+. "Estão confundindo liberdade com libertinagem", me disse o pastor, depois de um culto na sua igreja. Na visão dele, Bolsonaro cresceu porque soube aproveitar bem esse vácuo. Os evangélicos, apesar de estarem cada vez mais representados no Congresso, não tinham uma grande liderança carismática com força para disputar a Presidência da República. "Então veio esse cara totalmente doido e disse: eu vou defender os seus princípios."

O Bolsonaro de 2022, porém, já não era o mesmo de 2018. Na eleição anterior, o capitão reformado do Exército era uma novidade que se aproveitou como ninguém do antipetismo, naquele momento no auge, e da pauta de costumes, até então órfã de candidatos presidenciais competitivos. Quatro anos depois, contudo, tinha contra si todo o desgaste de um mandato marcado pela pandemia e por consecutivas crises institucionais. Não que isso tenha diminuído significativamente a base de eleitores fiéis a Bolsonaro, mas serviu para deixá-lo mais vulnerável em um embate com Lula.

Para os evangélicos, não foi o caso do Ministério da Educação o que mais abalou a imagem do presidente, mas sim as frequentes declarações polêmicas, que testavam a paciência dos crentes para seguir apoiando um político que se comportava em público sem nenhum escrúpulo. Não foram poucas as vezes que pastores aliados de Bolsonaro, como Marco Feliciano, tentaram minimizar sua falta de modos, em geral justificando que ele era assim por não ser evangélico. "A boca dele é muito suja, mas ele não é salvo, ele não passou pelo processo de transformação que nós passamos. Todavia, é o candidato que mais se aproxima de nós", disse Feliciano, em um encontro reservado com outros pastores durante o primeiro turno, em Hortolândia (SP).[8]

Embora uma parcela dos evangélicos faça parte do eleitorado bolsonarista que rejeitou a vacina durante a pandemia, o descaso do presidente com as cerca de 700 mil pessoas que morreram de covid-19, muito presente em suas falas públicas, também afetou a sua moral com o segmento. Situações como a imitação de uma pessoa morrendo de asfixia e a declaração de que não era coveiro não passaram despercebidas entre os crentes. "Nós perdemos dois membros da igreja para a covid-19", me disse o pastor Salles. "O peixe morre pela boca, e há passagens bíblicas que dizem que aquele que muito fala provoca sua própria ruína. A língua é um pequeno instrumento que pode matar milhões de pessoas."[9]

Bolsonaro não deixou passar a oportunidade de também se complicar durante o segundo turno. Em entrevista a um podcast no dia 14 de outubro, a duas semanas da votação, resolveu relatar um episódio ocorrido durante um de seus passeios de moto no Distrito Federal. Era um sábado de manhã e ele estava passando por São Sebastião, cidade-satélite de Brasília, quando decidiu parar em uma esquina. Tirou o capacete e se deparou com três ou quatro "menininhas" bonitas. Elas eram parecidas fisicamente, estavam "arrumadinhas" e aparentavam ter uns catorze, quinze anos. Bolsonaro, então, sentiu que "pintou um clima", como conta na entrevista, e pediu para entrar na casa delas. Lá dentro, viu que havia entre quinze e vinte meninas se arrumando, todas venezuelanas, e concluiu que elas estavam ali para "ganhar a vida". A entrevista caiu como uma bomba na campanha.[10]

O objetivo de Bolsonaro com o relato era fazer uma crítica ao regime venezuelano. Se havia garotas venezuelanas que deixavam o país para se prostituir no Brasil, era porque a Venezuela estava sendo governada pela esquerda. "Você quer isso para a tua filha, que está nos ouvindo aqui agora? E como chegou neste ponto? Escolhas erradas!", ele disse. O tiro, porém, saiu pela culatra. O trecho em que Bolsonaro admite que "pintou um clima" com garotas de catorze ou quinze anos, com naturalidade e sem constrangimento, foi explorado pela oposição para sugerir que o presidente era pedófilo. Poderia ser que a entrevista pegasse mal apenas entre os eleitores de Lula, mas também repercutiu negativamente na base de Bolsonaro, principalmente entre os evangélicos. Tanto é que, em uma tentativa de minimizar danos, o presidente escalou Damares e Michelle, duas mulheres evangélicas, para visitar São Sebastião e prestar solidariedade às garotas. Dias depois, publicou um vídeo, ao lado de Michelle, para pedir desculpas, mas insistiu que a declaração havia sido tirada de contexto.[11]

A nova polêmica na qual Bolsonaro havia se metido não era um problema apenas para o segmento evangélico, mas também para o eleitorado feminino em geral, junto ao qual Lula estava se saindo melhor. No mesmo dia da publicação do vídeo de desculpas, estava marcado para ocorrer em São Paulo um ato com mulheres apoiadoras de Bolsonaro, organizado pela deputada federal Carla Zambelli (PL-SP), em um salão de eventos em Santana, bairro da Zona Norte da capital paulista. O presidente não estaria lá, mas seria representado por Damares e Michelle. Era mais uma oportunidade para que elas tentassem limpar a barra do candidato.

Em seu discurso, Damares não citou o episódio do podcast, mas tentou emplacar a imagem de Bolsonaro como um grande militante do combate à pedofilia, que havia colocado "milhares" de pedófilos na cadeia. "Vou mandar um recado para os pedófilos de São Paulo e do Brasil: eu, Tarcísio [de Freitas, candidato apoiado por Bolsonaro a governador de São Paulo] e Bolsonaro vamos pegar todos vocês", disse a senadora eleita, aproveitando também para dizer que o presidente havia delegado a ela, enquanto ministra, que cuidasse das mulheres "invisibilizadas" do país. "Governo cristão cuida de mulher!"

Michelle, quando convocada a falar, no encerramento do evento, admitiu que o dia anterior não havia sido fácil. Três dias depois de a entrevista de Bolsonaro ao podcast repercutir, a filha Laura, a única do casal, tinha completado doze anos e, na escola, fora atacada por um colega. "Você que é a puta?", teria dito um garoto, segundo a mãe. A primeira-dama pensou em ficar em Brasília com ela, mas preferiu ir a São Paulo porque achou que precisava lutar por uma pauta que via como muito importante: a família. "Ela ganhou um cachorrinho [de aniversário]. Senão, eu estaria com ela hoje", disse Michelle, com voz embargada.

Ao discursar, a primeira-dama parecia à vontade no palco. Andava para lá e para cá com o microfone na mão esquerda e, quando havia momentos de maior emoção, punha a mão direita sobre o coração. Na hora de falar sobre o marido, porém, colocou o braço direito sobre a barriga, com a mão atrás do cotovelo esquerdo, e reconheceu que ele era imperfeito, como todos são. Perfeito, ela ressaltou, só Cristo.

Embora não seja uma política profissional, Michelle é evangélica e está acostumada a dar testemunhos na igreja. A fala em público não é novidade. Em alguns momentos, até parece que está pregando, como na vez em que se referiu ao PT e pronunciou pausadamente cada palavra. "Estamos aqui para lutar para que esse câncer do partido das trevas se dissipe e saia da nossa nação", disse, ressaltando que todos estavam ali por um "único ideal": a luta por liberdade de expressão e liberdade religiosa. Em uma eleição na qual a religião poderia definir uma disputa acirrada com Lula, ela estava mais engajada na campanha do marido do que em 2018. Para a primeira-dama, porém, nunca havia sido tão fácil escolher um lado. E assim como fizera o apóstolo Cunha com o candidato petista, adaptou o provérbio que opõe o justo e o ímpio. "Gosto muito de mencionar um versículo da Bíblia que tava na faixa ali no fundo: quando o justo governa uma nação, o povo se alegra. E quando o ímpio governa, o povo geme. E por dezesseis anos, o povo gemeu, o povo viveu escravo, preso a mentiras."[12]

Como Bolsonaro era com folga o candidato preferido dos evangélicos, os fiéis que ousavam declarar voto em Lula corriam o risco de sofrer algum tipo de represália nas igrejas, podendo até ser expulsos. Foi o que ocorreu com o estudante de ciência política Brenno Souza, até então membro da Igreja Presbiteriana Oceânica, de Niterói (RJ), e líder de um ministério para crianças. O jovem foi "convidado" a procurar outra instituição após publicar nas redes sociais, durante o segundo turno, uma foto em que aparecia com adesivos de Lula. "Eles me acusaram de estar ouvindo demais meus professores da faculdade e de ser um infiltrado para ensinar marxismo cultural para as crianças", disse à época, em um indício de que mesmo as denominações ligadas a vertentes do protestantismo histórico, em geral discretas no apoio a políticos, não estavam conseguindo escapar da polarização.[13]

Quando o apoio a Lula partia de um pastor, os ataques poderiam vir tanto de outras lideranças quanto de fiéis. O assembleiano Paulo Marcelo, que foi candidato a deputado federal em São Paulo pelo Solidariedade e se apresentava como o "pastor do Lula", recebeu mensagens raivosas durante a campanha, que diziam ser ele um "desviado da igreja" e que deveria ir pregar em Cuba ou na Venezuela.[14]

Nem mesmo uma senadora escapou de críticas. Eliziane Gama, eleita pelo Cidadania do Maranhão e membro da Assembleia de Deus, declarou voto em Lula no segundo turno e foi alvo de uma nota de repúdio por parte do Conselho Político da Convenção Estadual das Igrejas Evangélicas Assembleias de Deus no Maranhão (Ceadema). A nota afirmava que o posicionamento da senadora estava em discordância com o da CGADB e dizia que ela dava claros sinais, desde o início do mandato, de falta de compromisso com a Ceadema.[15] A senadora reagiu, afirmando que a postura do conselho não era compatível com o Evangelho de Jesus. Para ela, o momento era de seguir firme na defesa da democracia e contra "atos de intolerância".

Em um debate na CNN Brasil com Marco Feliciano ainda no segundo turno, o recém-eleito Pastor Henrique Vieira disse que via as denúncias de assédio eleitoral com "espanto e tristeza", porque a igreja devia ser um sinal de paz, comunhão e diálogo, e não um lugar de fanatismo e do ódio que o bolsonarismo expressava. Feliciano, em resposta, preferiu afirmar que o que as igrejas estavam fazendo era, na verdade, ensinar as ovelhas. "O pastor que vê o lobo se aproximar do seu rebanho e nada faz contra isso não é pastor, tem que aposentar o cajado dele."[16]

Enquanto crentes de direita e de esquerda se digladiavam, uma igreja em especial adotou uma postura mais discreta na eleição: a Universal. Não que o bispo Edir Macedo não tivesse se posicionado. A denominação ficou ao lado de Bolsonaro durante todo o mandato e não foi diferente na campanha à reeleição. Mas não havia uma artilharia de peso contra Lula. Os deputados da Universal, até então membros da base do governo no Congresso, preferiam usar suas redes mais para pedir votos a Bolsonaro do que para propagar ataques ao petista, como faziam líderes políticos de outras denominações, que espalhavam sem dó que Lula ia implantar o comunismo, fechar igrejas, liberar o aborto, entre outras mentiras. Até porque, caso a bancada de Macedo precisasse fazer alguma negociação com o Palácio do Planalto em um eventual governo Lula, seria mais prudente não expor os parlamentares a confrontos desnecessários com o petista durante a eleição.

Nos cultos da denominação que acompanhei, no primeiro e no segundo turno, também não se falou uma palavra sobre a disputa presidencial. Os pastores apenas gastavam saliva para pedir votos aos candidatos da Universal a cargos legislativos. Quando queria atacar Lula, a igreja usava seu jornal oficial, a *Folha Universal*, de periodicidade semanal e alcance mais restrito. Em geral, recorria ao chamado editorial, espaço de divulgação da opinião da igreja, para fazer os ataques que os bolsonaristas costumam fazer ao petista, como chamá-lo de ex-presidiário. No entanto, um editorial mais duro desse veículo jamais terá o peso de um ataque público feito por um deputado ligado à igreja ou uma fala do próprio Edir Macedo, que tem perfil mais reservado do que o pastor Silas Malafaia.

O bispo, dono de uma coluna fixa na página 2 da *Folha Universal*, evita usar o espaço para falar de política durante as eleições, preferindo discorrer sobre trechos da Bíblia, como se estivesse em uma pregação. Mas, quando quer, arruma um jeito de dar os seus recados, ainda que nas entrelinhas. Na edição de 28 de agosto, por exemplo, a um mês do primeiro turno, abriu o seu texto com um trecho do livro de Mateus, que diz que, no dia do retorno de Jesus, o filho de Deus "apartará uns dos outros", como um pastor que aparta as ovelhas dos bodes. "E porá as ovelhas à Sua direita, mas os bodes à esquerda", escreveu o bispo, para no último parágrafo perguntar aos leitores: "Onde você estará neste dia? Do lado esquerdo ou do lado direito?". E ele mesmo responde o que deve ser feito: "Se optar pelo lado direito, quer dizer que estará escolhendo a vida correta".[17]

Macedo, no entanto, podia estar só fazendo cena. Ainda no primeiro turno, uma investigação realizada pelo jornalista Gilberto Nascimento, autor do livro *O reino: A história de Edir Macedo e uma radiografia da Igreja Universal,* indicava que o bispo já estava se preparando para abandonar Bolsonaro em uma eventual derrota, uma vez que Lula seguia como o favorito. Reportagem de Nascimento, publicada pelo site The Intercept Brasil, lembrava que Macedo tinha experiência em virar a casaca na política e já havia apoiado os governos do PT. O jornalista sustentava, com base em conversas com lideranças da Universal, que o bispo estava fazendo uma espécie de jogo duplo: em público, apoiava Bolsonaro, mas, ao poupar Lula de ataques mais duros, não fechava as portas para uma eventual reaproximação.[18]

No dia seguinte à publicação da reportagem, uma seguidora de Edir Macedo no Instagram aproveitou que o bispo fazia uma *live* pela manhã para perguntar qual era o seu candidato a presidente, e ele respondeu: "Eu continuo com Bolsonaro e o Tarcísio para governador". Macedo não diria nada diferente. Não só porque seria pouco estratégico recuar no apoio a Bolsonaro ainda no primeiro turno, mas também porque Tarcísio, o candidato do partido da igreja ao governo de São Paulo, dependia da dobradinha com Bolsonaro no estado para se manter viável eleitoralmente. Se o bispo pretendia fazer algum aceno público a Lula, não seria naquele momento.

Um mês e meio depois, no dia 30 de outubro, quando a apuração do segundo turno foi encerrada, e os brasileiros ficaram sabendo que Lula voltaria a ser presidente, foi simbólica a diferença nas reações de Feliciano, o mais próximo de Bolsonaro entre os deputados evangélicos, e Marcos Pereira, o presidente do partido da Universal. Enquanto Feliciano publicou no Instagram uma imagem preta com a palavra "LUTO", Pereira se limitou a demonstrar sua felicidade pela eleição de Tarcísio de Freitas, sem qualquer menção a Bolsonaro. E no dia seguinte, quando a imprensa aguardava por um pronunciamento do presidente para admitir a derrota, em meio a especulações de que ele poderia tentar um golpe, Pereira se antecipou e fez questão de publicar um vídeo no qual reconheceu a vitória de Lula. "Apoiamos o presidente Bolsonaro até o último minuto. Trabalhamos, mas nas urnas o povo escolheu. As urnas são soberanas. Não há por que duvidar do resultado das urnas, não há por que questioná-lo, senão nós teríamos que questionar a eleição do Tarcísio."

12.
Abertos ao diálogo

Fazia três semanas que as publicações de Marcos Pereira no Instagram andavam um pouco ignoradas. Desde que a eleição terminara de vez, nada que ele postava parecia empolgar muito os seus 101 mil seguidores na rede social. As últimas que realmente tinham bombado se referiam ainda ao segundo turno: uma que celebrava a vitória de Tarcísio de Freitas para o governo de São Paulo, publicada logo após a confirmação do resultado, e outra, de dois dias depois, que mostrava que, ao comandar o estado mais populoso da federação, o Republicanos viraria o partido que governa o maior número de brasileiros.

Depois disso, Pereira se deu um descanso da política e embarcou em uma viagem para Israel, onde ele e um grupo de fiéis iriam fazer uma excursão religiosa. A página do deputado, então, deixou de ser uma sequência interminável de fotos de homens engravatados, reuniões importantes e apertos de mãos para começar a parecer o perfil de uma agência de viagens voltada para o público cristão. Nas fotos que publicava na terra prometida, ele estava quase sempre em algum lugar sagrado, falando em um microfone para uma caravana que o seguia, como se fosse o guia da excursão, vez ou outra com a Bíblia aberta na mão ou embaixo do braço.

O público de Pereira no Instagram, contudo, estava pouco interessado na imersão do deputado por Israel. Das dez postagens que fez da viagem, a que gerou mais engajamento somou apenas 61 comentários, menos da metade da publicação que celebrou a vitória de Tarcísio, e nem chegou a 10% da repercussão que teve um vídeo postado no início da campanha para o segundo turno em que Pereira aparece orando ao lado de Bolsonaro e Michelle, que rendeu 661 comentários. A falta de entusiasmo dos seguidores com a excursão religiosa é fácil de explicar. Apesar de ser um bispo da Universal, Pereira não ganhou notoriedade pública a partir da sua trajetória como sacerdote, mas sim como operador político da igreja. Quem o segue pelas redes sociais está mais acostumado a vê-lo explicando qual será a posição do partido da igreja de Edir Macedo em determinadas pautas do que falando sobre religião, ainda que o conteúdo de cunho religioso também seja conveniente para mostrar que Pereira não fala de Deus só quando está em campanha.

A viagem para Israel, no entanto, acabou gerando certa irritação entre os seus seguidores que ainda não haviam engolido a derrota de Bolsonaro e esperavam que o Republicanos anunciasse rapidamente a oposição a Lula. E enquanto Pereira orava do outro lado do Atlântico, bolsonaristas radicais protestavam bloqueando rodovias e acampando em frente a quartéis na esperança de que alguma fraude eleitoral fosse provada ou que as Forças Armadas dessem um golpe para manter Bolsonaro no poder. Pereira, contudo, não iria se pronunciar antes de voltar de Israel, o que fazia a irritação dos seguidores se misturar com ansiedade.

Mas era uma ansiedade com data para acabar. A bancada do partido iria se reunir no dia 22 de novembro, três semanas depois do segundo turno, em um encontro liderado por Pereira, para definir como seria a atuação da legenda na nova legislatura.

O que estava verdadeiramente em jogo para o Republicanos naquele momento era a eleição para presidente da Câmara que iria ocorrer em fevereiro do ano seguinte, no início da nova administração. O atual presidente da Casa, o deputado alagoano Arthur Lira, do Progressistas, queria continuar no cargo e costurava um amplo acordo que ia da esquerda à direita. Lula, que desejava dar início ao novo governo gozando de certa paz na relação com o Congresso, estava disposto a esquecer o passado bolsonarista de Lira para acertar o apoio do PT à reeleição dele. A reação a isso foi que parte dos eleitores de Bolsonaro passou a ver Lira como traidor, o que incluía a militância do Republicanos, que temia que o partido, ao se aliar ao deputado na eleição da Câmara, desse uma sinalização de apoio a Lula.

O ponto mais importante dessa negociação era a composição da chapa de Lira que formaria a mesa da presidência da Câmara. Pereira era um dos que estavam de olho na primeira vice-presidência, assim como Sóstenes Cavalcante, do PL.[1] Nessa disputa, o presidente do Republicanos tinha como vantagem o fato de que o partido de Sóstenes, o mesmo de Bolsonaro, faria oposição a Lula, enquanto o seu ainda não havia se posicionado. Em paralelo, o Republicanos também queria garantir que alguém da sua bancada fosse indicado pela Câmara dos Deputados para substituir, no Tribunal de Contas da União (TCU), a ministra Ana Arraes, recém-aposentada — uma escolha que seria feita por Lira e assinada por Lula. Lira até já havia prometido a vaga ao partido de Pereira, mas a decisão ainda não estava oficializada.[2]

Horas depois do início da reunião do Republicanos, Pereira publicou no seu perfil uma singela nota à imprensa, uma imagem em branco com o texto que resumia em três parágrafos que a legenda teria uma postura "independente" no novo governo, "sem se negar ao diálogo e à colaboração" e mantendo o "apoio às propostas que sejam positivas para a população". Definia também que o partido iria apoiar a reeleição de Lira à presidência da Câmara. O anúncio foi como um balde de água fria para os seus seguidores e motivou uma enxurrada de comentários, a maioria em tom de indignação.

A reação foi tão negativa que Pereira precisou publicar um vídeo, seis dias depois, para dizer que havia sido mal compreendido, e explicar — didaticamente e até com alguma dose de impaciência — quais eram os conceitos de situação, oposição e independente, recorrendo aos verbetes de um dicionário da língua portuguesa. Só faltou o deputado, que já não é dos mais carismáticos, desenhar para deixar claro que estar em uma posição de independência no Congresso não significava que o partido iria apoiar projetos de Lula que atentassem contra os bons costumes cristãos ou contra o manifesto político do Republicanos, que incluía a defesa de pautas liberais na economia. Nesses casos, a sigla faria uma dura oposição, garantiu. Mas se o PT apresentasse propostas "boas para o povo", como aumentar o valor do Bolsa Família ou ampliar o programa de habitação social, o Republicanos votaria a favor, "porque o povo precisa".

Pereira só esqueceu de dizer aos seus seguidores que via no novo governo de Lula uma vantagem em relação ao de Bolsonaro. Para ele, o grande desafio dos deputados e senadores que formariam o Congresso a partir de 2023 seria eliminar o clima bélico dos últimos quatro anos, ou pelo menos minimizar o "debate ideológico", e, nesse sentido, o petista lhe soava como um governante mais amigável. Tanto é que, três meses depois, quando o novo presidente já estava no poder, ele disse à Rádio Câmara que classificava o governo anterior como "muito ideológico", enquanto a abordagem de Lula, embora também fosse ideológica, lhe parecia "mais voltada para o diálogo".[3] Àquela altura, Pereira já falava como primeiro vice-presidente da Câmara dos Deputados, eleito na chapa de Arthur Lira com o apoio do PT. E dali a um mês, conseguiria emplacar um dos parlamentares da Universal como substituto de Ana Arraes no TCU, o médico Jhonatan de Jesus, o mais votado deputado de Roraima em 2022.

Quando Lula se virou para olhar a companheirada que estava com ele no palanque, Janja, a futura primeira-dama, aproveitou para enxugar o suor que escorria sobre sua nuca. O petista pôs a mão esquerda sobre o coração, em um gesto afetuoso, e, com voz cansada, disse aos aliados que era grato pelo trabalho que todos haviam desempenhado na campanha. No entanto, das dezenas de lideranças políticas que se apertavam atrás do presidente recém-eleito, só duas tiveram o nome citado, nenhuma delas do PT ou de outro partido da coligação. Eram a senadora sul-mato-grossense Simone Tebet, candidata a presidente pelo MDB no primeiro turno, e a senadora maranhense Eliziane Gama, evangélica da Assembleia de Deus e filiada ao PSD. Com esse gesto, Lula queria demonstrar uma gratidão especial àqueles que aderiram à sua campanha apenas no segundo turno, marcada por uma grande frente ampla que se formou entre forças políticas para derrotar Bolsonaro, e as duas eram as únicas sobre o palanque que não estavam com ele desde o primeiro turno. Enquanto Tebet representava o segmento de centro-direita que preferiu ficar ao lado do campo democrático, Gama simbolizava o esforço de Lula para se reaproximar das igrejas evangélicas.

E antes de ler o discurso da vitória que estava sobre o púlpito, Lula quis fazer mais um agradecimento, não a algum outro aliado político que não estivesse presente, mas a Deus. "A vida inteira eu sempre achei que Deus foi muito generoso comigo, para permitir que eu saísse de onde eu saí [e] chegar aonde eu cheguei", disse aos milhões de brasileiros que acompanhavam a sua fala pela televisão. Essa seria só a primeira menção de Lula a Deus. Ao longo do seu discurso, ele ainda iria citar Deus mais dez vezes, seja demonstrando gratidão, seja atribuindo a Ele tudo o que ocorria ou pedindo que abençoasse os brasileiros. Além disso, defendeu a liberdade religiosa e disse que todos os dias se lembra do maior ensinamento de Jesus Cristo: o amor ao próximo.[4] Se vinte anos antes Lula precisara adotar uma postura "paz e amor" para provar ao mercado financeiro que seria capaz de fazer uma gestão responsável da economia, agora ele parecia mais preocupado em mostrar aos cristãos que estava longe de ser o demônio pintado por pastores.

Assistindo ao discurso de Lula, Marco Feliciano notou o seu esforço para citar Deus em vários momentos e ainda percebeu que ele evitou entrar em assuntos que "causam divergências" com o segmento evangélico. Se quisesse aproveitar o êxtase da vitória para dar lugar a um tom de revanchismo, Lula até poderia dizer que iria lutar contra tudo o que Bolsonaro defendera na pauta de costumes. Mas o momento era de conciliação e não de vingança. Ao analisar o discurso do petista no Twitter, Feliciano deixou no ar que estava disposto a esperar para ver antes de começar a atacar. "Aprendeu a nos respeitar? Tenho dúvidas. O tempo dirá."

Naquele momento, nenhuma das principais lideranças evangélicas parecia interessada em embarcar na narrativa golpista de que a eleição havia sido fraudada. Nem é algo da natureza dos evangélicos, que costumam ter uma visão mais conformista dos fatos, sempre atribuindo o que acontece a Deus e pregando respeito às autoridades constituídas. No Instagram, Silas Malafaia escreveu que fez a sua parte para tentar eleger Bolsonaro, mas reconheceu que "a vontade soberana do povo se estabeleceu". Na publicação seguinte, chegou a sugerir que o resultado das urnas poderia ser um castigo divino. "Quando Deus quer punir uma nação, ele lhes dá governantes ímpios", disse, citando João Calvino. À sua maneira, Edir Macedo também arrumou um jeito de admitir a derrota. Em um vídeo gravado enquanto se locomovia em um carro, disse que havia orado a Deus para que a vitória fosse de Bolsonaro, mas que sabia que iria prevalecer a vontade d'Ele. "Nós não podemos ficar com mágoa, porque é isso que o diabo quer. O diabo quer acabar com sua fé, acabar com seu relacionamento com Deus, por causa de Lula ou dos políticos. Num dá. Num dá, minha filha. Bola para frente! Vamos olhar para frente!", disse o bispo, que também falou em perdão a Lula, quando contou que uma fiel da igreja gritou em um culto, aos prantos, que perdoava o petista por todo o mal que ele teria causado ao Brasil.[5]

Entre os parlamentares, o deputado Cezinha de Madureira (PSD-SP), ex-líder da bancada, chegou até a se reunir com o vice-presidente eleito, Geraldo Alckmin, para tentar um diálogo.[6] Mas esse esboço de aproximação entre evangélicos e PT durou pouco. No dia seguinte ao vídeo publicado por Macedo, a presidente do partido, Gleisi Hoffmann, foi ao Twitter para dizer que a legenda "dispensava" o perdão do bispo e que era ele quem tinha de pedir perdão, "pelas mentiras que propagou" e pela "indução de milhões de pessoas a acreditarem em barbaridades sobre Lula e sobre o PT, usando a igreja e seus meios de comunicação para isso".[7] Se Lula buscava falar mais de Deus para não assustar os evangélicos, o PT parecia assumir esse papel mais duro na relação com quem pensava diferente, uma dinâmica similar ao que ocorre na discussão de temas econômicos, em que o governo tenta manejar o mercado financeiro com propostas de arrocho fiscal ao mesmo tempo que o PT faz ataques aos banqueiros. No Twitter, Feliciano disse que a resposta pouco amigável da petista deveria servir como uma lição para a bancada e para os pastores entenderem que não haveria "mistura" entre esquerda e direita no Brasil e que não haveria comunhão entre luz e trevas. "Dias sombrios nos aguardam", escreveu.

Em meio a esses ruídos, os protestos de militantes bolsonaristas contra o resultado das urnas seguiam firmes durante o período de transição de governo, o que colocava os líderes evangélicos de direita em um impasse. Embora não se sentissem à vontade para questionar a vitória de Lula, também não queriam se indispor com os eleitores cristãos que estavam em frente a quartéis ou bloqueando rodovias. Nesse cenário, era mais prudente não fazer muitos gestos de aproximação com o PT e manter, pelo menos de início, uma postura mais neutra — até porque o governo ainda nem havia começado de fato, portanto, não havia nenhum projeto de lei em debate que pudesse ir contra os valores cristãos.

No entanto, à medida que foi se aproximando a data da posse de Lula, cresciam os relatos de que Bolsonaro faria algo para impedir a troca de governo, e o ímpeto golpista ganhava força dentro da militância, inclusive nas igrejas. Menos de duas semanas depois do fim do segundo turno, Malafaia já havia mudado de tom em relação ao resultado do segundo turno. Em 10 de novembro, um dia após o Ministério da Defesa informar que não encontrara nenhuma fraude no processo eleitoral, o pastor publicou um vídeo no qual ironizou a segurança das eleições. Vestindo a camisa da seleção brasileira e sentado em seu escritório, afirmou três vezes que as urnas eram "se--gu-ris-sí-mas", ao mesmo tempo que fazia o gesto de "não" com o dedo indicador.[8] No dia 21, fez outro vídeo para dizer que o PL iria apresentar uma documentação para pedir a anulação de 250 mil urnas, o que iria forçar o TSE a dar uma resposta. Se não dessem um retorno convincente, provando que não houvera fraude, o Brasil iria pegar fogo, alertou. "Nós não vamos aceitar, porque a vontade soberana de um povo tem que se estabelecer."

Lula, enquanto isso, apesar de ter feito um esforço para se aproximar do eleitor crente durante a campanha, não se mostrou aberto a chamar a bancada evangélica para negociar cargos no governo. Não que não fosse haver nenhum crente no alto escalão. Marina Silva, por exemplo, foi convidada para ser mais uma vez ministra do Meio Ambiente, e a deputada Daniela do Waguinho, do União Brasil-RJ, se tornou ministra do Turismo. Nenhuma das duas, porém, foi uma indicação da bancada.[9] Enquanto Marina entrou por ser uma referência global no tema e depois de se reconciliar com o PT, Daniela foi um nome sugerido pelo seu partido, que se tornou base de apoio a Lula no Congresso.

Às vésperas da posse, Lula e os evangélicos pareciam tão distanciados quanto antes da eleição. Em 30 de dezembro, penúltimo dia do governo de Bolsonaro, Malafaia recorreu a uma seleção de vídeos antigos de ministros do STF, em que eles falavam sobre casos de corrupção em governos do PT, para dizer aos fiéis que a volta de Lula ao poder era uma demonstração de que o crime compensava.[10]

Aos poucos, o bolsonarismo inconformado com a derrota foi se sobrepondo ao discurso de "aconteceu porque Deus quis". Quando Lula completava uma semana de governo, no dia 8 de janeiro, um domingo, milhares de bolsonaristas radicais, inflamados por pastores e outras lideranças de direita, marcharam do Quartel-General do Exército em Brasília para invadir e depredar, sem resistência da Polícia Militar, as sedes dos três Poderes, em um ato golpista que contestava as urnas e transformou a capital em um palco de terror e violência.

Com a repercussão negativa do episódio, alguns dos deputados da bancada evangélica, assim como boa parte da classe política, se apressaram em repudiar publicamente o ato, apesar de alguns dos manifestantes presos terem admitido à Polícia Federal que contaram com o apoio de igrejas evangélicas para ir a Brasília. Um deles disse que foi à capital em uma excursão da Igreja Presbiteriana Renovada, enquanto outro bolsonarista citou o pastor batista Ademir Almeida da Silva como alguém que o ajudou com despesas. Depois que os depoimentos foram expostos pelo portal UOL, a Igreja Presbiteriana Renovada negou que tivesse promovido qualquer excursão a Brasília, e o pastor Ademir disse que apenas ajudara o fiel a pagar alguns lanches, o que não seria suficiente para afirmar que ele "financiou" a viagem.[11]

Enquanto a temperatura política de Brasília subia, Bolsonaro se mostrava distante. Fazia o seu retiro político nos Estados Unidos, procurando se proteger de acusações, e via a sua esposa, a evangélica Michelle, ser apontada pela imprensa como uma possível herdeira do seu capital político em uma eventual disputa contra a esquerda em 2026, caso o agora ex-presidente acabasse inelegível. Na ausência de uma liderança forte na direita, Lula tinha mais espaço para atrair a ala pragmática do Congresso, ligada ao Centrão, que não alimentava nenhum interesse em defender os atos de 8 de janeiro. No caso da bancada evangélica, ainda havia uma dúvida sobre como seria a relação. O histórico governista dos crentes no Congresso poderia indicar uma rápida adesão a Lula. Mas como a experiência de Bolsonaro no poder ainda era muito recente, e os evangélicos haviam sido apoiadores de primeira hora, talvez a bancada estivesse vivendo um ponto de inflexão em sua história, assumindo pela primeira vez uma postura de oposição.

O primeiro teste para o governo de Lula nesse sentido seria a eleição para presidente da FPE, prevista para fevereiro. Sóstenes, fiel aliado de Bolsonaro, estava concluindo a sua gestão, e a bancada iria se reunir para escolher um sucessor. Parte do bloco evangélico acreditava que o momento era de ter alguém mais moderado na liderança, alguém que tivesse um pouco de interlocução com o novo governo. Entre os que defendiam essa tese estava David Soares, filho do pastor R. R. Soares e filiado ao União Brasil, da base do governo.[12] Um dos mais antigos deputados evangélicos em atividade, o paulista Gilberto Nascimento, do PSC, chegou a dizer que o povo evangélico não era de "guerra", portanto, era improvável que houvesse uma atuação sistemática contra Lula. Se a tese dessa ala fosse vencedora, seria um sinal de que a bancada evangélica continuava a mesma de sempre. Mas ainda havia outra ala disposta a eleger um nome que batesse de frente com o PT.[13]

Com a bancada dividida, foram quatro os deputados que se apresentaram para liderar o bloco. O pastor da Assembleia de Deus Silas Câmara, que já havia sido presidente da frente, era o nome que se colocava como o mais moderado. Filiado ao partido de Edir Macedo, já havia até se reunido com ministros do novo governo. Dos outros três, dois eram bolsonaristas que nutriam certa mágoa com o ex-presidente, o deputado Otoni de Paula, do MDB do Rio, e o senador mineiro Carlos Viana, do PSD, o primeiro do Senado a tentar comandar a bancada evangélica, uma consequência do avanço da representação evangélica na casa, que viu o número de crentes subir de sete para doze. Enquanto Otoni havia se incomodado com o silêncio que tomou conta de Bolsonaro após a eleição, Viana se sentia traído por não ter sido apoiado pelo então presidente em sua tentativa de se eleger governador em Minas Gerais — o capitão deu preferência à reeleição de Romeu Zema, do Partido Novo.[14] Já o quarto candidato, o mais bolsonarista de todos, o deputado tocantinense Eli Borges, filiado ao PL, de Bolsonaro, e pastor da Assembleia de Deus Ministério de Madureira, do bispo Samuel Ferreira, era o pior cenário para Lula.

Para impedir que o bloco passasse a impressão de que estava rachado, Sóstenes tentou conversar com os quatro para ver se três deles aceitariam desistir. A ideia era que apenas um sobrasse para ser escolhido por aclamação, no início de fevereiro. Se seguissem a tradição de eleger o que estava há mais tempo no Congresso, Borges, Otoni e Viana deveriam abrir mão da disputa para deixar que Silas assumisse. Sem um acordo, a FPE caminharia para escolher um presidente na base do voto pela primeira vez na sua história. Até então, mesmo quando algum conflito surgia, resolvia-se com negociações, como aconteceu com Sóstenes e Cezinha na legislatura anterior. O excesso de candidatos era sinal de que não existia consenso sobre qual deveria ser a atuação da frente com Lula, talvez uma consequência da consolidação do bolsonarismo, que estaria reduzindo o histórico governismo da bancada. Os indícios de uma inflexão, é verdade, já estavam presentes no próprio governo Bolsonaro: a pauta armamentista, por exemplo, um tema que divide a FPE e sempre foi sensível para os evangélicos, deixou de ser tabu para alguns deputados, que têm recorrido ao argumento da defesa pessoal para não demonizar a posse de armas — casos de Feliciano, Sóstenes e Eurico.[15] Dito isso, é difícil imaginar que figuras como Feliciano um dia voltem a apoiar um candidato do PT a presidente. A bancada, portanto, parece não ser mais tão volátil quanto antes.

Nas reuniões feitas por Sóstenes, apenas Otoni e Viana desistiram, e a eleição acabou ocorrendo entre o bolsonarista Borges e o moderado Silas. Mas ninguém soube o resultado. A disputa terminou anulada porque foi identificada uma inconsistência na votação: havia mais votos computados do que deputados inscritos para votar — o que gerou o adiamento do pleito, dando mais tempo para Sóstenes costurar um acordo. Menos de uma semana depois, a bancada anunciou que havia chegado a uma solução, mantendo, a duras penas, a tradição da FPE de nunca realizar votações para eleger o presidente. Borges e Silas iriam se revezar ao longo do mandato de dois anos, cada um ficando seis meses em duas oportunidades. E o primeiro seria Borges. O raciocínio era de que, no início do novo governo Lula, não era a hora de baixar a guarda. A prioridade seria frear pautas identitárias que a esquerda poderia tentar emplacar.[16]

Uma vez no cargo, Borges não demorou a mostrar que estava longe de representar algum tipo de moderação na bancada evangélica. Em entrevista concedida à *Folha de S.Paulo* semanas depois de ter sido eleito, minimizou os atos golpistas de 8 de janeiro ao dizer que não havia visto "nada de errado"; disse que as Forças Armadas existem para atender ao clamor popular; insistiu na tese de parte do bolsonarismo de que o vandalismo havia sido praticado por uma "minoria infiltrada" em meio a uma "imensa maioria" que estava de "boa-fé, na frente dos quartéis, cantando o Hino Nacional"; criticou o que chamou de "ditadura da toga", em referência ao STF; defendeu que o aborto seja crime inclusive quando há estupro, situação que hoje é aceita pela lei; e reforçou que a bancada fará oposição a Lula quando houver algum tipo de conflito em relação à agenda cristã.[17]

Mas nem foi necessário entrar na pauta de costumes para os parlamentares evangélicos mostrarem que andavam menos governistas. No projeto sobre o novo arcabouço fiscal do governo, conjunto de regras fiscais que iria substituir o teto de gastos, votado na Câmara em agosto de 2023, foram 71 os parlamentares crentes que participaram da votação: a maioria (48) votou a favor, indicando que ainda havia sinais de governismo na bancada. No entanto, dos 23 que se manifestaram contrários, quinze eram do PL, o partido de Bolsonaro. A taxa de apoio dos evangélicos a essa proposta foi 67%, menor que os níveis de adesão dos evangélicos na primeira era Lula e nos governos de Dilma, que dificilmente ficavam abaixo de 80%. Nota-se também que os crentes de oposição ficaram mais concentrados em um só partido, atraídos pela liderança do ex-presidente. Isso ficou ainda mais claro na votação da reforma tributária, em dezembro de 2023. Nesse caso, mesmo com o governo aceitando ampliar a isenção tributária às igrejas, a votação entre os evangélicos foi apertada: dos 77 que votaram, 36 se posicionaram a favor e 41 contra, número que incluía todos os crentes do PL. Por outro lado, o Republicanos, da Universal, demonstrava fidelidade a Lula. Dos quinze deputados que participaram da votação do arcabouço fiscal, só um foi contra. Na reforma tributária, foram treze, de quinze, a favor.[18]

Mesmo tendo de lidar com uma FPE menos amigável, Lula terminou o primeiro ano do mandato gozando de certa tranquilidade política. Com a aprovação das reformas econômicas, o petista passou a ter relação mais pacífica com o mercado financeiro, e ainda tinha os indicadores a seu favor: o PIB crescia acima do esperado, a inflação dava sinais de alívio e tanto o desemprego quanto os juros estavam em queda. Para fechar o combo, fazia seis meses que Bolsonaro havia se tornado inelegível pelo TSE. Não significava que o presidente voltara a ostentar um alto nível de aprovação. Como vencera uma eleição apertada, o espaço para deslizes era limitado. Era mais prudente não entrar em disputas de cunho ideológico, o que o tornaria alvo fácil dos bolsonaristas. E mantendo distância da pauta de costumes, Lula também não foi tão atacado pela bancada evangélica na primeira metade do mandato. Em vez disso, os crentes se concentraram no STF, onde a descriminalização do aborto havia voltado a ser discutida. Em dado momento, como o bolsonarismo como um todo (não só os evangélicos) andava irritado com o Supremo, em especial com o ministro Alexandre de Moraes, parecia que a oposição que se fazia no Congresso não era ao Poder Executivo, mas sim ao Judiciário.

Lula só voltou a dar munição a adversários quando comparou o conflito em Gaza com o Holocausto. A declaração, feita em fevereiro de 2024, repercutiu mal, e os deputados evangélicos saíram em defesa de Israel. A fala do petista, inclusive, foi usada para inflamar uma grande manifestação bolsonarista que estava marcada para ocorrer em São Paulo no dia 25 do mesmo mês, na avenida Paulista, com a presença do ex-presidente. Era uma demonstração de que a religião se tornara de fato a principal arma de Bolsonaro para manter aceso o antagonismo com o PT. Tanto que o evento, oficialmente um ato político, mais pareceu um ato religioso, pela presença de pastores e pelos discursos que apelavam para pautas cristãs. O bolsonarismo, aliás, já estava experiente em fazer esse tipo de inversão. Basta lembrar que a Marcha para Jesus, um ato religioso, se tornou também um ato político desde que Bolsonaro e outros políticos de direita, evangélicos ou não, passaram a frequentá-la.

Ainda que Lula estivesse mais exposto, Alexandre de Moraes continuou sendo o alvo preferido. Em uma segunda manifestação bolsonarista, realizada no Rio em 21 de abril, Moraes foi mais citado do que Lula. Silas Malafaia, por exemplo, chegou falar em impeachment — não de Lula, mas de Moraes. O STF, representado pela figura do ministro, é um alvo interessante para os bolsonaristas porque é possível ligá-lo sem muito esforço a dois temas bastante caros aos evangélicos: a liberdade de expressão e a liberdade religiosa. Na falta de uma crise econômica, é mais estratégico ativar um medo histórico dos crentes, aquele que foi o principal combustível para levá-los a entrar de vez na política nos anos 1980. Foi o STF, afinal de contas, quem autorizou estados e municípios a decretarem o fechamento de igrejas durante a pandemia, e foi o STF quem condenou à prisão o deputado bolsonarista Daniel Silveira, pelas ameaças feitas pelo ex-parlamentar a seus ministros. No Rio, os aliados de Bolsonaro criticaram o STF até na disputa entre a Suprema Corte e o empresário Elon Musk, em uma indicação de que a direita cristã e a direita econômica têm andado de mãos dadas no Brasil — uma aliança que não chega a surpreender, dado que os valores capitalistas, já presentes na ética protestante descrita por Max Weber, passaram a ser mais exaltados — com outra roupagem, é verdade — pelas igrejas evangélicas brasileiras ao longo das últimas três décadas, com o avanço da teologia da prosperidade e do empreendedorismo nas periferias.

Se a religião é a principal aposta da direita, é daí que provavelmente virá o herdeiro político do inelegível Bolsonaro. Entre os postulantes, mesmo quem não for claramente identificado com a pauta cristã terá de se adaptar. É o caso de Tarcísio de Freitas. Percebido como de perfil mais técnico, o governador de São Paulo e ex-ministro nunca se declarou evangélico, mas tem procurado participar dos atos com crentes. Comparece às edições anuais da Marcha para Jesus (evento que sancionou como patrimônio imaterial do estado que governa) e marcou presença também na manifestação bolsonarista na Paulista. Embora não tenha ido ao ato do Rio, foi exaltado por Bolsonaro em seu discurso. O ex-presidente chegou a dizer que os dois tinham trajetórias parecidas, pelo histórico de militar. O problema é que Tarcísio faz parte do Republicanos, o partido de Edir Macedo, que tem mantido uma relação pacífica com Lula, e o bispo sonha em um dia eleger um presidente. O sonho, para ser mais preciso, é ter um presidente evangélico, mas quem disse que Tarcísio não pode se converter, como ocorreu com o baiano Luiz Moreira nos anos 1990? Bolsonaro tem tentado levar o governador de São Paulo para o PL, mas ele disse em março de 2024 que estava bem na atual legenda.

Entre quem já está no PL, despontam os nomes da senadora Damares Alves, a única ligada à bancada evangélica entre os postulantes, e a ex-primeira-dama Michelle. Mais empolgada, certa vez questionada sobre quem da direita poderia ser candidato a presidente no lugar de Bolsonaro em 2026, Damares respondeu: "Tem eu. Não esqueçam de mim, sou boa".[19] A senadora, porém, tem uma relação de altos e baixos com Bolsonaro, e nem sequer tem comparecido às manifestações bolsonaristas. Já Michelle enfrenta a resistência do próprio marido, que já disse que ela não tem experiência para o cargo. Nos bastidores, ele afirma a aliados que só a aceita como vice, ou então como candidata ao Senado pelo Distrito Federal.

Quem pode se beneficiar dessa consolidação da pauta religiosa na direita é a própria bancada evangélica, que a cada eleição tenta elevar o seu tamanho em Brasília. O espaço para avanço da frente, porém, tem se mostrado limitado. Não se vê mais saltos significativos na quantidade de parlamentares crentes como se viu em 1998 e em 2010. Parte disso se explica pelo avanço de candidatos de direita que crescem sem ter ligação com a pauta cristã e acabam tirando votos de políticos evangélicos. Muitos desses nomes percebem em algum momento que é conveniente se apresentar como cristão, ainda que de maneira genérica e sem fazer parte de nenhuma igreja, mas provavelmente não terão o mesmo engajamento para entrar em disputas envolvendo projetos ligados a costumes. Os próprios parlamentares crentes, porém, gostam de dizer que o espaço para crescer é definido pela sub-representação em relação à população. Se os evangélicos representam cerca de 30% dos brasileiros, e os deputados não chegam a 20% da Câmara, há uma lacuna a ser preenchida. É improvável, contudo, que um dia a bancada chegue a ter a mesma fatia da população, porque nem todos os eleitores evangélicos frequentam uma igreja (os chamados "desigrejados" acabam menos expostos à propaganda política feita por um pastor) e nem todos votam seguindo princípios da religião — basta lembrar a parcela dos crentes que é de esquerda (um terço votou em Lula no segundo turno de 2022). E mesmo entre os que são de direita, nem todos têm as bandeiras cristãs como uma prioridade na hora de escolher seu candidato. A população evangélica é mais heterogênea do que a sua representação no Congresso faz supor. Um exemplo evidente: enquanto a maioria dos crentes brasileiros é formada por mulheres e pessoas negras, os congressistas são majoritariamente homens brancos.

Para a bancada acelerar o seu crescimento, seria necessário um crescimento da própria população evangélica. Há estimativas que apontam que os crentes serão maioria no Brasil já na década de 2030, como a do demógrafo José Eustáquio Alves. Por outro lado, essa expansão enfrentará obstáculos se as igrejas continuarem restritivas nas questões dos costumes. Quanto mais duras forem as regras impostas por pastores, mais difícil pode ser atrair um novo membro, simplesmente porque as igrejas não conseguem ficar totalmente alheias às tendências da sociedade como um todo. Não necessariamente o Brasil se tornará ainda mais conservador com o avanço dos crentes. Entre 2013 e 2022, por exemplo, aumentou de 67% para 79% a proporção de brasileiros que acreditam que a homossexualidade deve ser aceita, segundo o Datafolha.[20]

O que não significa que a bancada tende a ter uma postura mais amena. Pelo contrário. Mesmo sem considerar o impulso dado pelo bolsonarismo, o bloco evangélico está mais alinhado ao segmento mais conservador da população crente: os que chegam a Brasília são os que contam com a mobilização de igrejas preocupadas em defender pautas conservadoras, com fiéis que começam vereadores e vão avançando até chegar ao Congresso, enquanto denominações mais moderadas têm menos incentivos para eleger um deputado. A Renascer em Cristo, por exemplo, da Marcha para Jesus, é uma que oferece aulas de política em seus cursos para formação de pastores, com conteúdos que explicam o funcionamento dos Poderes e ressaltam a importância do Legislativo para defender os interesses dos evangélicos.

Em junho de 2024, a Câmara colocou em pauta a discussão de um projeto de lei que equipara o aborto ao homicídio para gestações acima de 22 semanas, inclusive nos casos de estupro, o que tornaria a legislação sobre o tema ainda mais dura. A proposta, de autoria de Sóstenes Cavalcante, o afilhado político de Silas Malafaia, foi uma reação da bancada à decisão de Alexandre de Moraes de suspender resolução do Conselho Federal de Medicina (CFM) que proibiu a utilização de uma técnica clínica (assistolia fetal) para a interrupção de gravidez acima de 22 semanas decorrente de estupro. Mas não se trata apenas disso. Por trás do esforço da bancada para avançar com sua agenda de costumes, há outros interesses em jogo. Chamou a atenção da imprensa e da sociedade que o presidente da Câmara, Arthur Lira, um parlamentar não evangélico e oriundo do Centrão, tenha pautado o regime de urgência para o projeto, permitindo que o texto seja analisado sem passar antes pelas comissões — um movimento que serve para pressionar o governo Lula em outros temas, dado que o aborto é um assunto sensível e que teria uma repercussão imediata. O próprio Sóstenes, além disso, admitiu que pautar o projeto foi uma promessa de Lira aos evangélicos quando se candidatou a presidente da Casa e que cumprir a palavra estava também ligado ao apoio a um sucessor. Trata-se de um caso que simboliza bem o que a bancada se tornou ao longo do tempo: em uma só pauta, a FPE consegue se opor ao seu mais novo inimigo, o STF, mostrar força ao governo e misturar suas duas facetas, a ideológica e a pragmática.

O projeto, porém, acabou tendo uma repercussão negativa, com uma reação em peso nas redes sociais, na mídia e em protestos de rua liderados por grupos feministas, com manifestantes chegando a chamar a bancada evangélica de "bancada do estupro". Surtiu efeito o argumento de que, pela proposta, as mulheres que abortassem poderiam ter penas maiores que seus estupradores. O projeto, então, perdeu apoio entre deputados não evangélicos do Centrão, e o próprio autor da proposta reconheceu não ter pressa para votá-lo,[21] em um sinal de que a bancada dos crentes não consegue avançar livremente sem enfrentar resistências na sociedade.

Ainda que seu crescimento já não seja mais tão acelerado quanto antes, é fato que a bancada se transformou em uma das principais forças do conservadorismo brasileiro, assumindo o protagonismo antes ocupado pela Igreja católica. Não por acaso, durante a era Bolsonaro, padres chegaram a pedir maior atenção do então presidente, demandando que o governo comprasse espaços de publicidade nas emissoras de TV e rádio católicas, em um esforço para amenizar a crise causada pela pandemia.[22] Vale ressaltar, por outro lado, que a Igreja católica também se beneficia do avanço dos evangélicos, até porque muitas das bandeiras são as mesmas, e é conveniente que as igrejas evangélicas e seus deputados assumam a frente em debates públicos que possam gerar desgaste.

O segmento evangélico — um dia proibido de participar do jogo político — entrou em campo no início para se defender e agora joga no ataque: estão entre os que dão as cartas em Brasília e não podem ser ignorados por quem senta na cadeira da presidência. Na legislatura que começou em 2023, passaram inclusive a ter pela primeira vez uma frente parlamentar no Senado. E a mais recente prova do ímpeto protagonista está nas articulações de Marcos Pereira, o principal operador político da igreja de Edir Macedo. No primeiro semestre de 2024, ao mesmo tempo que trabalhava para manter Tarcísio em seu partido, já se mexia para tentar ser o sucessor de Arhur Lira como presidente da Câmara a partir de 2025, uma negociação que envolve compor com todos os lados, da direita à esquerda. Alguém poderá dizer que Pereira não é exatamente um representante fiel do político evangélico fanático que está no imaginário de quem não é crente. Ele próprio prefere ser lembrado como o deputado que discute temas econômicos — e não o aborto. Mas é o parlamentar que encarna mais profundamente a principal característica de uma bancada que aprendeu a negociar na Constituinte: a capacidade de se converter.

Agradecimentos

A todos os evangélicos, políticos ou não, que aceitaram conversar comigo para este livro, em especial o pastor Levy Tavares, que me concedeu duas longas entrevistas em 2017 e morreu no ano seguinte, vítima de um câncer. Foram as conversas com Levy que me motivaram a seguir com este projeto e a não desistir.

Aos colegas jornalistas Bruno Paes Manso, Joselia Aguiar, Bianca Santana e Alcino Leite Neto, jurados que escolheram este projeto como vencedor do Prêmio Todavia de Não Ficção, viabilizando a publicação.

A todo o time da Todavia, da checagem à revisão, por ter me ajudado a lapidar este trabalho, sob a coordenação do editor Mario Santin Frugiuele.

A minha mãe, Salete, e a minha irmã, Synara, mulheres que me inspiram pelo amor que cultivam ao estudo. E a minha mulher, Monique Heemann, por ter vibrado junto comigo a cada conquista relacionada a este livro.

Notas

1. O Brasil na UTI [pp. 9-35]

1. Cena testemunhada pelo autor em 9 de setembro de 2018, na igreja Comunidade Resgate, no bairro de Guaianases, em São Paulo.
2. Agenda divulgada pelo pastor Marco Feliciano em sua página no Facebook. Disponível em: <www.facebook.com/PastorMarcoFeliciano/events>. Acesso em: 20 jun. 2024.
3. Lei 9504/1997. Disponível em: <www.planalto.gov.br/ccivil_03/leis/l9504.htm#:~:text=elei%C3%A7%C3%A3o%20de%20Governador.-,Art.,Vice%2DPrefeito%20com%20ele%20registrado>. Acesso em: 20 jun. 2024.
4. Levantamento próprio elaborado a partir de dados do TSE e do Departamento Intersindical de Assessoria Parlamentar (Diap), da Câmara dos Deputados.
5. Levantamento do Diap, em "A força da bancada evangélica nas eleições municipais", 14 jan. 2020. Disponível em: <www.diap.org.br/index.php/noticias/agencia-diap/89610-a-forca-da-bancada-evangelica-nas-eleicoes-municipais>. Acesso em: 21 jun. 2024.
6. Leandro Prazeres, "Evangélicos puxam alta de 11% no número de candidaturas com nome religioso", UOL, Eleições 2018, 25 ago. 2018. Disponível em: <noticias.uol.com.br/politica/eleicoes/2018/noticias/2018/08/25/candidaturas-de-religiosos-crescem-11-em-2018-evangelicos-lideram-ranking.htm>. Acesso em: 20 jun. 2024.
7. Histórico de pesquisas do Estudo Eleitoral Brasileiro (Eseb), comparando os resultados de 2002 e 2014. Disponível em: <www.cesop.unicamp.br/por/eseb>. Acesso em: 20 jun. 2024.
8. Estimativas do demógrafo José Eustáquio Diniz Alves, em "Motivos e consequências da aceleração da transição religiosa no Brasil", EcoDebate, 29 jan. 2020. Disponível em: <www.ecodebate.com.br/2020/01/29/motivos-e-consequencias-da-aceleracao-da-transicao-religiosa-no-brasil-artigo-de-jose-eustaquio-diniz-alves/>. Acesso em: 20 jun. 2024.

9. Datafolha, "44% dos evangélicos são ex-católicos", *Folha de S.Paulo*, São Paulo, 28 dez. 2016. Disponível em: <datafolha.folha.uol.com.br/opiniaopublica/2016/12/1845231-44-dos-evangelicos-sao-ex-catolicos.shtml>. Acesso em: 20 jun. 2024.
10. Bernardo Mello e Natália Portinari, "Salto evangélico: 21 igrejas são abertas por dia no Brasil; segmento é alvo de Lula e Bolsonaro", *O Globo*, Rio de Janeiro, 18 set. 2022. Disponível em: <oglobo.globo.com/politica/eleicoes-2022/noticia/2022/09/salto-evangelico-21-igrejas-sao-abertas-por-dia-no-brasil-segmento-e-alvo-de-lula-e-bolsonaro.ghtml>. Acesso em: 20 jun. 2024.
11. Marina Estarque, "Apoio à descriminalização da maconha cresce e chega a 32%; 66% são contra", *Folha de S.Paulo*, São Paulo, Cotidiano, 29 dez. 2017. Disponível em: <www1.folha.uol.com.br/cotidiano/2017/12/1946754-apoio-a-descriminalizacao-da-maconha-cresce-e-chega-a-32-66-sao-contra.shtml> Acesso em: 20 jun. 2024.
12. Datafolha, "44% dos evangélicos são ex-católicos", op. cit.
13. Alexandre Brasil Fonseca, "Pluralismo religioso e relação religião-Estado: Uma análise da presença evangélica no legislativo federal", XXVIII Encontro Anual da Anpocs, Caxambu, MG, 2004.
14. Levy Tavares, em entrevista ao autor.
15. Paul Freston, *Protestantismo e política no Brasil: Da Constituinte ao impeachment*. Campinas: Unicamp, 1993. Tese (Doutorado em Ciências Sociais).
16. Marco Feliciano, em entrevista ao autor.
17. Levantamento do Diap, em "A força da bancada evangélica nas eleições municipais", op. cit.
18. Guilherme Balza, "Deputado federal diz no Twitter que 'africanos descendem de ancestral amaldiçoado'", UOL, Política, 31 mar. 2011. Disponível em: <noticias.uol.com.br/politica/ultimas-noticias/2011/03/31/deputado-federal-diz-no-twitter-que-africanos-descendem-de-ancestral-amaldicoado.htm>. Acesso em: 20 jun. 2024.
19. Levantamento do autor a partir de dados disponíveis no site da Câmara dos Deputados. Disponível em: <www2.camara.leg.br/atividade-legislativa/comissoes/comissoes-permanentes/cdhm/presidentes-da-cdhm-ao-longo-de-sua-historia>. Acesso em: 26 jun. 2024.
20. Marco Feliciano, em entrevista ao autor, e disponível também em reportagem de Eugênia Lopes, "Pastor é confirmado no comando da Comissão de Direitos Humanos", *O Estado de S. Paulo*, São Paulo, 5 mar. 2013. Disponível em: <www.estadao.com.br/politica/pastor-e-confirmado-no-comando-da-comissao-de-direitos-humanos/>. Acesso em: 20 jun. 2024.
21. "Pastor é eleito para comissão de direitos humanos da Câmara", *Folha de S.Paulo*, São Paulo, Poder, 8 mar. 2013. Disponível em: <www1.folha.uol.

com.br/fsp/poder/97479-pastor-e-eleito-para-comissao-de-direitos-humanos-da-camara.shtml>. Acesso em: 20 jun. 2024.
22. Disponível em: <www.facebook.com/watch/live/?ref=watch_permalink&v=1496636317147595>. Acesso em: 19 jun. 2024.
23. Cena testemunhada pelo autor, em 9 de setembro de 2023, em buffet no bairro Ipiranga, em São Paulo.
24. Arolde de Oliveira, *Deus quis: Eleição na era digital: A minha campanha que contrariou todas as expectativas*. Rio de Janeiro: Livros Ilimitados, 2019.
25. Estimativas do demógrafo José Eustáquio Diniz Alves, op. cit.
26. Levantamento do Diap, em "Eleições 2018: Bancada evangélica cresce na Câmara e no Senado", 18 out. 2018. Disponível em: <www.diap.org.br/index.php/noticias/noticias/88900-eleicoes-2018-bancada-evangelica-cresce-na-camara-e-no-senado>. Acesso em: 20 jun. 2024.
27. Reportagem do *Conexão Repórter*, SBT, 3 maio 2015.

2. O credo contrário [pp. 36-47]

1. Jairo Nicolau, *Eleições no Brasil: Do Império aos dias atuais*. Rio de Janeiro: Zahar, 2012.
2. Filipe Nicoletti Ribeiro, *Império das incertezas: Política e partidos nas décadas finais da monarquia brasileira (1868-1889)*. São Paulo: FFLCH-USP, 2015. Dissertação (Mestrado em História Social).
3. Ricardo Westin, "Senadores juravam em 1826 manter fé católica", Senado Notícias, 26 maio 2014.
4. Carlos Eduardo Piassini, *Imigração alemã e política: Os deputados provinciais Koseritz, Kahlden, Haensel, Brüggen e Bartholomay*. Porto Alegre: Assembleia Legislativa do Rio Grande do Sul, 2017.
5. Laurentino Gomes, *1822: Como um homem sábio, uma princesa triste e um escocês louco por dinheiro ajudaram dom Pedro a criar o Brasil — um país que tinha tudo para dar errado*. Rio de Janeiro: Nova Fronteira, 2010.
6. Censo de 1872, em José Eustáquio Diniz Alves, "A aceleração da transição religiosa no Brasil: 1872-2032", EcoDebate, 12 out. 2022. Disponível em: <www.ecodebate.com.br/2022/10/12/a-aceleracao-da-transicao-religiosa-no-brasil-1872-2032-artigo-de-jose-eustaquio-diniz-alves/>. Acesso em: 26 jun. 2024.
7. Carlos Eduardo Piassini, *Imigração alemã e política*, op. cit.
8. Informações sobre os dois políticos constam em perfis biográficos do CPDOC/FGV. A religião de Alfredo Ellis é informada em Ana Carolina Evangelista e Magali Cunha, "Relação do campo religioso com a política", Religião e Poder, 23 out. 2020.

9. Eduardo Campos, *Natanael Cortez e o ministério da palavra: Biografia de um pastor do rebanho de Deus*. Fortaleza: Stylus, 1989, p. 22.
10. Robério Américo Souza, *Natanael Cortez*. Fortaleza: Demócrito Rocha, 2000.
11. Paulo Viana (Org.), *A sagrada peleja: Diário de um pastor no Ceará*. Fortaleza: UFC, 2001.
12. Robério Américo Souza, *Natanael Cortez*, op. cit., p. 64.
13. Ibid.
14. Roberto Pompeu de Toledo, *A capital da vertigem: Uma história de São Paulo de 1900 a 1954*. Rio de Janeiro: Objetiva, 2015.
15. Cilas Ferraz de Oliveira, "Protestante na política: O caso Guaracy Silveira", X Simpósio Internacional Processo Civilizador, 2007, Campinas: Unicamp/FEF, 2007.
16. Paul Freston, *Protestantismo e política no Brasil*, op. cit.
17. Cilas Ferraz de Oliveira, "Protestante na política", op. cit.
18. Paul Freston, *Evangélicos na política brasileira: História ambígua e desafio ético*. Curitiba: Encontrão, 1994.
19. Cilas Ferraz de Oliveira, "Protestante na política", op. cit.
20. Anais da Constituinte de 1933, Biblioteca Digital da Câmara dos Deputados. Disponível em: <bd.camara.leg.br/bd/handle/bdcamara/8186>. Acesso em: 20 jun. 2024.
21. "O sr. Guaracy Silveira e o Partido Socialista de S. Paulo", *O Estado de S. Paulo*, São Paulo, 14 jan. 1934.
22. "Guaracy Silveira às igrejas evangélicas e aos liberais", *O Estado de S. Paulo*, São Paulo, 3 out. 1934.
23. "A eleição de Guaracy Silveira a deputado federal", *O Estado de S. Paulo*, São Paulo, 11 out. 1934.
24. Paul Freston, *Evangélicos na política brasileira*, op. cit.
25. João Marcos Leitão Santos, "A serviço do povo para a grandeza da pátria: O Partido Republicano Democrático — um partido protestante", *Fatos & Versões*, Campo Grande, v. 7, n. 14, pp. 48-79, 2015.
26. Censo de 1940, em Leonardo Silveira Campos, "Os mapas, atores e números da diversidade religiosa cristã brasileira: Católicos e evangélicos entre 1940 e 2007", *Revista de Estudos da Religião*, dez. 2008, pp. 9-47. Disponível em: <www.pucsp.br/rever/rv4_2008/t_campos.pdf>. Acesso em: 26 jun. 2024.
27. João Marcos Leitão Santos, "A serviço do povo para a grandeza da pátria: O Partido Republicano Democrático — um partido protestante", *Fatos & Versões*, Campo Grande, v. 7, n. 14, pp. 48-79, 2015.
28. Paul Freston, *Evangélicos na política brasileira*, op. cit.

3. Um estranho no ninho [pp. 48-67]

1. Levy Tavares, em entrevista ao autor.
2. Repositório eleitoral do TSE.
3. "Diplomados ontem os deputados paulistas", *O Estado de S. Paulo*, São Paulo, 26 jan. 1963.
4. Levy Tavares, em entrevista ao autor.
5. "Diplomados ontem os deputados paulistas", op. cit.
6. Levy Tavares, em entrevista ao autor.
7. "Decidiu a UDN paulista lutar pela presidência partidária", *O Estado de S. Paulo*, São Paulo, 18 mar. 1959.
8. "Fiéis aguardam sua vez de falar com o missionário", *O Estado de S. Paulo*, São Paulo, 4 dez. 1958.
9. "Segundo o falso missionário 'não há milagre sem dinheiro'", *O Estado de S. Paulo*, São Paulo, 21 maio 1959.
10. Acervo online da Câmara Municipal de São Paulo. Disponível em: <www.saopaulo.sp.leg.br/static/atas_anais_cmsp/anadig/Sessoes/Ordinarias/483SO03.pdf>. Acesso em: 20 jun. 2024.
11. "Voltou atrás o prefeito", *O Estado de S. Paulo*, São Paulo, 15 maio 1959.
12. Valéria Augusto Mello, *Missionário Manoel de Mello: Vida e obra*. São Paulo: OBPC, 2006.
13. "O prefeito demoliu a 'tenda' cuja construção autorizara", *O Estado de S. Paulo*, São Paulo, 16 maio 1959.
14. Acervo online da Câmara Municipal de São Paulo. Disponível em: <www.saopaulo.sp.leg.br/static/atas_anais_cmsp/anadig/Sessoes/Ordinarias/487SO03.pdf>. Acesso em: 20 jun. 2024.
15. "Instaurado inquérito contra pretenso pastor evangélico", *O Estado de S. Paulo*, São Paulo, 20 maio 1959.
16. "Fiéis aguardam sua vez de falar com o missionário", *O Estado de S. Paulo*, São Paulo, 4 dez. 1958.
17. Valéria Augusto Mello, *Missionário Manoel de Mello*, op. cit.
18. Levy Tavares, em entrevista ao autor.
19. Ibid.
20. Ibid.
21. Ibid.
22. Juliano Spyer, *Povo de Deus: Quem são os evangélicos e por que eles importam*. São Paulo: Geração, 2020, pp. 57-8.
23. Valéria Augusto Mello, *Missionário Manoel de Mello*, op. cit.
24. Site da convenção das igrejas de São Paulo da O Brasil Para Cristo, <convencaosp.com.br/historia/>. Acesso em: 20 jun. 2024.

25. Beatriz Muniz de Souza, *A experiência da salvação: Pentecostais em S. Paulo*. São Paulo: Duas Cidades, 1969.
26. Ibid.
27. "Um 'missionário' anuncia em praça pública a 'cura em nome de Jesus'", *Folha de S.Paulo*, São Paulo, 2 abr.1958.
28. Beatriz Muniz de Souza, *A experiência da salvação*, op. cit., p. 119.
29. Levy Tavares, em entrevista ao autor.
30. Ibid.
31. Ibid.
32. Beatriz Muniz de Souza, *A experiência da salvação*, op. cit., p. 45.
33. Levy Tavares, em entrevista ao autor.
34. Ibid.
35. Beatriz Muniz de Souza, *A experiência da salvação*, op. cit.
36. Valéria Augusto Mello, *Missionário Manoel de Mello*, op. cit.
37. Beatriz Muniz de Souza, *A experiência da salvação*, op. cit.
38. Levy Tavares, em entrevista ao autor.
39. Ibid.
40. "Deputado será porta-voz dos evangélicos", *Correio Braziliense*, Brasília, 23 jul. 1963.
41. *O Estado de S. Paulo*, São Paulo, 12 out. 1963, Registro.
42. "O dia do presidente", *Correio Braziliense*, Brasília, 2 ago. 1963.
43. "Dois caminhos", *O Estado de S. Paulo*, São Paulo, 28 set. 1963.
44. "Deputados paulistas julgam que Goulart deveria renunciar", *O Estado de S. Paulo*, São Paulo, 8 out. 1963.
45. Levy Tavares, em entrevista ao autor.
46. Ibid.
47. Ibid.
48. Discurso disponível no site da Câmara dos Deputados, em <imagem.camara.gov.br/Imagem/d/pdf/DCD30ABR1965.pdf>. Acesso em: 26 jun. 2024.
49. "Um almoço com o Criador", *Folha de S.Paulo*, São Paulo, 2 jun. 1968.
50. Levy Tavares, em entrevista ao autor.
51. Roberto de Lucena, em entrevista ao autor.
52. Valéria Augusto Mello, *Missionário Manoel de Mello*, op. cit.
53. Levy Tavares, em entrevista ao autor.

4. Política não é mais coisa do diabo [pp. 68-88]

1. Ricardo Kotscho, "Rojão, samba, Hino Nacional; é o desabafo", *Folha de S.Paulo*, São Paulo, 16 jan. 1985.
2. Íntegra do discurso de Tancredo Neves, em "Primeira tarefa será promover a organização institucional", *Folha de S.Paulo*, São Paulo, 16 jan. 1985.

3. "Igreja hospedeira promove abertura da 27ª Convenção em tonalidade pentecostal", *Mensageiro da Paz*, Rio de Janeiro, jan. 1985.
4. José Wellington Bezerra da Costa, em entrevista ao autor.
5. Josué Sylvestre, *Irmão vota em irmão: Os evangélicos, a Constituinte e a Bíblia*. Brasília: Pergaminho, 1986.
6. José Wellington Bezerra da Costa, em entrevista ao autor.
7. "Tancredo Neves, o mais novo sócio da ADHONEP", *Mensageiro da Paz*, fev. 1985.
8. André Dioney Fonseca, "Informação, política e fé: O jornal *Mensageiro da Paz* no contexto de redemocratização do Brasil (1980-1990)", *Revista Brasileira de História*, São Paulo, v. 34, n. 68, pp. 279-302, 2014.
9. Beatriz Muniz de Souza, *A experiência da salvação*, op. cit.
10. Ibid.
11. Ibid.
12. Paul Freston, *Protestantes e política no Brasil*, op. cit.
13. Bruno Paes Manso, *A fé e o fuzil: Crime e religião no Brasil do século XXI*. São Paulo: Todavia, 2023.
14. Francisco Cartaxo Rolim, *Pentecostais no Brasil: Uma interpretação socior-religiosa*. Petrópolis: Vozes, 1985.
15. Ibid., p. 46.
16. Paul Freston, *Protestantes e política no Brasil*, op. cit.
17. Ibid.
18. Francisco Cartaxo Rolim, *Pentecostais no Brasil*, op. cit.
19. Ibid.
20. José Wellington Bezerra da Costa, em entrevista ao autor.
21. Paul Freston, *Protestantes e política no Brasil*, op. cit.
22. Josué Sylvestre, *Irmão vota em irmão*, op. cit.
23. Juliano Spyer, *Povo de Deus*, op. cit.
24. André Dioney Fonseca, "Informação, política e fé", op. cit., p. 292.
25. Paul Freston, *Evangélicos na política brasileira*, op. cit.
26. Costa Ferreira, em entrevista ao autor.
27. José Fernandes, em entrevista ao autor.
28. Paul Freston, *Evangélicos na política brasileira*, op. cit., p. 40.
29. Euler Lázaro de Morais, em entrevista ao autor.
30. "Evangélico quer espaço na Constituinte", *Correio Braziliense*, Brasília, 7 jun. 1985.
31. Guilhermino Cunha, em entrevista ao autor.
32. Paul Freston, *Evangélicos na política brasileira*, op. cit.
33. Guilhermino Cunha, em entrevista ao autor.
34. Ibid.

35. Discurso disponível no site da Câmara dos Deputados, em: <imagem.camara.gov.br/dc_20.asp?selCodColecaoCsv=J&txPagina=1501&Datain=22/08/1985&txSuplemento=#/>. Acesso em: 20 jun. 2024.
36. "Comissão Afonso Arinos elaborou anteprojeto de Constituição", Senado Notícias, 1 out. 2008.
37. "Termina hoje encontro de evangélicos no DF", *Correio Braziliense*, Brasília, 23 ago. 1986.
38. Josué Sylvestre, *Irmão vota em irmão*, op. cit., p. 34.
39. Ibid., p. 37.
40. Ibid.
41. Ibid.
42. "Crente que vota em Lula faz 'pacto com maligno', diz Feliciano", Poder360, 9 ago. 2022.
43. Paul Freston, *Evangélicos na política brasileira*, op. cit.
44. Ibid.
45. Id., *Religião e política, sim; Igreja e Estado, não*. Viçosa, MG: Ultimato, 2006.
46. Costa Ferreira, em entrevista ao autor.
47. Paul Freston, *Evangélicos na política brasileira*, op. cit.

5. Os evangélicos vão à Constituinte [pp. 89-114]

1. Anais da Constituinte de 1988, site da Câmara dos Deputados. Disponível em: <imagem.camara.gov.br/Imagem/d/pdf/sup84anc26jun1987.pdf#page=24>. Acesso em: 26 jun. 2024.
2. Ibid.
3. Ibid.
4. Ibid.
5. Guilherme Esteves Galvão Lopes, *Evangélicos, mídia e poder: Análise da atuação parlamentar na Assembleia Nacional Constituinte*. Rio de Janeiro: UERJ, 2017. Dissertação (Mestrado em História).
6. "Evangélicos criam grupo de pressão", *Folha de S.Paulo*, São Paulo, 1 fev. 1987.
7. João Carlos Henriques, "Lobby da fé é a 3ª bancada", *Correio Braziliense*, Brasília, 22 fev. 1987.
8. "Evangélicos têm encontro com Sarney", *Jornal do Brasil*, Rio de Janeiro, 26 mar. 1987.
9. Zózimo, "Debutante", *Jornal do Brasil*, Rio de Janeiro, 27 mar. 1987.
10. José Fernandes, em entrevista ao autor.
11. Antônio Flávio Pierucci, "Representantes de Deus em Brasília: A bancada evangélica na Constituinte", em Antônio Flávio Pierucci e Reginaldo Prandi, *A realidade social das religiões no Brasil: Religião, sociedade e política*. São Paulo: Hucitec, 1996, pp. 165-91.

12. Anais da Constituinte de 1988, op. cit.
13. Relatos de Costa Ferreira e José Fernandes, em entrevista ao autor.
14. "Evangélico argumenta com Bíblia", *Jornal do Brasil*, 10 jun. 1987.
15. Tania Fusco, "Esta é uma nação doente", *Jornal do Brasil*, Rio de Janeiro, 14 jun. 1987.
16. Anais da Constituinte de 1988, op. cit.
17. "Evangélicos fazem ato contra pornografia", *Folha de S.Paulo*, São Paulo, 11 jun. 1987.
18. Anais da Constituinte de 1988, op. cit.
19. Robert Howes, "João Antônio Mascarenhas (1927-1998): Pioneiro do ativismo homossexual no Brasil", *Cadernos AEL*, Campinas, v. 10, n. 18-19, pp. 209-311, 2003.
20. Anais da Constituinte de 1988, op. cit.
21. Arolde de Oliveira, em entrevista ao autor.
22. "Bisol não gosta das emendas apresentadas", *Correio Braziliense*, Brasília, 11 jun. 1987.
23. "Relatório de Bisol é aprovado", *Correio Braziliense*, Brasília, 13 jun. 1987.
24. "Comissão de Soberania é dos 'progressistas'", *Jornal do Brasil*, Rio de Janeiro, 14 jun. 1987.
25. Anais da Constituinte de 1988, op. cit.
26. Ibid.
27. "Plenário recusa emenda contra discriminação a homossexual", *Folha de S.Paulo*, São Paulo, 29 jan. 1988.
28. Geraldo Sobreira, "Discriminação a homossexuais gera polêmica", *Folha de S.Paulo*, São Paulo, 9 jun. 1987.
29. "Comissão discute hoje a supressão da menção a Deus no preâmbulo da Carta", *Folha de S.Paulo*, São Paulo, 24 set. 1987.
30. Anais da Constituinte de 1988, op. cit.
31. Nota na coluna "A frente das diretas", *Correio Braziliense*, Brasília, 10 jun. 1987.
32. Adriana Barsotti, "Benedita da Silva entre a favela e o palácio", *IstoÉ Gente*, 25 out. 1999.
33. "Benedita, a dúvida sobre o aborto", *Correio Braziliense*, Brasília, 8 fev. 1987.
34. Paul Freston, *Evangélicos na política brasileira*, op. cit.
35. Benedita da Silva, em entrevista ao autor.
36. Anais da Constituinte de 1988, op. cit.
37. "Távola suprime censura e desagrada pastores", *Correio Braziliense*, Brasília, 9 jun. 1987.
38. "Evangélico arrasa relatório Távola", *Jornal do Brasil*, Rio de Janeiro, 14 jun. 1987.
39. Ibid.

40. "Contra a vontade dos 'evangélicos', Carta estabelece o fim da censura", *Folha de S.Paulo*, São Paulo, 31 ago. 1988
41. "Evangélico arrasa relatório Távola", *Jornal do Brasil*, Rio de Janeiro, 14 jun. 1987
42. "Presidente fala de objetivo do discurso a parlamentares", *Folha de S.Paulo*, São Paulo, 20 maio 1987.
43. "Constituintes evangélicos trocam apoio por cargos", *Correio Braziliense*, Brasília, 27 maio 1987.
44. "Deputado evangélico contesta acusações", *Correio Braziliense*, Brasília, 28 maio 1987.
45. "Avião busca assinatura", *Jornal do Brasil*, Rio de Janeiro, 14 jan. 1988.
46. Ibid.
47. Maria do Carmo Batiston, "É melhor demorar e fazer direito", *O Estado de S. Paulo*, São Paulo, 24 jan. 1988.
48. "Apoio aos cinco anos dá direito a privilégios", *O Estado de S. Paulo*, São Paulo, 23 jan. 1988.
49. Benito Gama, em entrevista a Luiz Maklouf Carvalho, em *1988: segredos da Constituinte: Os 20 meses que agitaram e mudaram o Brasil*. Rio de Janeiro. Record, 2017.
50. Paulino Motter, *A batalha invisível da Constituinte: Interesses privados versus caráter público da radiodifusão no Brasil*. Rio de Janeiro: Edições Livres, 2019.
51. Costa Ferreira, em entrevista ao autor.
52. Arolde de Oliveira, em entrevista ao autor.
53. Euler Lázaro de Morais, em entrevista ao autor.
54. Teodomiro Braga, "A Constituição segundo os evangélicos", *Jornal do Brasil*, Rio de Janeiro, 7 ago. 1988; e Simone Caldas, "Crentes manipulam voto e poder", *Correio Braziliense*, Brasília, 7 ago. 1988.
55. Coluna "Painel" da *Folha de S.Paulo*, São Paulo, 19 maio 1988.
56. Josias de Souza, "Quantos votaram contra?, diz Sarney ao saber da vitória", *Folha de S.Paulo*, São Paulo, 3 jun. 1988.
57. Paul Freston, *Evangélicos na política brasileira*, op. cit.
58. Paulino Motter, *A batalha invisível da Constituinte*, op. cit.
59. Euler Lázaro de Morais, em entrevista ao autor.
60. Antônio Flávio Pierucci, "Representantes de Deus em Brasília: A bancada evangélica na Constituinte", em *Realidade social das religiões no Brasil*, op. cit.
61. "Evangélicos analisam seus votos", *Correio Braziliense*, Brasília, 21 ago. 1988.
62. Paul Freston, *Religião e política, sim; Igreja e Estado, não*, op. cit.
63. Coluna "Painel" da *Folha de S.Paulo*, São Paulo, 21 set.1988.

6. A Universal entra em campo [pp. 115-40]

1. Discurso disponível no site da Câmara dos Deputados, em: <imagem.camara.gov.br/Imagem/d/pdf/DCD23OUT1991.pdf#page=138>. Acesso em: 20 jun. 2024.
2. Luiz Moreira, em entrevista ao autor.
3. Ibid.
4. Gilberto Nascimento, *O Reino: A história de Edir Macedo e uma radiografia da Igreja Universal*. São Paulo, Companhia das Letras, 2019.
5. Luiz Moreira, em entrevista ao autor.
6. Ricardo Mariano, *Neopentecostais: Sociologia do novo pentecostalismo no Brasil*. São Paulo, Edições Loyola, 1999, p. 56.
7. Gilberto Nascimento, *O reino*, op. cit.
8. Laprovita Vieira, em entrevista ao autor.
9. Luiz Moreira, em entrevista ao autor.
10. Ibid.
11. Ibid.
12. Rubem Cesar Fernandes (Org.), *Novo nascimento: Os evangélicos em casa, na igreja e na política*. Rio de Janeiro: Mauad, 1998.
13. Almeida de Jesus, em entrevista ao autor.
14. Paul Freston, *Protestantes e política no Brasil*, op. cit.
15. Gilberto Nascimento, *O reino*, op. cit.
16. Ibid.
17. Ibid.
18. Ibid.
19. Laprovita Vieira, em entrevista ao autor.
20. Ibid.
21. Gilberto Nascimento, *O reino*, op. cit.
22. Ibid.
23. Ibid.
24. Paul Freston, *Evangélicos na política brasileira*, op. cit.
25. Ricardo Mariano e Antônio Flávio Pierucci, "O envolvimento dos pentecostais na eleição de Collor", *Novos Estudos Cebrap*, São Paulo, n. 34, pp. 92-106, 1992.
26. Luciane Said, "O próspero reino de Edir Macedo", *Jornal do Brasil*, Rio de Janeiro, 3 dez. 1989.
27. Ricardo Mariano e Antônio Flávio Pierucci, "O envolvimento dos pentecostais na eleição de Collor", op. cit.
28. "Fernando Collor no programa Ferreira Neto: Eleição de 1989", canal de Ricardo Noblat no YouTube. Disponível em: <www.youtube.com/watch?v=zswNJtnHeN0>. Acesso em: 12 jun. 2024.

29. Discurso disponível no site da Câmara dos Deputados, em: <imagem.camara.gov.br/Imagem/d/pdf/DCD01AGO1992.pdf#page=89>. Acesso em: 20 jun. 2024.
30. "Polícia prende Edir Macedo em São Paulo", *O Estado de S. Paulo*, São Paulo, 25 maio 1992.
31. Depoimento de Edir Macedo a uma reportagem do programa Domingo Espetacular, TV Record, 14 out. 2007.
32. Gilberto Nascimento, *O reino*, op. cit.
33. Discurso disponível no site da Câmara dos Deputados, em <imagem.camara.gov.br/Imagem/d/pdf/DCD27MAI1992.pdf#page=158>. Acesso em: 26 jun. 2024.
34. Reportagem do programa Domingo Espetacular, TV Record, 14 out. 2007.
35. Paul Freston, *Evangélicos na política brasileira*, op. cit.
36. José Wellington Bezerra da Costa, em entrevista ao autor.
37. Luiz Moreira, em entrevista ao autor.
38. Paul Freston, *Evangélicos na política brasileira*, op. cit.
39. Luiz Moreira, em entrevista ao autor.
40. Ibid.
41. Carlos Rodrigues, *A igreja e o social*. Rio de Janeiro: Universal, 1998.
42. Cláudia Trevisan, "Igreja Universal elege bancada de 6 deputados e supera PRN e PSB", *Folha de S.Paulo*, São Paulo, 16 out. 1994.
43. Ibid.
44. Luiz Moreira, em entrevista ao autor. Projeto disponível no site da Câmara dos Deputados, em: <www.camara.leg.br/proposicoesWeb/fichade tramitacao?idProposicao=19397>. Acesso em: 20 jun. 2024.
45. Edlaine de Campos Gomes. "'Fé racional' e 'Abundância': Família e aborto a partir da ótica da Igreja Universal do Reino de Deus", *Sexualidad, Salud y Sociedad*, Rio de Janeiro, n. 2, pp. 97-120, 2009.
46. Mário Magalhães e Letícia Kfuri, "Líder da Universal prega aborto legal", *Folha de S.Paulo*, São Paulo, 31 out. 1999.
47. Projeto disponível no site da Câmara dos Deputados, em: <imagem.camara.gov.br/Imagem/d/pdf/DCD28JAN1993.pdf#page=6>. Acesso em: 20 jun. 2024.
48. Luiz Moreira, em entrevista ao autor.
49. "Sob investigação, Igreja Universal pode ser expulsa de Angola", UOL, 28 jan. 2020. Disponível em: <noticias.uol.com.br/ultimas-noticias/rfi/2020/01/28/igreja-universal-pode-ser-expulsa-de-angola.htm#:~:text=Sob%20investiga%C3%A7%C3%A3o%20no%20pa%C3%ADs%20africano,as%20irregularidades%20%C3%A0%20Justi%C3%A7a%20angolana.>. Acesso em: 27 jun. 2024.
50. Disponível no site da Câmara dos Deputados, em: <www.camara.leg.br/proposicoesWeb/prop_mostrarintegra?codteor=1242484&filename=Dossie-PEC%20203/1995>. Acesso em: 20 jun. 2024.

51. Alexandre Brasil da Fonseca, "Pluralismo religioso e relação religião-Estado", op. cit.
52. Carlos Rodrigues, *A igreja e o social*, op. cit.
53. Discursos disponíveis no site da Câmara dos Deputados, em <imagem.camara.gov.br/Imagem/d/pdf/DCD08JUN2001.pdf#page=317>. Acesso em: 26 jun. 2024.
54. Gilberto Nascimento, *O reino*, op. cit.
55. Discurso disponível no site da Câmara dos Deputados, em: <imagem.camara.gov.br/Imagem/d/pdf/DCD08JUN2001.pdf#page=317>. Acesso em: 20 jun. 2024.
56. "Bancada do PL infla com adesão de evangélicos", *Folha de S.Paulo*, São Paulo, 3 out. 2001.
57. Luiz Moreira, em entrevista ao autor.
58. Almeida de Jesus, em entrevista ao autor.
59. Ibid.
60. Luiz Moreira, em entrevista ao autor.
61. Discurso disponível no site da Câmara dos Deputados, em: <imagem.camara.gov.br/Imagem/d/pdf/DCD27FEV2003.pdf#page=144>. Acesso em: 20 jun. 2024.

7. A dessatanização da esquerda [pp. 141-57]

1. "Ego inflado", *Folha de S.Paulo*, São Paulo, Painel, 19 out. 2002.
2. Luciana Nunes Leal, "Evangélicos reclamam, à espera do chamado de Lula", *O Estado de S. Paulo*, São Paulo, 5 jan. 2003.
3. Discurso disponível no site da Câmara dos Deputados, em <imagem.camara.gov.br/Imagem/d/pdf/DCD09NOV2002.pdf#page=28>. Acesso em: 26 jun. 2024.
4. Ricardo Mariano e Antônio Flávio Pierucci, "O envolvimento dos pentecostais na eleição de Collor", op. cit.
5. Disponível na conta de Silas Malafaia no Twitter, em <twitter.com/PastorMalafaia/status/493105000088760320>. Acesso em: 26 jun. 2024.
6. Luciana Nunes Leal, "Evangélicos ainda não decidiram apoio", *O Estado de S. Paulo*, São Paulo, 12 out. 2002.
7. Eugênia Lopes, "Apoio de Ciro no 2º turno dificulta visita ao Ceará", *O Estado de S. Paulo*, São Paulo, 22 out. 2002; Sandra Hahn, "Vontade política não reduz juros", *O Estado de S. Paulo*, São Paulo, 25 out. 2002.
8. Roldão Arruda, "Igreja Universal quer eleger dois senadores", *O Estado de S. Paulo*, São Paulo, 12 maio 2002.
9. Simone R. Bohn, "Evangélicos no Brasil: Perfil socioeconômico, afinidades ideológicas e determinantes do comportamento eleitoral", *Opinião Pública*, Campinas, v. 10, n. 2, pp. 288-338, 2004.

10. Ari Pedro Oro, "A política da Igreja Universal e seus reflexos nos campos religioso e político brasileiros", *Revista Brasileira de Ciências Sociais*, São Paulo, v. 18, n. 53, pp. 53-69, 2003.
11. Roldão Arruda, "Igreja Universal quer eleger dois senadores", op. cit.
12. Gilberto Nascimento, *O reino*, op. cit.
13. Ana Paula Scinocca e Paulo San Martin, "Universal orienta líderes de todo o país a ajudar Lula", *O Estado de S. Paulo*, São Paulo, 12 out. 2002.
14. Cópia da carta disponível no site da biblioteca da Universidade Princeton, em <lae.princeton.edu/catalog/e9c5f468-a873-497f-8fd0-a5ac1ce2 0fdc#?c=0&m=0&s=0&cv=0&xywh=-885%2C-187%2C4116%2C3721>. Acesso em: 26 jun. 2024.
15. Reportagem do programa Domingo Espetacular, TV Record, 14 out. 2007.
16. "Ideia de coligação 'à direita' agita reunião petista", *O Estado de S. Paulo*, São Paulo, 24 fev. 2002.
17. Luciana Nunes Leal, "Cúpula do PL vai convocar filiados para dar explicações", *O Estado de S. Paulo*, São Paulo, 24 fev. 2002.
18. Gilse Guedes, "PT foi para o centro há muito tempo, diz Dirceu", *O Estado de S. Paulo*, São Paulo, 20 fev. 2002.
19. João Domingos e Vera Rosa, "Coligação PT-PL está praticamente descartada", *O Estado de S. Paulo*, São Paulo, 19 jun. 2002.
20. *O Estado de S. Paulo*, São Paulo, 3 mar. 2002. Coluna Dora Kramer.
21. Vera Rosa, "Dividido em 3 estados, PT aprova aliança com PL", *O Estado de S. Paulo*, São Paulo, 29 jun. 2002.
22. Roldão Arruda, "Igreja Universal quer eleger dois senadores", op. cit.
23. Luciana Nunes Leal, "Evangélicos reclamam, à espera do chamado de Lula", *O Estado de S. Paulo*, São Paulo, 5 jan. 2003.
24. Ibid.
25. Marcelo Beraba e Murilo Fiuza de Melo, "Evangélicos criam fórum para pressionar Lula", *Folha de S.Paulo*, São Paulo, 24 fev. 2003.
26. Ibid.
27. Paul Freston, *Religião e política, sim; Igreja e Estado, não*, op. cit.
28. Alexandre Brasil Fonseca, "Pluralismo religioso e relação religião-Estado", op. cit.
29. Ari Pedro Oro, "A política da Igreja Universal e seus reflexos nos campos religioso e político brasileiros", op. cit.
30. Alexandre Brasil Fonseca, "Pluralismo religioso e relação religião-Estado", op. cit.
31. Adelor Vieira e Pedro Ribeiro, em entrevista ao autor.
32. *Revista da FPE*. primeiro e único exemplar, nov. 2004.
33. Gilberto Nascimento, *O reino*, op. cit.

34. Letícia Sander e Ranier Bragon, "58% da propina foi para evangélicos, diz CPI dos Sanguessugas", *Folha de S.Paulo*, São Paulo, 12 ago. 2006.
35. Alexandre Brasil Fonseca, "Religion and Democracy in Brazil: A Study of the Leading Evangelical Politicians", em Paul Freston (Org.), *Evangelical Christianity and Democracy in Latin America*. Nova York: Oxford Academic, 2008.
36. "Bancada evangélica no Congresso encolhe, aponta Diap", *Folha de S.Paulo*, São Paulo, 11 out. 2006.
37. Ibid.
38. Gilberto Nascimento, *O reino*, op. cit.
39. Luiz Antônio Ryff, "Universal monta urnas para orientar fiéis", *Folha de S.Paulo*, São Paulo, 26 jul. 1998.
40. Jair Rattner, "Evangélicos registram partido em Portugal", *Folha de S.Paulo*, São Paulo, 9 mar. 1995.
41. "Dilma tem 51% e Serra, 27%, aponta Ibope", G1, 28 ago. 2010. Disponível em: <g1.globo.com/especiais/eleicoes-2010/noticia/2010/08/dilma-tem-51-e-serra-27-aponta-ibope.html>. Acesso em: 27 jun. 2024.
42. Uirá Machado, "Petista perde voto entre eleitores evangélicos, segundo o Ibope", *Folha de S.Paulo*, São Paulo, 2 out. 2010.
43. Relato de Magno Malta disponível no YouTube, em: <www.youtube.com/watch?v=dQQ7Gg_KRnY&t=336s>. Acesso em: 21 jun. 2024
44. Discurso no Senado. Disponível em: <www12.senado.leg.br/institucional/arquivo>. Acesso em: 12 jan. 2024.
45. Relato de Magno Malta disponível no YouTube, em: <www.youtube.com/watch?v=dQQ7Gg_KRnY&t=336s>. Acesso em: 21 jun. 2024
46. Ana Flor, "Dilma suspende 'kit gay' após protesto da bancada evangélica", *Folha de S.Paulo*, São Paulo, 25 maio 2011.
47. Levantamento do Diap, em "Eleições 2018: Bancada evangélica cresce na Câmara e no Senado", op. cit.
48. Ana Flor, "Dilma suspende 'kit gay' após protesto da bancada evangélica", op. cit.
49. Discurso disponível no site da Câmara dos Deputados, em: <imagem.camara.gov.br/Imagem/d/pdf/DCD27MAI2011.pdf#page=89>. Acesso em: 20 jun. 2024.
50. Comparação entre pesquisas Datafolha divulgadas em 14 dez. 2012 e 2 dez. 2013.

8. Uma volta à direita [pp. 158-70]

1. Levantamento próprio com base em dados do Basômetro de *O Estado de S. Paulo*.
2. Dados do TSE.

3. Placar do impeachment de *O Estado de S. Paulo*, São Paulo, 6 abr. 2016.
4. Vídeo disponível no canal de Magno Martins no YouTube, em: <www.youtube.com/results?search_query=magno+martins+jornalista>. Acesso em: 12 jun. 2024.
5. Levantamento do Diap, em "Eleições 2018: Bancada evangélica cresce na Câmara e no Senado", op. cit.
6. Placar do impeachment de *O Estado de S. Paulo*, São Paulo, 15 abr. 2016.
7. Isabela Bonfim e Luciana Nunes Leal, "Até oração pelo sucesso do vice", *O Estado de S. Paulo*, São Paulo, 15 abr. 2016.
8. Ibid.
9. Thiago Reis, "Deus, filhos... Veja os termos mais citados na votação do impeachment", G1, 18 abr. 2016. Disponível em: <g1.globo.com/politica/processo-de-impeachment-de-dilma/noticia/2016/04/deus-filhos-veja-os-termos-mais-citados-na-votacao-do-impeachment.html>. Acesso em: 27 jun. 2024.
10. Disponível no site da Câmara dos Deputados.
11. Rogerio Galindo, "93% dos deputados da bancada evangélica votaram pelo impeachment", *Gazeta do Povo*, Curitiba, 17 abr. 2016.
12. Daniel Brito, "O curioso caso de George Hilton, o ainda ministro do Esporte", UOL, 18 mar. 2016. Disponível em: <blogdobrito.blogosfera.uol.com.br/2016/03/18/o-curioso-caso-de-george-hilton-o-ainda-ministro-do-esporte/>. Acesso em: 27 jun. 2024.
13. Paulo Victor Chagas e Iolando Lourenço, "Ministro do Esporte troca PRB pelo Pros e permanece no governo", Agência Brasil, 18 mar. 2016.
14. Íntegra da sessão do impeachment na Câmara disponível no site do G1, em: <estaticog1.globo.com/2016/04/18/EV1704161400.pdf>. Acesso em: 20 jun. 2024.
15. Vídeo no canal da TV Senado no YouTube, em: <www.youtube.com/watch?v=p3yRey552f4>. Acesso em: 12 jun. 2024.
16. *Folha de S.Paulo*, São Paulo, Painel, 1 abr. de 2016.
17. Lauro Neto, "Temer: Muito silenciosa e respeitosamente vou aguardar a decisão do Senado", *O Globo*, Rio de Janeiro, 19 abr. 2016.
18. Alberto Bombig, "Vice planeja superministérios da economia, infraestrutura e social", *O Estado de S. Paulo*, São Paulo, 19 abr. 2016.
19. Álvaro Campos, "Edir Macedo adquire controle do Banco Renner e pode alterar nome", *Valor Econômico*, São Paulo, 2 jul. 2020.
20. Maeli Prado e Julio Wiziack, "Governo tira benefícios fiscais de empresas e bloqueia R$ 42 bilhões", *Folha de S.Paulo*, São Paulo, 30 mar. 2017.
21. Cena testemunhada pelo autor, em 10 de abril de 2017, em São Paulo.
22. Eduardo Barretto, Leticia Fernandes, Cristiane Jungblut e Catarina Alencastro, "Antes de votação, Temer distribuiu R$ 15 bilhões em programas e emendas", *O Globo*, Rio de Janeiro, 16 jul. 2017.
23. Levantamento próprio.

24. Roberto de Lucena, *Fé, trabalho e esperança: Minha história com Deus, no ministério e no parlamento a serviço da sociedade*. São Paulo: OBPC, 2018.
25. Discurso disponível no site da Câmara dos Deputados, em <imagem.camara.gov.br/Imagem/d/pdf/DCD0020170803001300000.PDF>. Acesso em: 26 jun. 2024.

9. O casamento quase perfeito [pp. 171-210]

1. Cena testemunhada pelo autor, em 29 de junho de 2022, na Câmara dos Deputados, em Brasília.
2. Breno Pires, Felipe Frazão e Julia Affonso, "Gabinete paralelo de pastores controla agenda e verba do Ministério da Educação", *O Estado de S. Paulo*, São Paulo, 18 mar. 2022.
3. Áudio transcrito em "Ministro da Educação diz em áudio que, a pedido de Bolsonaro, repassa verba a municípios indicados por pastores", *Folha de S.Paulo*, São Paulo, 22 mar. 2022. Disponível em: <g1.globo.com/politica/noticia/2022/03/22/ministro-diz-em-audio-que-a-pedido-de-bolsonaro-repassa-verba-a-municipios-indicados-por-pastores.ghtml>. Acesso em: 12 jun. 2024.
4. Eduardo Barretto, "Bancada evangélica ataca Ribeiro em reunião tensa: 'Ninguém é bobo'", Metrópoles, 23 mar. 2022. Disponível em: <www.metropoles.com/colunas/guilherme-amado/bancada-evangelica-ataca-ribeiro-em-reuniao-tensa-ninguem-e-bobo>. Acesso em: 27 jun. 2024.
5. Breno Pires, Julia Affonso e Renata Cafardo, "Bíblia com foto do ministro da Educação foi distribuída em evento do MEC", *O Estado de S. Paulo*, São Paulo, 28 mar. 2022.
6. Cena testemunhada pelo autor, em 1º de setembro de 2019, no Templo de Salomão, da Igreja Universal do Reino de Deus, em São Paulo.
7. Marco Feliciano, em entrevista ao autor.
8. Renata Caffardo, "Bancada evangélica reage a nome de Mozart Neves para o Ministério da Educação", *O Estado de S. Paulo*, São Paulo, 21 nov. 2018.
9. Julia Lindner, Lorenna Rodrigues e Renata Caffardo, "Bolsonaro define hoje se Vélez vai ficar no MEC", *O Estado de S. Paulo*, São Paulo, 8 abr. 2019.
10. Sóstenes Cavalcante, em entrevista ao autor.
11. Apuração em off com parlamentares e assessores da bancada evangélica.
12. Ibid.
13. Talita Fernandes, "Bolsonaro diz que perfil de Magno Malta não se enquadrou em ministérios", *Folha de S.Paulo*, São Paulo, 5 dez. 2018.
14. Camila Turtelli e Mariana Haubert, "Líder da Bancada Evangélica diz que Damares 'é amada pela Frente'", *O Estado de S. Paulo*, São Paulo, 6 dez. 2018.

15. Amanda Audi, "A mágoa de Magno Malta: Eu achava que ia ser ministro e não fui", The Intercept Brasil, 4 dez. 2018. Disponível em: <www.intercept.com.br/2018/12/04/entrevista-magno-malta-dispensado-ministro/>. Acesso em: 27 jun. 2024.
16. Naira Trindade e Ligia Formenti, "Evangélicos expõem críticas ao governo Bolsonaro ", *O Estado de S. Paulo*, São Paulo, 9 mar. 2019.
17. Marcos Pereira, em post no Twitter: <twitter.com/marcospereira04/status/1098236761770262528>.
18. Rafael Moraes Moura, Teo Cury e Vera Rosa, "Bolsonaro defende pauta conservadora e critica STF", *O Estado de S. Paulo*, São Paulo, 1 jun. 2019.
19. Gilberto Amendola e Fábio Leite, "Em marcha evangélica, Bolsonaro admite reeleição", *O Estado de S. Paulo*, São Paulo, 21 jun. 2019.
20. Pedro Venceslau, "'Não é cedo para falar em reeleição agora', diz Marco Feliciano", *O Estado de S. Paulo*, São Paulo, 30 jun. 2019.
21. Fernanda Calgaro e Guilherme Mazui, "Bolsonaro diz que vai indicar ministro 'terrivelmente evangélico' para o STF", G1, 10 jul. 2019. Disponível em: <g1.globo.com/politica/noticia/2019/07/10/bolsonaro-diz-que-vai-indicar-ministro-terrivelmente-evangelico-para-o-stf.ghtml>. Acesso em: 27 jun. 2024.
22. Bruno Ribeiro e Cecília do Lago, "Bancada evangélica é 13% mais governista", *O Estado de S. Paulo*, São Paulo, 15 set. 2019.
23. Renato Onofre e Daniel Weterman, "Centrão pede a Bolsonaro para liberar jogos de azar", *O Estado de S. Paulo*, São Paulo, 27 nov. 2019.
24. Fábio Pupo e Talita Fernandes, "Igrejas fazem lobby com Bolsonaro para evitar taxas e desafiam plano de Guedes", *Folha de S.Paulo*, São Paulo, 12 jan. 2020.
25. José Wellington Bezerra da Costa, em entrevista ao autor.
26. Sóstenes Cavalcante, em entrevista ao autor.
27. Disponível na conta do Twitter de Silas Malafaia, em <twitter.com/pastormalafaia/status/1311670928024182784>. Acesso em: 26 jun. 2024.
28. Vídeo do culto disponível em: <www.youtube.com/watch?v=mAnlFr8FLVc>. Acesso em: 12 jun. 2024.
29. Apuração em off com deputados e assessores da FPE.
30. Josué Alves, em entrevista ao autor.
31. O autor participou da reunião de forma online, em 5 de julho de 2022.
32. Cena testemunhada pelo autor, em 9 de julho de 2022.
33. O autor participou da reunião de forma online, em 12 de julho de 2022.
34. Fábio Vasconcellos, "Candidaturas de religiosos crescem 11%; 9 em cada 10 são de evangélicos", G1, 31 ago. 2022. Disponível em: <g1.globo.com/politica/eleicoes/2022/eleicao-em-numeros/noticia/2022/08/31/candidaturas-de-religiosos-crescem-11percent-9-em-cada-10-sao-de-evangelicos.ghtml>. Acesso em: 27 jun. 2024.

10. Testemunhos eleitorais [pp. 211-43]

1. Gilberto Nascimento, *O reino*, op. cit.
2. Cena testemunhada pelo autor, em 25 de agosto de 2022, na Igreja Universal do Reino de Deus de Brasilândia, em São Paulo.
3. Dados do TSE, disponíveis em: <divulgacandcontas.tse.jus.br/>. Acesso em: 12 jun. 2024.
4. Pedro Ribeiro, em entrevista ao autor.
5. Dados do TSE, disponíveis em: <sig.tse.jus.br/ords/dwapr/r/seai/sig-eleicao/home>. Acesso em: 12 jun. 2024.
6. Cena testemunhada pelo autor, em 11 de setembro de 2022, na Fundação Dr. Jesus, em Cadeias, na Bahia.
7. Cena testemunhada pelo autor, em 12 de setembro de 2022, na praça Castelo Branco de Itamaraju, na Bahia.
8. Cena testemunhada pelo autor, em 14 de setembro de 2022, na avenida Expedito Garcia de Cariacica, no Espírito Santo.
9. Dados do TSE, disponíveis em <divulgacandcontas.tse.jus.br/>. Acesso em: 12 jun. 2024.
10. Cena testemunhada pelo autor, em 17 de setembro de 2022, na praça São Salvador, no Rio de Janeiro.

11. O justo e o ímpio [pp. 244-57]

1. Vídeo do evento ao qual o autor teve acesso.
2. "Em carta a evangélicos, Lula critica uso eleitoral da fé, defende liberdade religiosa e reforça ser contra o aborto", G1, 19 out. 2022. Disponível em: <g1.globo.com/sp/sao-paulo/eleicoes/2022/noticia/2022/10/19/lula-se-reune-com-liderancas-de-igrejas-evangelicas-em-sao-paulo.ghtml>. Acesso em: 27 jun. 2024.
3. Datafolha, 7 out. 2022. Disponível em: <www1.folha.uol.com.br/poder/2022/10/datafolha-lula-tem-49-e-bolsonaro-44-indecisos-somam-2.shtml>. Acesso em: 26 jun. 2024.
4. Murilo Fagundes, "'Fui muito bem recebido', diz Bolsonaro sobre maçonaria", Poder360, 5 out. 2022.
5. Vídeo no canal de Benedita da Silva no YouTube, em: <www.youtube.com/watch?app=desktop&v=3GEga7RhNtc>. Acesso em: 12 jun. 2024.
6. Datafolha, 24 ago. 2022. Disponível em: <www1.folha.uol.com.br/poder/2022/08/datafolha-lula-segura-empate-com-bolsonaro-entre-evangelicos-mais-pobres.shtml>. Acesso em: 26 jun. 2024.
7. Marco Antonio Villa, *Quando eu vim-me embora: História da migração nordestina para São Paulo*. Rio de Janeiro: Leya, 2017.
8. Vídeo do evento ao qual o autor teve acesso.

9. Pastor Fábio Salles, em entrevista ao autor.
10. Vídeo disponível no canal do UOL no YouTube, em: <www.youtube.com/watch?v=WxeBKaQSBFw>. Acesso em: 12 jun. 2024.
11. Vídeo disponível no canal do Metrópoles no YouTube, em: <www.metropoles.com/colunas/igor-gadelha/em-video-ao-lado-de-michelle-bolsonaro-pede-desculpas-a-venezuelanas>. Acesso em: 12 jun. 2024.
12. Vídeo completo disponível no canal de Carla Zambelli no YouTube, em: <www.youtube.com/watch?v=8L2okSsc5lw>. Acesso em: 21 jun. 2024
13. Eduardo Barretto e Bruna Lima, "Jovem evangélico diz ter sido expulso de igreja por votar em Lula", Metrópoles, 20 out. 2022. Disponível em: <www.metropoles.com/colunas/guilherme-amado/jovem-evangelico-diz-ter-sido-expulso-de-igreja-por-votar-em-lula>. Acesso em: 27 jun. 2024.
14. Prints aos quais o autor teve acesso.
15. "Após Eliziane Gama declarar apoio a Lula, Convenção das Assembleias de Deus no Maranhão lança nota de repúdio contra a senadora", G1, 19 out. 2022. Disponível em: <g1.globo.com/ma/maranhao/eleicoes/2022/noticia/2022/10/19/apos-eliziane-gama-declarar-apoio-a-lula-convencao-das-assembleias-de-deus-no-maranhao-lanca-nota-de-repudio-contra-a-senadora.ghtml>. Acesso em: 27 jun. 2024.
16. Canal da CNN Brasil no YouTube, <www.youtube.com/watch?v=Kquh5BjQvkg>. Acesso em: 12 jun. 2024.
17. Edir Macedo, "Vinde, benditos de meu pai". *Folha Universal*, 28 ago. 2022.
18. Gilberto Nascimento, "O jogo duplo da Universal", The Intercept Brasil, 15 set. 2022.

12. Abertos ao diálogo [pp. 258-77]

1. Igor Gadelha, "Valdemar indica aliado de Malafaia para vice de Lira na Câmara", Metrópoles, 29 nov. 2022. Disponível em: <www.metropoles.com/colunas/igor-gadelha/valdemar-indica-aliado-de-malafaia-para-vice-de-lira-na-camara>. Acesso em: 27 jun. 2024.
2. Nonato Viegas, "Lira empurra TCU para 2023", O Bastidor, 7 nov. 2022.
3. Entrevista de Marcos Pereira à Rádio Câmara, 8 fev. 2023.
4. Íntegra do discurso no site do G1, 31 out. 2022. Disponível em: <estaticog1.globo.com/2016/04/18/EV1704161400.pdf>. Acesso em: 26 jun. 2024.
5. "Edir Macedo fala em perdão ao se referir a Lula e diz que a vontade de Deus foi feita nas eleições: 'Bola para frente'", G1, 3 nov. 2011. Disponível em: <g1.globo.com/politica/eleicoes/2022/noticia/2022/11/03/edir-macedo-fala-em-perdao-ao-se-referir-a-lula-e-diz-que-a-vontade-de-deus-foi-feita-nas-eleicoes-bola-para-frente.ghtml>. Acesso em: 27 jun. 2024.

6. Felipe Frazão, "Novo governo Lula: Evangélicos ficam sem espaço", *O Estado de S. Paulo*, São Paulo, 31 dez. 2022.
7. "PT dispensa perdão do bispo Edir Macedo, diz Gleisi", Poder360, 4 nov. 2022.
8. Igor Mello, "Após Defesa não achar fraude, Malafaia ataca urnas e sugere censura", UOL, 10 nov. 2022. Disponível em: <noticias.uol.com.br/politica/ultimas-noticias/2022/11/10/apos-defesa-nao-achar-fraude-malafaia-ataca-urnas-e-sugere-censura.htm>. Acesso em: 27 jun. 2024.
9. Sóstenes Cavalcante, em entrevista ao autor.
10. Vídeo disponível no canal de Silas Malafaia no YouTube, em: <www.youtube.com/channel/UCEoslUVXeGLIFtyp9ZfnGug>. Acesso em: 12 jun. 2024.
11. Aguirre Talento, "Evangélicos presos no 8/1 dizem à PF que foram mobilizados por igrejas", UOL, 15 mar. 2023. Disponível em: <noticias.uol.com.br/colunas/aguirre-talento/2023/03/15/presos-no-81-dizem-a-pf-que-igrejas-pagaram-onibus-para-ato-em-brasilia.htm>. Acesso em: 27 jun. 2024.
12. Ricardo Chapola, "Dissidentes da Frente Evangélica ensaiam aproximação ao governo Lula", *Veja*, São Paulo, 30 jan. 2023.
13. Gabriela Rölke, "Bancada evangélica está se aproximando de Lula", *IstoÉ*, São Paulo, 10 fev. 2023.
14. Ibid.
15. Todos os três falaram sobre o tema em entrevista ao autor.
16. César Feitoza, "Bancada evangélica fecha acordo para novo presidente após eleição frustrada", *Folha de S.Paulo*, São Paulo, 8 fev. 2023.
17. Anna Virginia Balloussier e César Feitoza, "Há muita gente boa presa após o 8/1, diz novo presidente da bancada evangélica", *Folha de S.Paulo*, São Paulo, 25 fev. 2023.
18. Levantamento próprio com base em dados de votações disponíveis no site da Câmara.
19. Lauriberto Pompeu, "Entrevista: 'Tem eu. Não esqueçam de mim, sou boa', diz Damares sobre alternativas da direita para 2026", *O Globo*, Rio de Janeiro, 28 mar. 2023.
20. Joelmir Tavares, "Datafolha: 8 em cada 10 brasileiros acham que homossexualidade deve ser aceita", *Folha de S.Paulo*, São Paulo, 4 jun. 2022.
21. Lauriberto Pompeu e Jeniffer Gularte, "Após repercussão negativa, bancada evangélica admite adiar votação do PL do Aborto na Câmara", *O Globo*, Rio de Janeiro, 17 jun. 2024.
22. "TVs católicas pedem ajuda de Bolsonaro e prometem 'mídia positiva'", Poder360, 6 jun. 2020.

© André Ítalo Rocha, 2024

Todos os direitos desta edição reservados à Todavia.

Grafia atualizada segundo o Acordo Ortográfico da Língua Portuguesa de 1990, que entrou em vigor no Brasil em 2009.

capa
Bloco Gráfico
imagem de capa
Sofia Borges
composição
Lívia Takemura
preparação
Cacilda Guerra
revisão
Huendel Viana
Alyne Azumi

Dados Internacionais de Catalogação na Publicação (CIP)

Rocha, André Ítalo (1990-)
A bancada da Bíblia : Uma história de conversões políticas / André Ítalo Rocha. — 1. ed. — São Paulo : Todavia, 2024.

ISBN 978-65-5692-704-6

1. Política. 2. Jornalismo. 3. Religiosos – Igreja evangélica. 4. Neopentecostalismo. I. Prêmio Todavia de Não Ficção. II. Título.

CDD 070

Índice para catálogo sistemático:
1. Jornalismo : Reportagem 070

Bruna Heller — Bibliotecária — CRB 10/2348

todavia
Rua Luís Anhaia, 44
05433.020 São Paulo SP
T. 55 11. 3094 0500
www.todavialivros.com.br

fonte
Register*
papel
Pólen natural 80 g/m²
impressão
Geográfica